Für meine Eltern und Schwestern

Anton Lacroft

Illuminaten
Blut - Geld - Krieg

*Wie ein Netzwerk von Geheim-
Organisationen
den Weltstaat errichtet*

Bibliografische Information der Deutschen Nationalbibliothek:

Die Deutsche Nationalbibliothek verzeichnet diese Publikation in der Deutschen Nationalbibliografie; detaillierte bibliografische Daten sind im Internet über dnb.dnb.de abrufbar.

Das Werk, einschließlich seiner Teile, ist urheberrechtlich geschützt. Jede Verwertung ist ohne Zustimmung des Verlages und des Autors unzulässig. Dies gilt insbesondere für die elektronische oder sonstige Vervielfältigung, Übersetzung, Verbreitung und öffentliche Zugänglichmachung.

Dritte Auflage 2017
© 2017 Anton Lacroft
anton.lacroft@gmx.ch

Herstellung und Verlag:
BoD – Books on Demand,
Norderstedt

ISBN 978-3-7392-3561-5

	Einleitung	10
I	**Der Mythos der Illuminaten**	**15**
	Der Verschwörungs-Mythos	17
	Adam Weishaupts Illuminatenorden	22
	Erneuerung des offiziellen Illuminatenordens im 20. Jahrhundert	30
II	**Die Katharer, die Templer und der Kaiser**	**33**
	Illuminiertes Gedankengut in der katharischen Tradition	34
	Kaiser Friedrich II von Hohenstaufen gegen den Papst	40
	Die Illuminaten als Erben der Templer	46
III	**Die Rosenkreuzer und der Dreißigjährige Krieg**	**56**
	Die Rosenkreuzer und die Reformation	58
	Die Rosenkreuzer und der 30-jährige Krieg	70
IV	**Die beiden großen Revolutionen und Napoleons Herrschaft**	**83**
	Die Revolution der amerikanischen Templer gegen das Britische Imperium	85
	Die Revolution der Illuminaten gegen Frankreichs Monarchie	97
	Napoleons Ausweitung der Revolution auf ganz Europa	111

V Elektrisches Illuminaten-Licht, Nationalismus und Kommunismus 120
Die Welt wird illuminiert: Erfindungen, Industrialisierung, Elektrifizierung 121
Nationalistische Illuminaten in Frankreich, Italien und Deutschland............................. 125
Kommunistische Illuminaten: Weiling, Marx und Bakunin 136

VI Die Russische Revolution und die zwei Weltkriege 143
Russische Revolution unter dem Stern der Illuminaten 146
Illuminaten als treibende Kraft hinter dem Ersten Weltkrieg 156
Der Thule Orden und die Vril-Gesellschaft als Keimzelle der NSDAP 171
Das Geld der Illuminaten und der Zweite Weltkrieg 194
Stalin oder die kommunistische Diktatur der Illuminaten 213
Kleiner Exkurs Mao 221

VII Die Macht-Pyramide und das Blut der Illuminaten 226
Unter der Herrschaft der Pyramide 226
Wie 2,6 Millionen Illuminaten den Rest der Welt regieren 227
Unter der Herrschaft Sumers: Wie 500 Familien den Rest der Welt regieren 236

VIII	**Die Waffen der Illuminaten**	**254**
	Der Dollar und das Federal Reserve System	256
	Gegenwehr: Abraham Lincoln, John F. Kennedy und der Greenback	265
	Der Nutzen des Terrorismus für die Illuminaten	267
	Illuminierte Wissenschaft und Massenzerstörungswaffen	279
IX	**Die neue Religion der Illuminaten**	**285**
	Aleister Crowley, Ipsissimus und Prophet des Neuen Äons	289
	Die Kulturrevolution der Illuminaten: Ewige Blumenkraft - Flower Power	296
X	**Die neue Weltordnung der Illuminaten**	**303**
	Die Illuminaten zetteln die Kriege in Irak und in Afghanistan an	304
	Die Illuminaten und die Bankenpleite von 2008	315
	Das Armageddon-Projekt der Illuminaten	320
	Datierung des dritten Weltkriegs auf 2018 bis 2024	328
	Die neue Weltordnung der Illuminaten ab 2024 ..	331
XI	**Bibliographie**	**340**

Einführung

Wer die Geschichte der Menschheit eingehend studiert, wird erkennen, dass Revolutionen nicht einfach geschehen, sondern von Gruppen vorbereitet werden. Es liegt auf der Hand, dass Umstürze nicht vor den Augen der Herrschenden sondern im Verborgenen organisiert werden müssen. Dieses Buch soll aufzeigen, wie ein Netzwerk von Geheimorganisationen schon seit vielen Jahrhunderten verdeckt den Gang der Weltgeschichte beeinflusst, um dereinst den Weltstaat zu errichten. Dem Emanzipationsprozess des Bürgertums, der nur durch das Wirken dieser Geheimgesellschaften überhaupt möglich war, standen dabei menschenverachtende Diktaturen u. a. in Deutschland, der Sowjetunion, China und Nordkorea gegenüber. Dabei missbrauchten die Illuminaten die unterjochten Völker als Experimentiermasse für ihren zukünftigen Weltstaat. Die katholische Kirche war seit jeher ein Sammelbecken für geheim operierende Orden und eine Sammlerin von Geheimwissen, das in der Vatikanischen Bibliothek gehortet wird. Im Dienste des Papstes entfalten solch konspirative Orden wie die „Societas Jesu" oder das „Opus Dei" bis heute ihr undurchschaubares Treiben. War es ein Zufall, dass der Illuminatenorden an der von Jesuiten dominierten Universität in Ingolstadt gegründet wurde? Es heißt zwar, Weishaupt hätte gegenüber den Jesuiten eine feindliche Haltung eingenommen. Nur ist es für uns sehr schwierig festzustellen, ob er diese Ablehnung nur nach außen kommuniziert hat, um in Wirklichkeit ein Agent der „Gesellschaft Jesu" zu sein. Es wäre also durchaus möglich, dass die Jesuiten die wahren Drahtzieher hinter den Illuminaten sind. Schließlich würden sich die Weltmacht-Pläne der Illuminaten perfekt mit den imperialen Absichten des Vatikans decken. Vergessen wir nicht, dass der Katholizismus im Jahre 380 zur Staatsreligion des römischen Reiches erhoben wurde. Innerhalb des Christentums gab es schon von Anfang an einen Krieg zwischen der offiziellen römischen Kirche und der gnostischen Untergrunds-Kirche, deren Lehren als ketzerisch abgestempelt wurden. Bereits hier ist ein dialektischer Prozess zwischen der römischen Kurie und der unterdrückten christlichen Alternativ-Kirche zu erkennen. Vermutlich begann die gegenseitige Unterwanderung der beiden antagonistischen Lager bereits dazumal. Heute ist diese Infiltration so weit fortgeschritten, dass es sehr schwer zu sagen ist, wer von beiden eigentlich das Sagen hat. Die Bespitzelung durch die Kirche rief die Gegenreaktion der Bespitzelten hervor, so dass am Ende beide Parteien sich gegenseitig unterwanderten. Das führte dazu, dass sich die gegnerischen Gruppierungen der römischen Kirche eine parallele Machtstruktur auferlegten und ihre Geheimnisse nur an Eingeweihte weiterreichten. Wann immer die katholischen Spione einen Geheimorden aufspürten, befahl der Papst dessen Bespitzelung, Unterwanderung, Verfolgung und schließlich die Hinrichtung seiner Mitglieder als Ketzer. Dieses Schicksal war u. a. den Katharern, den Templern, den Husiten und den Protestanten beschieden. Da die Geheimorden ihrerseits auch Leute in die katholische

Kirche eingeschleust hatten, waren diese oftmals in der Lage ihre Brüder vor einem Übergriff zu warnen. Im Falle der Katharer und Templer konnten nur einige Ordensmitglieder rechtzeitig flüchten. Das genügte um die Geheimtradition zu bewahren, denn die Überlebenden gründeten an sicheren Orten neue Geheimzellen. Dabei veränderten sie zwar die Namen ihrer Gruppierungen nicht aber den Inhalt ihrer Geheimlehren. Das Wissen der Katharer wurde so an die Alchemisten und Rosenkreuzer, jenes der Templer an die Carbonari und Freimaurer weitergegeben. Gegenwärtig ist mit Franziskus I zum ersten Mal ein Jesuit Papst in Rom und man fragt sich zu Recht, was das zu bedeuten hat. Gibt es vielleicht eine gemeinsame Machtzentrale der Illuminaten und der Jesuiten? Welche Rolle spielt dabei der ehemalige Papst Benedikt XVI, der sich nach seinem Rücktritt immer noch mitten im Vatikan aufhält?

Im Laufe der Jahrhunderte wurden diese Geheimorganisationen zu einem Sammelbecken alternativer Ideen, welche der römischen Doktrin entgegen gesetzt waren. Ihren Kanon bildeten die gnostischen Evangelien, welche die Kirchenväter bereits in den ersten Jahrhunderten des Christentums verworfen hatten, aber auch das Geheimwissen der keltischen Druiden, die islamischen Sufi-Lehren und sogar die jüdische Kabbala-Überlieferung. Im Zentrum der europäischen Geheimtradition steht aber Maria Magdalena, die von Petrus und seinen Nachfolgern verraten und verleumdet wurde. Es sei hier dahin gestellt, ob sie mit Jesus verheiratet war oder nicht, ob sie mit ihm eine Nachkommenschaft begründet hat oder nicht. So oder so war sie eine der wichtigsten Jüngerinnen Jesu und hätte als solche das Recht gehabt ihre Sicht der Dinge an die Nachwelt zu überliefern. Nun befindet sich ihr Testament stattdessen in der Hand eines mysteriösen Ordens. Jene Geheimnisse, welche durch Maria Magdalena, Joseph von Arimathia und Jakobus, dem Bruder von Jesus, nach Südengland und Südfrankreich gebracht wurden, konnten erst durch die Gralsliteratur des Mittelalters einem breiten Kreise und dies auch nur verschlüsselt übermittelt werden. Der katholischen Kirche wurde aber bald klar, dass die Hüter des Grals niemand anderes als die Katharer sein konnten, weshalb sie die blutigen Albigenserkriege (1209-1229) gegen sie anstiftete. Ein bisschen länger blieb Rom noch die Tatsache verborgen, dass die Templer in Wirklichkeit die Gralsritter waren. Trotzdem sollte es ihnen nicht besser ergehen, denn im Jahre 1312 wurden sie in Massenverhaftungen dingfest gemacht und nach vollzogenen Prozessen auf dem Scheiterhaufen verbrannt. Jene Katharer und Templer, welche diesen Schlag des Vatikans überlebt hatten, sollten von nun an zu den erbittertsten Feinden Roms werden. Seither führen sie jede Revolte an, welche die Autorität des Vatikans untergräbt und seine Vasallen von ihren Thronen vertreibt. In neuster Zeit wird dieser Krieg gegen Rom durch den Geheimorden der Illuminaten geführt, der 1776 durch den bayrischen Universitätsprofessor Adam Weishaupt gegründet wurde. Unter seiner Schirmherrschaft haben sich die wichtigsten und mächtigsten Geheimgesellschaften verbündet, um den alten Plan der Rosenkreuzer einer neuen Weltordnung zu verwirklichen.

I Der Mythos der Illuminaten

Wo auch immer in der Vergangenheit ein großer Krieg vom Zaune gebrochen wurde, da findet man irgendeinen Hinweis auf das verdeckte Wirken der Illuminaten oder deren Vorgängerorganisationen. Männer wie Adam Weishaupt wollten vordergründig nur für ihre Ideale kämpfen. Weishaupt war kein Armeeangehöriger oder Fürst, der sich mit der Kriegskunst befasste, sondern ein „harmloser" Professor, der einen Lehrstuhl in Kirchenrecht und Philosophie innehielt. Seine Welt waren die Bücher und so stand am Anfang seines gefürchteten Ordens ein kleiner Lesezirkel. Dort wurden nicht etwa Studenten in das militärische Handwerk eingeführt. Nein, sie taten nicht viel mehr, als sich regelmäßig mit den kritischen Gedanken einiger Philosophen zu befassen. Entwarfen die Aufklärer vielleicht Schlachtpläne gegen die Menschheit, oder planten sie zukünftige Kriege? Was lehrten diese Aufklärer, dass ihre Ideen den Zündstoff für blutige Kriege liefern konnten? Verbreiteten sie eine Lehre der Menschenverachtung und der Zerstörung? Nein, ihre Forderung war eine andere. Sie wollten nur, dass die Menschen ihre Vernunft und ihren Verstand benutzten. Sie verlangten von ihren Anhängern, althergebrachte Glaubenssätze mit einem von der Vernunft abgeleiteten Wissen einzutauschen. Doch damit schnitten sie eine tiefe Kerbe in die Gesellschaft, denn sie strebten nicht weniger als eine Trennung von Kirche und Staat an. Ihre Ziele bedeuteten, die Jahrtausende alte Autorität und Macht der katholischen Kirche zu untergraben. Das konnte auf die Dauer nicht gut gehen. Vor allem dann nicht, wenn die Aufklärer mit ihren Ideen ernst machen wollten. Und genau dies unterstützten und förderten die Illuminaten. Die Anfänge von Weishaupts Ordens waren geprägt durch die Auflehnung der Aufklärer gegen die Katholiken und deren Speerspitze, die Jesuiten. In einer zweiten Phase integrierte der Freiherr von Knigge die Illuminaten erfolgreich in die Freimaurerei und vergrößerte ihren Einfluss derart, dass sie in der Folge verboten wurden. In der dritten Phase bildete sich das Illuminatentum am Ende des 19. und am Anfang des 20. Jahrhunderts neu, um zu einer globalen Allianz gegen den Kirchenstaat aufzurufen. In ihrem Kern besteht die Verschwörung der Illuminaten in einem Usurpationskrieg gegen die Römische Kirche und deren Absolutheitsanspruchs. Wer aber denkt, die katholische Kirche sei an ihren Dogmen und Enzykliken identifizierbar, der könnte sich gut täuschen, denn die katholische Kirche umfasst 1,2 Milliarden Mitglieder. Eine solch große Glaubensgemeinschaft lässt sich nicht ohne Staatsräson leiten. Das aber bedeutet, dass es hinter dem offiziellen Gesicht der katholischen Kirche, ein zweites geben muss, welches von Sachzwängen und Interessen geprägt ist, denn der Vatikan ist auch eine Machtzentrale, die weltweit in mannigfaltiger Weise Einfluss auf die Politik nimmt. Dazu bedient er sich u. a. schon seit Jahrhunderten des Jesuiten-Ordens. Sein Einfluss in die Politik war so stark, dass er in Portugal, Frankreich, Spanien und der Schweiz für lange Zeit verboten wurde.

Der Verschwörungsmythos

Die Verschwörung der Illuminaten war in ihrem Kern gegen den Klerus gerichtet. Wen wundert es, dass viele Aufklärer sich als Atheisten bezeichneten. Es ist natürlich auch nicht erstaunlich, dass die Gegenseite diese Haltung verurteilte und den Illuminatenorden als satanistische Sekte anprangerte. Für die konservativen kirchlichen Kreise waren sie ein weiteres Kind der Mutter aller Verschwörungen. Jene Verschwörung, die sich vor Urzeiten abgespielt hatte, als sich Luzifer gegen Gott erhob. Der hochmütige Cherub, der wegen seines Lichtglanzes, Luzifer der Lichtbringer genannte wurde, bildete sich ein, Gottes Thron für sich beanspruchen zu können und scharte deshalb Legionen von Engeln hinter sich, um die Weltherrschaft an sich zu reißen. Nachdem der Erzengel Michael mit seinen Himmelsdivisionen gegen Luzifers Armee gesiegt hatte, verbannte Gott ihn und seine Anhänger in den finstersten Abgrund der Hölle. Von hier aus ersann er Möglichkeiten, wie er den Himmel trotzdem erobern könnte und entschied Gottes neu erschaffene Welt, als Angriffsfeld zu benutzen und seine Geschöpfe, die Menschen, zu verderben.

In diesen Zusammenhang gehört auch das berühmteste Symbol der Illuminaten, das allsehende Auge, welches aus dem alten Ägypten stammt. Dort wurde ein mystisches Auge, das Udjatauge, verehrt. Das Auge des Horus, wie es auch genannt wird, war eine Hieroglyphe, die neben ihrer magischen Bedeutung auch für die Mathematik gebraucht wurde. Die Mythologie erzählt, Gott Seth hätte seinem Neffen Horus beim Kampf um den Thron des Osiris das linke Auge herausgerissen. Später habe es Thot, der Schutzpatron der Wissenschaften, wieder geheilt. In dieser Erklärungssage zum Udjatauge erkennen wir unschwer Analogien zum biblischen Kampf Luzifers gegen Gott. In beiden Geschichten geht es um die Rivalität zwischen Thronanwärter und Thronaspiranten. Weil Luzifer (Seth) zugunsten des Gottessohnes Christus (Horus) in der Thronfolge übergangen werden soll, entschließt er sich zu einer Revolte gegen Gott (Osiris). Natürlich kann er der Allmacht Gottes nicht sogleich den Fehdehandschuh entgegen werfen. Dieses Vorgehen wäre aussichtslos. Also zettelt er unter den Engeln eine Verschwörung an. Es gelingt ihm einen beträchtlichen Teil der himmlischen Heerscharen auf seine Seite zu ziehen und in den Krieg gegen die Engel Gottes zu führen. Bereits in diesem Ursprungstopos der Revolte führt die Verschwörung letztlich zum Krieg und so haben die Verschwörungen der Illuminaten den Menschen immer wieder brutale Kriege gebracht. Nicht immer in der Geschichte wird aber die Verschwörung negativ bewertet, wie dies im satanischen Ursprungstopos geschieht. Die Griechen zum Beispiel gestanden dem Volk das Recht zu, Könige zu stürzen und zu ermorden, wenn sie gegen das Wohl des Staates regierten. Auch die Römer betrachteten den Tyrannenmord als legales Mittel, um sich von unliebsamen Diktatoren zu befreien, wie wir dies am Beispiel der Ermordung von Gaius Julius Caesar her kennen. Dieser wurde am 15. März 44 v.Ch. während einer Senatssitzung durch neunzehn überlieferte

Verschwörer mit dreiundzwanzig Messerstichen getötet.

Weishaupts Illuminatenorden ist im 18. Jahrhundert aus dem Geiste der Aufklärung entstanden. Es ist folglich einleuchtend, wenn die Illuminaten die feudalistischen Herrschaftsverhältnisse abschaffen wollten. Schließlich postulierten die Aufklärer nichts anderes als die Forderungen Montesquieus und Rousseaus nach Gewaltenteilung und Demokratie. Die Kritik der Aufklärer gegen das Ancien Régime, die in den philosophischen Salons laut wurde, musste zwangsläufig zur Verschwörung führen, da im Absolutismus eine Reform der Gesellschaftsverhältnisse vom Monarchen aus kommen müsste, was im Widerspruch zum Selbstverständnis eines Gottesgnadentums liegt. Wenn die Appelle nicht wirkungslos in der Versenkung verschwinden sollten, musste das System umgestürzt werden. Bei jedem Umsturz muss aber die usurpierende Seite eine Verschwörung anzetteln. Dies liegt in der Natur der Sache. Historisch gesehen kam es zur bürgerlichen Revolution, weil die Verschwendungssucht, Überheblichkeit und Ignoranz der absolutistischen Fürsten jedes Maß verloren hatte. Die gebildeten Bürger hatten längst erkannt, dass die Mächtigen die Religion für ihre persönlichen Zwecke missbrauchten. Das Gottesgnadentum verlor durch die Gier der absolutistischen Fürsten selbstverschuldet seine Glaubwürdigkeit. Gleichzeitig war das Bürgertum durch den technischen Fortschritt und die Industrialisierung reich geworden, ohne die entsprechenden politischen Rechte zu erhalten. Die gesellschaftlichen Reformideen der Aufklärer waren eine logische Folge der Jahrhunderte alten ungerechten Unterdrückung des gemeinen Volkes durch die aristokratische und klerikale Obrigkeit. Der verführerische Duft der Freiheit wurde in die literarischen Salons der Bürger hineingetragen und verbreitete sich alsbald in Dichtung und Philosophie. Die bürgerliche Emanzipation war von Anfang an eine gerechte Sache und hatte einen seiner Ursprünge in der deutschen Reformation, wo ein einfacher Augustinermönch den Mut aufbrachte, der katholischen Übermacht in Rom seine Stirn zu bieten und dem Bedürfnis seiner Mitmenschen eine Stimme zu geben. In seiner Schrift „Über die Freiheit des Christenmenschen" thematisiert er diesen Wunsch in aller Deutlichkeit.

In den neusten Publikationen erscheinen die Illuminaten in ganz anderem Licht. Sie werden als Machtelite und als treibende Kraft in der Weltpolitik stilisiert. Die idealistischen Vorkämpfer der modernen freien Welt, sind zu finsteren Satanisten und Kriegstreibern mutiert. Wieso braucht es sie heutzutage überhaupt noch? Haben wir nicht in fast allen Ländern der Welt demokratische Verhältnisse? Ist die kommunistische Revolution nicht gescheitert? Hat das Sowjetregime nicht bewiesen, dass der Mensch nicht zum Kommunismus taugt? Was für eine Revolution zetteln die Illuminaten eigentlich überhaupt an? Ihre Bestrebungen, soweit dies ersichtlich ist, zielen darauf hin, die gesamte Menschheit durch eine totale Überwachung zu kontrollieren und durch die Massenmedien sowie durch die staatliche Erziehung nach ihrem Willen zu beeinflussen. Auch der notorische „Bonesman" und Illuminat George W. Bush bestätigt diesen negativen Eindruck. Der ehemalige amerikanische Präsident ist ein Mitglied des berüchtigten „Skull & Bones"-Ordens, einer Studentenvereinigung der Universität von Yale. Vom Gründer den „Skull & Bones" führen Spuren nach Deutschland. Die Geheimgesellschaft wurde 1832 in New Haven, Connecticut von William Huntington Russell, Alphonso Taft und zwölf oder dreizehn weiteren Studenten gegründet. Russell hatte zuvor ein Studienjahr an einer deutschen Universität, vermutlich in Berlin, verbracht. Zu der Zeit war zwar Weishaupts Geheimorden schon lange zerschlagen, was aber nicht bedeuten musste, dass es keine überlebenden Mitglieder gab. Einige waren ins Ausland geflüchtet, andere waren untergetaucht und wieder andere waren vermutlich gar nie aufgeflogen. Zwar war der Obrigkeit eine Liste der Mitglieder des Illuminatenordens in die Hände gefallen, aber wer weiß schon, ob die nicht bewusst verfälscht worden war, um von den wichtigsten Köpfen der Verschwörung abzulenken. Es liegt auf der Hand, dass Russels „Skulls & Bones-Orden" ein Ableger der deutschen Illuminaten ist. Das Geld zur Gründung des Ordens erhielt er übrigens von seinem Vetter. Es stammte aus dem Opiumschmuggel. Im Vereinslokal der „Skull & Bones", welche auch die Gruft (the tomb) genannt wird, steht das Motto des Ordens in großen Lettern an der Wand geschrieben und lässt keinen Zweifel über die Ziele des Ordens offen. Es lautet: „Krieg" (engl. „war"). Dass George W. Bush musterhaft diesem Leitbegriff folgt, hat er mit dem Befehl zum Einmarsch der US-Truppen in den Irak hinlänglich bewiesen. Die USA haben den zweiten Irakkrieg gegen Saddam Hussein damit begründet, dass er Massenvernichtungswaffen versteckt haben solle. Heute wissen wir, dass die USA die Weltöffentlichkeit in dieser Hinsicht angelogen haben.

Adam Weishaupts Illuminaten Orden

Wo die Wurzeln des Illuminatentums liegen, kann nicht mit Sicherheit gesagt werden, da seine Vorgängerorganisationen vermutlich andere Namen besaßen. Gesichert aber ist die Gründung von Adam Weishaupts Bund der Perfektibilisten am 1. Mai 1776 in Ingolstadt. Dieser Bund, der auch Bienenorden genannte wurde - er bestand im Anfang aus Weishaupt und zwei seiner Studenten - sollte sich im Verlaufe seiner Entwicklung zum heute gefürchteten Illuminatenorden wandeln. Wieso wurde Weishaupts Orden zum Gegenstand einer der größten Verschwörungstheorien der neusten Zeit? Bereits die Bezeichnung „Perfektibilisten" (von lateinisch perfectibilis: zur Vervollkommnung befähigt) weist auf eine der geheimsten Gesellschaften des Abendlandes hin, auf die mittelalterlichen Katharer, denn die Eingeweihten unter ihnen nannten sich die „perfecti". Wieso sind die Katharer so Geheimnis umwoben? Otto Rahn, der während des deutschen Naziregimes für Himmlers SS den Gral suchte, war fest davon überzeugt, dass die Katharer die Hüter des Grals gewesen waren. Niemand geringeres als der deutsche Reichsführer Adolf Hitler wollte, dass der Heiligen Gral gefunden werde. Kein Wunder, heißt es doch, der Gral verleihe seinem

Besitzer übermenschliche Macht. Die Katharer waren zwischen 1208 und 1244 von der katholischen Kirche in drei regelrechten Kreuzzügen bekämpft worden. 1244 fiel das Château von Montsegur und damit die letzten Bastion der Katharer bei einer Belagerung. Der Legende nach seien aber eine Handvoll von ihnen erfolgreich mit dem Gral über die Festungsmauern geflohen und hätten ihn an einen sicheren Ort gebracht. Aus diesem Grunde suchte Otto Rahn den Gral in den Höhlengängen, die sich unweit der Burg Montsegur befanden. Das Glück war aber nicht auf seiner Seite, denn er fand das begehrte Objekt nicht.

Auch der zweite Name von Weishaupts Geheimbund „der Bienenorden" ist geheimnisumwittert, denn die Biene war das Symboltier der Merowinger, dem ältesten Königsgeschlecht der Franken. Unter den Grabbeigaben des Merowingerkönigs Childrich I (436 bis 481) fand man dreihundert aus Gold gefertigte Bienen. Napoleons Verehrung für die Dynastie der Merowinger war der Grund dafür gewesen, dass er 1804 bei seiner Kaiserkrönung nicht nur sein Ornat mit goldenen Bienen schmücken ließ, sondern sie auch zum Wappentier der Bonapartes erhob. Spätestens seit den Enthüllungen durch Baignet, Lincoln und Leigh über das Grab des letzten Merowingerkönigs Dagobert II reißen die Spekulationen über die Geheimnisse von Rennes-le-Château nicht mehr ab. Die Gerüchteküche wurde durch Pierre de Plantard angeheizt, der behauptete, ein einfacher Priester, namens Abbé Bérenger Saunière habe im Jahre 1900 bei der Renovation der Kirche von Rennes-les-

Château den Heiligen Gral zusammen mit anderen Schätzen der Templer und Katharer sowie Dokumente über die Herkunft der Merowinger gefunden.

Der Verschwörungsmythos der Illuminaten findet folglich seinen Anfang bereits im ursprünglichen Namen von Weishaupts Orden. Der Name allein wäre wohl kaum genug Anlass dazu gewesen, um über die Mitwirkung der Illuminaten bei allen großen politischen Ereignissen seit 1776 zu mutmaßen. Doch kehren wir zu jenem mysteriösen Gründer des Ordens zurück, um den sich nicht weniger Geheimnisse ranken, als um die Merowinger, die Katharer und die Templer. Johann Adam Weishaupt wurde am 6. Februar 1748 in Ingolstadt geboren und starb am 18. November 1830 in Gotha. Wie viele einflussreiche Anführer von Geheimorden war auch er früh verwaist und daraufhin von Adam Ickstatt, einem Schüler Christian von Wolffs, adoptiert worden. Weishaupt wurde im Geiste der Wolffschen Philosophie erzogen. Es ist nicht weiter verwunderlich, dass er eine große Affinität zu den Ideen der Aufklärer mitbrachte. Bevor er 1768 zum Doktor der Philosophie promovierte, studierte er an der Universität Ingolstadt Geschichte, Rechte, Staatswissenschaften und Philosophie. Drei Jahre später hatte er es bereits geschafft außerordentlicher Professor der Rechte und 1773 ordentlicher Professor für Kirchenrecht und praktische Philosophie in Ingolstadt zu werden. Doch der erst achtundzwanzigjährige Weishaupt stand im Lehrkörper, der sich vollständig aus ehemaligen Jesuiten zusammensetzte, völlig isoliert da. Zwar war der Orden der Jesuiten 1773 aufgehoben worden, aber hinter den Kulissen schmiedeten die jesuitentreuen Professoren weiterhin fleißig ihre Intrigen. Genau davor wollte Weishaupt nach offiziellen Quellen seine Studenten bewahren. Deshalb gründete er den Weisheitsbund, einen anfänglich kleinen Lesezirkel von höchstens zwanzig Mitgliedern, der sich dem Studium zeitgenössischer kirchenkritischer Literatur widmete. Als Symbol des Bundes wählte Weishaupt die Eule der Minerva der griechischen Göttin der Weisheit. Im Symbol des Nachtvogels, der auch in der Finsternis zu sehen in der Lage ist, liegt wohl auch der Name der Illuminaten begründet. Das Wort „Illuminaten" kommt von dem lateinischen Wort „illuminati", was die Erleuchteten, oder anders gesagt die Lichtträger bedeutet. Wie die Eule sind auch die Illuminaten befähigt im Dunkeln zu sehen. Die Eule - dies ist kein Zufall - ist auch das Symbol der „Bilderberger", einem periodisch sich treffenden Forum von reichen und mächtigen Protagonisten der Weltpolitik.

Der Illuminatenorden weist in seinem Aufbau einige Merkmale auf, die auf Weishaupts Biographie zurückzuführen sind. In einem verschwörerischen Umfeld von Jesuitensympathisanten gründet er einen zunächst zur Gegenseite analog aufgebauten Geheimzirkel auf, den er mit antiklerikalen und aufklärerischen Inhalten füllte. Schritt für Schritt erweiterte er den Kreis der Eingeweihten, wobei er viele Methoden der jesuitischen Seite kopierte, diese gleichzeitig aber exakt auf den Kopf stellte. Sein anfänglich erklärtes Ziel durch Aufklärung und sittliche Verbesserung die

Herrschaft von Menschen über Menschen überflüssig zu machen, hob sich deutlich vom jesuitisch geprägten Kredo der Hierarchie ab. Dies scheint sich zunächst mit dem späteren stufenförmigen Aufbau des Ordens, der vor allem durch den Freiherrn von Knigge vorangetrieben wird, zu widersprechen, aber spätestens beim genaueren Studium der modernen illuminierten Schriften wird klar, dass die Hüter des Ordens genau diesem Leitsatz noch immer treu geblieben sind. So proklamierte Aleister Crowley ein Hochgradfreimaurer des 33. Grades – die Hochgradfreimaurer sind allesamt Illuminaten – zu seinen Lebzeiten die Selbsteinweihung, die er mit seinen zahllosen Schriften ermöglichen wollte. Auch Weishaupt wurde im Jahre 1777 in der Münchner Freimaurerloge „zur Behutsamkeit" unter dem Geheimnamen „Sanchoniaton" aufgenommen. Diesen Namen musste er nach dem Verbot des Illuminatenordens im Jahre 1784 / 85 in „Cocyrus" umändern. Er verwendete auch die Namen „Scipio Aemilianus" und „Spartacus". Weishaupt strebte eine Verschmelzung seines Ordens mit dem Freimaurertum an. Es ist historisch verbürgt, dass ihm dies am Willhelmsbader Kongress der Freimaurerei im Februar des Jahres 1785 auch gelungen ist. Anwesend an diesem Anlass waren u. a. zwei sagenumwobene okkulte Meister, welche später im Zusammenhang mit der Französischen Revolution eine nicht unwesentliche Rolle spielen sollten: Alessandro Graf von Cagliostro und der Comte de Saint Germain, auch bekannt unter dem Namen Graf Rakoczy. Der ehemals kleine Lesezirkel der Universität von Ingolstadt war in wenigen Jahren zu einer wichtigen politischen Kraft innerhalb der Freimaurerei geworden. Einen bedeutenden Anteil an diesem Erfolg hatte der niedersächsische Adlige Adolphe Freiherr von Knigge, der ab 1780 dem Illuminatenorden eine Freimaurerlogen ähnliche Struktur verlieh, womit es ihm gelang zahlreiche Maurerbrüder anzuwerben und ganze Logen zu unterwandern. Doch auch die Krise innerhalb der Hochgrade der deutschen Freimaurerei begünstigte die Verbreitung des Illuminatenordens. Die Freimaurerlogen des „Clermont'schen Systems" waren 1764 nach dem Siebenjährigen Krieg vom Reichsfreiherrn Karl Gotthelf von Hundt und Altenkrotau gemeinsam mit zwanzig anderen Personen übernommen worden. Nun setzte sich der Freiherr von Hundt an die Spitze einer Bewegung, die glaubte, sie stehe in der Nachfolge des 1312 aufgehobenen Templerordens. Mit diesem Anspruch gelang es ihm die deutschen Logen unter seiner Führung anzuwerben. Noch im selben Jahr wurde der Freiherr von Hundt auf dem Konvent von Altenberge bei Kahla als Führer der Strikten Observanz bestätigt. Freiherr von Hundt ließ jahrelang verlauten, er stehe mit „Unbekannten Oberen" in Kontakt, die ihn in das tiefste Geheimnis der Freimaurerei eingeweiht hätten. Als er starb und sich diese geheimen Führer nicht blicken ließen, wurde die strikte Observanz in eine Krise gestürzt. So wurde vom 16. Juli bis 1. September 1782 in Wilhelmsbad ein großer Freimaurerkongress der Strikten Observanz einberufen. Bei dieser Tagung gelang es den beiden Illuminatenvertretern Freiherr von Knigge und Franz Dietrich von Ditfurth Johann Christoph Bode, einen führenden Vertreter der Strikten Observanz, für sich zu gewinnen und dadurch ihren Einfluss auf die Freimaurerei erheblich zu erhöhen.

Nun wuchs die Mitgliederzahl im Illuminatenorden rasant an. Dieser Umstand sollte sich aber im Endeffekt als kontraproduktiv herausstellen. Wie immer wenn eine Entwicklung zu schnell von statten geht. Als erstes begann der Freiherr von Knigge Druck zu machen, denn er wollte seine Position innerhalb des Ordens verbessern und er nahm deshalb seinen Erfolg von Willhelmsbad als Vorwand dazu. Doch er machte einen Fehler, denn er erpresste Weishaupt in Briefen, er würde die Geheimnisse des Ordens an die Konkurrenz verraten: Weishaupt wusste, dass man ihn entmachten wollte. Außerdem beobachtete er mit Unbehagen, dass im Fahrwasser Knigges Vertreter der absolutistischen Obrigkeit wie die beiden Prinzen Karl von Hessen und Ferdinand von Braunschweig sowie die Herzöge Ernst von Sachsen-Gotha und Carl August von Sachsen-Weimar Einlass in den Geheimbund erhalten hatten. Tatsächlich besaß er ein gutes Gespür, denn Carl August und sein Geheimrat Goethe verfolgten mit ihrem Eintritt das Ziel den Orden auszuspionieren. Der Machtkonflikt innerhalb des Vorstands des Ordens, welcher der Areopag genannt wurde und sich aus Weishaupt und Knigge zusammensetzte, spitzte sich immer mehr zu, so dass ein Schiedsgericht in Weimar tagen sollte, um die Krise zu meistern. Im Jahre 1784 entschied der „Congress" im Beisein von Goethe, Johann Gottfried Herder und Herzog Ernst von Sachsen-Gotha, dass beide

Persönlichkeiten aus dem Areopag austreten sollten. Frustriert verließ Knigge in der Folge den Illuminatenorden, nachdem er ein Stillschweigeabkommen unterzeichnet und alle Dokumente retourniert hatte. Er hatte eingesehen müssen, dass sein Ehrgeiz in dieser Sache nicht belohnt worden war. Weishaupt verlor zwar den Vorsitz an Johann Martin Graf zu Stolberg-Rossla, jedoch nicht seinen Einfluss innerhalb des Ordens. Doch die Sache des Ordens stand unter einem schlechten Stern, denn am 22. Juni 1784 ließ der bayerische Kurfürst Karl Theodor per Dekret alle Gesellschaften und Verbindungen, die ohne seine Bestätigung gegründet worden waren, verbieten. Der Illuminatenorden wurde im April 1785 von Graf Stolberg-Rossla aufgehoben, da seine Mitglieder inzwischen als religionsfeindliche Landesverräter verfolgt wurden. Am 16. August 1787 wurde ein noch strengeres Edikt verabschiedet, dass die Rekrutierung von Mitgliedern für Freimaurer und Illuminaten unter Todesstrafe setzte. Johann Christoph Bode versuchte noch den Illuminatenbund in die Weimarer Minervalkirche und den Orden der unsichtbaren Freunde hinüberzuretten. Aber seine Bemühungen konnten in dem allgemein aufgeheizten Klima nicht mehr fruchten, so dass er 1790 sein Vorhaben wieder aufgab. Offiziell gilt der Illuminatenorden seither als zerschlagen.

Was geschah mit Adam Weishaupt? Dieser wurde zwar verdächtigt, aber nicht verhaftet, denn niemand ahnte, dass er der Ordensgründer war. Trotzdem hielt er es für angebracht in Regensburg unterzutauchen. Sein Ordensbruder Herzog Ernst II von Sachsen-Gotha-Altenburg bot ihm Schützenhilfe. Er beschaffte ihm 1787 in Gotha das Amt eines Hofrates, das ihm seinen weiteren Lebensunterhalt zu sichern vermochte. In den folgenden Jahren verfasste er zahlreiche Schriften über seinen Illuminatenorden, die letztlich die Gerüchte und die Hysterie um eine groß angelegte Verschwörung noch mehr anheizen halfen. Die Hetze gegen die Illuminaten erreichte einen ersten Höhepunkt, als Abbé Barruel in seinen Schriften behauptete, die Illuminaten seien alle Anarchisten und Satanisten und wären die Drahtzieher hinter der Französischen Revolution gewesen. Ganz Unrecht hatte er damit freilich nicht. Ebenso mit der Ansicht, die Verschwörung hätte nicht mit Adam Weishaupt sondern bereits viel früher begonnen. Zwar starb Adam Weishaupt 1830 in Gotha und wenige Denkmäler erinnern daran, dass er einmal in Ingolstadt gelebt hat - am Gebäude an der Theresienstrasse 23, am ehemaligen Versammlungsort seines Geheimbundes, befindet sich heute eine kleine Gedenktafel. Barruels Thesen jedoch haben mit Sicherheit dafür gesorgt, dass sein Name bis in die heutige Zeit lebendig blieb.

Erneuerung des offiziellen Illuminatenordens im 20. Jahrhundert

Nachdem Johann Joachim Christoph Bode 1790 die Regeneration der Illuminaten aufgegeben hatte, verschwand der Orden für 90 Jahre in der Versenkung und wurde erst 1880 durch Theodor Reuss in einem ersten Versuch in München wiederbelebt. Um die Neugründung voranzutreiben, verband er sich in Berlin mit Max Rahn und August Weinholz. Anstrengungen, die er 1906 noch verstärkte, indem er seinen Schüler Leopold Engel mit der Schaffung eines Lehrplanes und der Organisation des Ordens beauftragte. Reuss war ein erstaunlicher Mann, der vielen wichtigen Persönlichkeiten und Organisationen nahe stand, die heute mit den Illuminaten in Verbindung gebracht werden. So hat er unter anderem William Wynn Westcott, Karl Keller, Franz Hartmann, Richard Wagner, Ludwig II von Bayern, Helena Petrovna Blavatsky, Gérard Encausse (besser bekannt als Papus), Rudolf Steiner und Aleister Crowley persönlich gekannt. Er war auch für kurze Zeit im Vollzugsausschuss des Londoner Exekutiv-Komitees der anarchistisch-sozialistischen Liga. Aber Reuss verfügte noch nicht über das esoterische Wissen, dass notwendig gewesen wäre, um die Illuminaten auferstehen zu lassen. So musste er das Projekt vorerst wieder auf Eis legen. Daraufhin setzte er seine Hoffnungen in den „Ordo Templis Orientis" (OTO), der 1903 vom Trio Karl Kellner, Heinrich Klein und Franz Hartmann gegründet worden war. Nachdem Reuss ab 1905 die Leitung des OTO übernommen hatte, setzte er alles daran, die Tradition der Gnostiker, Templer und Rosenkreuzer im Illuminatenorden fortzuführen. Schließlich gelang es ihm nach dem ersten Weltkrieg Weishaupts Vermächtnis unter dem Namen „Weltbund der Illuminaten" auferstehen zu lassen, einem Zusammenschluss des OTO, der Gnostisch-katholischen Kirche, der Komturei Thelema und der Fraternitas Rosicruciana Antiqua. Die führenden Persönlichkeiten innerhalb des Weltbundes waren: Theodor Reuss, Leopold Engel, Franz Hartmann, Rudolf Steiner, Julius Meyer, Herbert Fritsche, Aleister Crowley und Karl Gemer.

II Die Katharer, die Templer und der Kaiser

Weishaupts Illuminatenorden war in seiner Anlage noch geprägt durch den Gegensatz zwischen Aufklärung und Klerus. Mit dem Wachstum des Geheimbundes veränderte sich zwar nicht seine Stoßrichtung jedoch der Inhalt seiner Ideologie. Der Name bezog sich ursprünglich primär auf die Aufklärung, welche in Italien der „illuminismo" und in Frankreich „siècle des lumières" hieß. Auch in der englischen Bezeichnung Enlightment (von light=Licht) finden sich Anklänge auf das Wort „Illuminaten", welches sich vom Lateinischen „lumen" (=das Licht) ableiten lässt. Durch seine stetige Transformation verlor der Orden allmählich diese rein rationale Ausrichtung und öffnete sich Schließlich auch mystisch-magischen Inhalten. In einem umfassenderen Bezug lässt sich der Begriff „Illuminaten" mit der Bedeutung „Erleuchtete" oder „Lichtträger" übersetzen, was sich zweifellos besser mit dem späteren Selbstverständnis des Ordens deckt. So oder so weist der Name von Weishaupts Orden eine starke Konnotation zur manichäischen Lehre auf, die auf einem strikten Dualismus von Licht und Finsternis basiert. Das heißt aber nicht, dass dieser Zusammenhang von Anfang an auch gewollt war. Vielmehr hält dieses uralte Mysterienwissen vermutlich erst am Willhelmsbader Kongress durch die Fusion des Perfektibilisten Bundes mit der Hochgradfreimaurerei in den Orden Einzug.

Illuminiertes Gedankengut in der Katharischen Tradition

Die Wurzeln des Illuminatentums liegen demnach bei den Katharern und damit in der Religion der Manichäer, die im dritten Jahrhundert nach Christus durch den Perser Mani (216 n.Ch. -276 n.Ch) gestiftete wurde. In deren Mythos bekämpfen sich Licht und Finsternis als zwei gegensätzliche Reiche. Das Lichtreich wird durch Gott angeführt, dessen Wesen die fünf Denkformen Vernunft, Denken, Einsicht, Sinne und Überlegung umfasst, während das Gegenreich in seiner Substanz aus Rauch, Feuer, Wind, Wasser und Finsternis besteht. Das Reich der Finsternis eröffnet den Krieg. Doch Gottvater ist reiner Friede und will die Herausforderung nicht selbst annehmen. Daher sendet er seinen Sohn, der zwar in die Gefangenschaft der Finsternis gerät, aber mit seiner Tat den zukünftigen Sieg über den Feind vorbereitet. Der Manichäismus anerkennt Jesus Christus als den Sohn des Lichtvaters und sieht in seiner Menschwerdung und Kreuzigung die alten Prophezeiungen des Zarathustra, wonach der Sonnengott dereinst auf die Erde herabsteigen würde, als erfüllt an. Unschwer erkennen wir in der manichäischen Kosmologie den Kampf zwischen Horus und Seth aus der ägyptische Herkunftslegende des Udjatauges wieder. Aber auch den Aufstand Luzifers gegen Gott. Nun wurde durch die manichäische Religion auch ein Geheimwissen überliefert, welches die Menschen über die göttliche Vernunft aufklären sollte. In der gleichen Tradition standen auch die mittelalterlichen Katharer und Albigenser. Das Wissen der Manichäer wurde ihnen durch eine lange Reihe von Eingeweihten übermittelt. Everevius, ein Zeitgenosse der Katharer, sagte im Jahre 1146 über deren Lehre, sie sei *"von der Zeit der Märtyrer bis in diese Tage im Verborgenen geblieben und habe in Griechenland und gewissen andern Ländern fortbestanden"*.[1] Vor allem die Katharer in der Gegend des Languedoc wurden mit einem Geheimwissen in Verbindung gebracht. Seine esoterische Ausrichtung lässt der Orden bereits durch die Zweiteilung in "Croyants" und eingeweihte "Parfaites" erkennen. Nur die "Parfaites" waren in der Lage das "consolamentum", das heißt, die Einweihung in die Geheimnisse der Katharer, zu spenden. Schon im ersten Jahrhundert unserer Zeitrechnung lebte in der Gegend von Rennes-les-Château eine jüdische Gemeinde in der Diaspora. Maria Magdalena und Joseph von Arimathia sollen nach Rennes gekommen sein und den Kelch mit dem Blut Christi mitgebracht haben. Waren sie die Begründer der katharischen Tradition? Die Gegend von Languedoc war fast das gleiche Gebiet, das im 8. Jahrhundert als Septimanien unter der Herrschaft von Wilhelm von Gellone ein jüdisches Königreich bildete. Die gesamte Region von Languedoc und Provence war den frühen Traditionen von Lazarus (Simon der Zelote) und Maria Magdalena verhaftet.[2] Die Geheimnisse rankten sich Schließlich alle um die Burg von Montségur, welche sich bis zu

---

[1] R. Andrews, P. Schellenberger: Das letzte Grab Christi, S. 61 f

[2] Laurence Gardner, Das Vermächtnis des Heiligen Grals, S. 252

ihrem Fall im Jahre 1244 im Besitze der Katharer befand.

Über die Motive, die zur Verfolgung der Katharer führten, herrschen vielerlei Lehrmeinungen. Montségur wird mit dem uns aus der mittelalterlichen Dichtung bekannten Monsalvat in Verbindung gebracht. Viele Autoren behaupten, die Katharer von Montségur seien die Hüter des Grals gewesen, wobei die Meinungen, was denn dieser Gral sein soll, weit auseinander gehen. Was gab den Ausschlag für die brutale Verfolgung dieser Sekte durch die katholischen Truppen? War es tatsächlich ein Komplott Philipp II um seine Vormachtstellung in Frankreich zu sichern? Oder waren sie im Besitz eines kostbaren Schatzes? Was immer die "Bonne hommes" wussten, vertraten oder besaßen, es war genug gefährlich für die römische Kirche, um zu einem Kreuzzug gegen sie auszurufen. Einen unmenschlichen Krieg gegen die Menschen, welche der Gewalt abgeschworen hatten und von denen Bernard von Clairvaux 1145, anlässlich seiner Reise durch das Languedoc mit dem Ziel gegen die Häretiker zu predigen, sagte: *"Sicherlich gibt es keine christlicheren Predigten als die ihren."*[3]

Wir können nicht sagen, ob die Katharer tatsächlich den Gral gehütet haben, aber wir wissen, dass sie im "Besitze" eines besonderen Bewusstseins waren. Für sie waren die menschlichen Seelen nichts anderes als

---

[3] D. de Rougemont: Die Liebe und das Abendland, Köln 1966, S. 96

gefallene Engel, welche einst dem Satan in die Materie gefolgt waren. *„Wenn der Sturz des Engels den Ausgangspunkt der katharischen Lehre bildet, so sind Rückkehr zum Himmel und die vollständige Befreiung der Materie das oberste Ziel."*[4] Außerdem glaubten sie auch an die Seelenwanderung. Die "Parfaites" zeichneten sich durch ein Bewusstsein der Erinnerung an ihre früheren Inkarnationen aus. Dieses Bewusstsein konnten sie durch das „Consolamentum" auf die „Croyants" übertragen. Wie ein solches Sakrament erteilt wurde, beschreibt D. Roché. Nachdem der "Croyant" aufrichtig Busse für alle seine Verfehlungen getan hatte, sprach ihn die Versammlung der Christen los und das "Consolamentum" wurde ihm zuteil.

„Der Älteste ergriff die Bibel und legte sie ihm auf das Haupt, während jeder der übrigen Bonshommes ihm die rechte Hand auflegte. Gemeinsam sprachen alle feierlich die Worte: "Pater sancte, suspice servum tuum in tua justitia, et mitte gratiam tuam et spiritum sanctum tuum ... super eum. (...) Sie beteten zu Gott indem sie das Vaterunser sprachen, und der Älteste las ein Evangeliumstext, gewöhnlich die 17 ersten Verse des Johannesevangeliums. Die Zeremonie wurde, wie bei den Urchristen, mit dem Friedenskuss abgeschlossen."[5]

Wann und wie während dieser Zeremonie das „Höhere Bewusstsein" auf den Novizen überging, lässt sich höchsten erahnen: Entweder der Moment des Hand-

---

[4] J. Markale: Die Katharer von Montségur, S. 187
[5] D. Roché: Die Katharerbewegung, S. 22

auflegens oder der Bruderkuss käme hierfür in Frage, weil hier ein direkter körperlicher Kontakt stattfand. In den ägyptischen Einweihungsriten sollen die Adepten den Novizen durch Handauflegen in ein höheres Bewusstsein versetzt haben. Vielleicht geschah es aber auch durch Drogen oder Hypnose. Dieses Bewusstsein konnte verglichen werden mit einer Wiedergeburt oder einer Auferstehung. Im Johannes Evangelium, welches in den gnostischen Gemeinden hochgehalten wurde, wird die Kreuzigung am genausten und detailliertesten beschrieben. Es ist möglich, dass darin in einem Peshrem weitere Informationen zum Ritual des „Consolamentum" angegeben werden, weil in der Kreuzigung die Vorbereitung zur Auferstehung geschildert wird. Ob bei dieser Zeremonie der Gral als Gegenstand oder als Reliquie eine Rolle spielte, lässt sich ebenfalls nur vermuten. Was ist der Gral eigentlich? Antworten auf diese Frage, finden sich bei den drei bekannten Autoren der Gralsdichtung. Bei Wolfram von Eschenbach ist der Gral ein Stein, während er bei Chréstien de Troyes die Form eines Kelches annimmt. Dieser Kelch wiederum ist die Schale, aus der Jesus Christus das letzte Abendmahl gespendet hat und in welcher Joseph von Arimathia das Blut aus seiner Seitenwunde aufgefangen hat. In der Gralsdichtung wird auch erzählt Joseph von Arimathia habe den Gral nach Südfrankreich gebracht, also in jene Gegend, wo später die Katharerbewegung aufblühen sollte.

Waren die Katharer wirklich die Hüter des Grals? Eine der Legenden über den Gral berichtet, dass der Erzengel Michael, als Vertreter der kosmischen Intelligenz, den „Stein des Lichts" aus Luzifers Krone ergriffen habe. Er hätte den Edelstein so umgeschliffen, dass er am Ende die Form eines Kelches bestehend aus hundertvierundvierzig Facetten innehatte. Dieses Gefäß sei der Heilige Kelch gewesen, mit dem später Joseph von Arimathia das Blut Christi am Kreuz auffangen sollte. Es wurde zuerst im Mysterienkult des Herakles aufbewahrt. Von dort ging es in die Hände der Königin von Saba über, die es König Salomon weiterreichte. Jesus spendete aus diesem Kelch das Letzte Abendmahl. Von ihm ging es zuerst zu Pilatus und danach zu Joseph von Arimathia über, der damit gemeinsam mit seinen Nachkommen zum Hüter des Heiligen Grals wurde. Er war es auch, der den Gral nach Montségur in der Gegend von Rennes-le-Château brachte, der mittelalterlichen Hochburg der Katharer.

Wenn die Katharer die Hüter des Grals gewesen waren, dann hielten sie jenes Wissen in den Händen, welches die Menschen über die „göttliche Vernunft" aufklärte. Jenes Geisteshaltung also, welche später im Illuminatenorden eine so zentrale Rolle spielen würde. In gewisser Weise korrespondierte dieses Wissen, mit jenen antiken Schriften des Aristoteles, welche gleich wie die Gralslehre durch die Araber an die abendländische Kultur zurückgegeben wurden. Die Heuristik und Logik des Aristoteles wurden vornehmlich durch die mittelalterliche Scholastik und später durch Thomas von Aquin adaptiert und mit dem christlichen Gedankengut in Einklang gebracht.

Diese Tendenz gipfelte in den Gottesbeweisen des Thomas von Aquin, in welchen er die Existenz Gottes mit rationalen Mitteln darlegen wollte. In diesem ersten Erstarken des Rationalismus liegt mit Sicherheit auch einer der Vorläufer der späteren vernunftgeprägten Philosophie des Descartes, welche sich so prägend auf die Aufklärung und auf Adam Weishaupt ausgewirkt hat.

Kaiser Friedrich II von Hohenstaufen gegen den Papst

Auf der philosophischen Seite wurde der Rationalismus und die Wissenschaften in der Neuscholastik des Thomas von Aquin (1225 - 1274) integriert. Aber wie stand es in der Politik? Wer war der mächtige Arm der mittelalterlichen Illuminaten? Im 13. Jahrhundert lebte in Europa vornehmlich ein bekannter Herrscher, den man im weitesten Sinne als aufgeklärt bezeichnen konnte: Friedrich II von Hohenstaufen, welchen seine Zeitgenossen auch „stupor mundi", das Staunen der Welt, nannten. Er besaß eine hohe Bildung und verfügte über Sprachkenntnisse in Italienisch, Französisch, Latein, Griechisch, Mittelhochdeutsch und Arabisch. Der bekannte Kulturphilosoph Jacob Burckhardt bezeichnete ihn als den „ersten modernen Menschen auf einem Thron". Mit seinem unbändigen Wissensdrang und seiner schier grenzenlosen Neugier besaß er intellektuelle Eigenschaften, die wir erst zweieinhalb Jahrhunderte später wieder bei typischen Vertretern der Renaissance wie zum Beispiel Leonardo da Vinci entdecken können. Sein Denken war von einem für jene Zeit völlig untypischen Rationalismus geprägt. So glaubte er stur nur das, was sich mit der Vernunft erklären ließ. Darüber hinaus betätigte er sich als Mäzen und hielt an seinem Hof eine kleine Gemeinde von Dichtern, Wissenschaftlern und Künstlern. Er selbst hat auch ein wissenschaftliches Werk über die Falkenjagd verfasst.

Außer, dass sie zur gleichen Zeit existierten, verbindet auf den ersten Blick die streng asketischen Katharer Südfrankreichs mit dem genialen Hohenstaufer-Kaiser Friedrich II (1212-1250) nicht besonders viel. Ihre Verfolgung wurde sogar unter seinem Patronat begonnen. Friedrich II bemühte sich um den Inquisitionsanspruch, um aus politischen Gründen die Häretiker in Oberitalien zu bekämpfen. Vielleicht wollte Friedrich in Wirklichkeit die Patarener, wie die Katharer Mailands hießen, Protektion gewähren und wählte deshalb eine Doppel-Strategie dafür aus. Für diese Annahme spricht, dass die Patarener den kaisertreuen Ghibellinen nahestanden. Nach außen erscheinen die Katharer und der Kaiser als Gegensätze. Hier die manichäische Sekte, dort der weltzugewandte, deutsche Kaiser mit dem kritischen Geist. Bei genauerem Hinsehen zeigen sich aber bedeutend mehr Übereinstimmungen. Dass die Katharer nicht nur in transzendenter Meditation lebten, sondern eine durchaus „vorkapitalistische" Wirtschaft betrieben, darauf weist L. Varga in einer ihrer Studien zum Katharismus hin. Dieser Umstand wird durch die Trennung des Katharer-Ordens in "credentes" und "perfecti" ermöglicht.

"Die credentes lebten ganz in dieser Welt, betrieben Handel und Geschäfte; sie waren als gnadenlose Wucherer bekannt. Der katharische Adel besaß mit der Welt der Troubadours eine hochentwickelte weltliche Kultur, in der unvergleichlicher Luxus und unnachgiebiger Stolz herrschten. Adlige und Kaufleute lebten in dieser materiellen Welt, in der alles schlecht war, in der es aber keine Sünde gab. Um gerettet zu werden, ohne auf irgend etwas zu verzichten, genügte es unmittelbar vor dem Tod einen katharischen ‚Perfekten' zu rufen, der den katharischen Segen gab und zugleich seine Hand auf den Kopf des Sterbenden und auf das Johannes-Evangelium legte. Der Sterbende brauchte nichts zu bereuen."[6]

Wie lässt sich diese seltsame Doppelmoral der Katharer verstehen? Anders als dies im ersten Augenblick erscheinen mag, ging es ihnen nicht um persönliche Bereicherung, sondern um die Machtentfaltung ihres Ordens. Sie fühlten sich zu einem missionarischen Kampf gegen die Mächte der Finsternis berufen, in welchem alle Mittel erlaubt waren, die ihrer Sache nützten. Das Papsttum in seiner bestehenden Form lehnten sie strikte ab und bauten dazu, da sie ihre religiöse Lehre in weiten Teilen Südfrankreichs verbreiteten, eine Gegenkirche auf. Am Ende des 12. Jahrhunderts standen vier Bistümer Südfrankreichs unter katharischer Vorherrschaft. Das rief nicht nur den Papst sondern auch den französischen König auf

---

[6] L. Varga, Der Katharismus – ein methodisches Problem der Religionsgeschichte, in Zeitenwende, S. 194

den Plan, denn beide befürchteten einen empfindlichen Machtverlust. Papst Innozenz III verlangte von König Philipp II gegen jene Adligen vorzugehen, welche den Katharismus in ihrem Gebiet duldeten. Der Albigenserkreuzzug begann in Lyon, wo sich 1209 zehntausend Ritter versammelten, um gegen die Katharer vorzugehen. Als erstes konzentrierten sie ihre Kampfhandlungen auf die Stadt Béziers. Die gesamte Bevölkerung, ungefähr 20'000 Menschen wurden niedergemetzelt. Die Nachricht von dem Massaker verbreitete sich in Windeseile und als die Ritter vor Carcassonne eintrafen, bot die Stadt sogleich ihre Kapitulation an. Ihr taten es alle umliegenden Orte gleich. Dennoch gelang es den päpstlichen Truppen nicht, den Widerstand vollkommen zu brechen, so dass das Vorhaben vorübergehend ins Stocken geriet. Erst 1226 konnte der französische König Ludwig XIII zu einem zweiten Albigenserkrieg aufrufen, der innerhalb von drei Jahren zur Eroberung der Grafschaft Toulouse führte und damit zum offiziellen Sieg der katholischen Truppen.

Zur gleichen Zeit als die Vorbereitungen zum zweiten Albigenserkrieg liefen, begann sich die Situation zwischen Friedrich II von Hohenstaufen und Papst Gregor IX zuzuspitzen. 1227 sprach Papst Gregor IX den ersten Bann gegen Friedrich II aus, weil er entgegen der Vereinbarung von San Germano den Antritt zum Fünften Kreuzzug verschoben hatte. Der eigentliche Grund für die päpstliche Bulle lag aber in Wirklichkeit in der Reorganisation des Königreiches von Sizilien und Apulien durch Friedrich II. Dieser baute einen modernen Beamtenstaat nach byzantinischem Vorbild auf. Damit brachte er katholische Kreise gegen sich auf. Mit der Unterstützung des Deutschen Ordens unter der Führung von Hermann von Salza legte Friedrichs Heer in seiner Abwesenheit – er hatte sich in Brindisi an einer Seuche angesteckt - im Oktober des Jahres 1227 in Akkon im Heiligen Land an. Als Gegenleistungen hatte Friedrich dem Deutschen Orden Besitzungen und Privilegien im Königreich von Jerusalem versprochen. Der gebannte Kaiser folgte ein Jahr später, wo er vom christlichen Heer freudig empfangen wurde. Dort nahm er Verhandlungen mit dem ägyptischen Sultan Al Kamil auf und erreichte auf diesem Weg die friedliche Übergabe der christlichen Stätten Jerusalem, Nazareth und Bethlehem an das Königreich Jerusalem. Als Gegenleistung garantierte er den Muslimen freien Zugang zu ihren heiligen Bezirken. Da ihm dies durch den Bann verboten gewesen wäre, spitzte sich das Verhältnis zum Vatikan weiter zu. Am 18. März 1229 setzte sich Friedrich II in der Grabeskirche von Jerusalem selbst Krone des Königreichs Jerusalem auf das Haupt. Jene Krone, die der Merowinger Spross Gottfried von Boullion im Jahre 1099 für die Christenheit zurückerobert hatte. Den Anspruch auf diesen Titel hatte er sich zuvor durch die Heirat mit Isabella II, der Tochter Johanns von Brienne, dem Kaiser von Byzanz und Patriarchen von Jerusalem, gesichert. Isabella war aber kurze Zeit nach der Heirat im Kindbett gestorben. So vollzog Friedrich II 1235 seine vierte Ehe mit Isabella Plantagenet, der Schwester von König Heinrich III von England. Diese Allianz bedeutete ein Abweichen von der

Bindung zwischen den Staufern und den Kapetingern, was dem Vatikan sicher gegen den Strich ging. Jedenfalls setzte Papst Gregor IX 1239 seine wirksamste Waffe gegen den eigenwilligen Kaiser ein. Er sprach die Exkommunikation gegen Friedrich II aus und drohte ihn darüber hinaus wegen Verdachts auf Häresie abzusetzen. Doch der Kaiser blieb unbeirrt und wies 1239 kurz nach seiner Verbannung die Vorwürfe der Häresie durch ein Manifest an alle Fürsten des Abendlandes entschieden zurück. Wenige Wochen später antwortete Gregor IX mit einer Gegendarstellung an alle Könige, Fürsten und Bischöfe der Christenheit. Darin wurde Friedrich II zum Anführer einer satanischen Revolte hochstilisiert, indem er mit dem Tier aus der Apokalypse des Johannes gleichgesetzt wurde:

„Es steigt aus dem Meere die Bestie voller Namen der Lästerung, die mit Tatzen des Bären und dem Rachen mit den übrigen Gliedern wie ein Leopard ihren Mund zu Lästerungen des göttlichen Namens öffnet, die nicht aufhört, auf Gottes Zelt und die Heiligen, die in den Himmeln wohnen, die gleichen Speere zu schleudern. (...) blicket aufmerksam auf das Haupt, die Mitte und das Ende der Bestie: Friedrich des sogenannten Kaisers."[7]

Mit diesem Schreiben erklärte der Papst Friedrich II offiziell zum Anführer einer häretischen Verschwörung. Im Jahre 1245, also ein Jahr nachdem Montségur gefallen war, ließ ihn Papst Innozenz IV als

---

[7] K. v. Eickels, T. Brüsch: Kaiser Friedrich II, S.358 f.

Ketzer durch das Konzil von Lyon absetzen und in Deutschland wurden Gegenkönige gewählt. Friedrich II konnte zwar seine Machtposition in Süditalien weitere fünf Jahre verteidigen, sein Einfluss auf das Deutsche Reich begann jedoch allmählich zu bröckeln. Nach seinem Tod im Jahre 1250 brach die staufische Machtstellung zuerst in Deutschland und später auch in Italien endgültig zusammen. Das Papsttum ging somit aus dem Konflikt siegreich hervor. Aber der Kampf, den Friedrich II für die Vernunft ausgefochten hatte, sollte ein halbes Jahrtausend später durch die Aufklärer wieder aufgenommen werden und sein Emanzipationsversuch gegen das Diktat der katholischen Kirche durch die Illuminaten weitergeführt werden.

Die Illuminaten als Erben der Templer

Adam Weishaupt hatte vermutlich anfänglich mit den Templern nicht einmal viel am Hut. Er war wohl eher ein Rationalist, der mit seinem Perfektibilisten-Bund ein Mittel suchte, um den Einfluss der Jesuiten an der Universität von Ingolstadt zu schmälern und den Ideen der Aufklärer zum Durchbruch zu verhelfen. Anders aber lag die Sache bei den freimaurerischen Mitgliedern, die später durch den Freiherrn von Knigge angeworben worden waren. Johann Christoph Bode, der für die Sache der Illuminaten gewonnen werden konnte, war eines der fünfunddreißig hohen Mitglieder der Strikten Observanz, welche am Kongress von Wilhelmsbad 1782 die Führungskrise bewältigen sollten, nachdem von Hundt verschieden war. Es ging damals um die Idee, dass die Hochgrad-freimaurerei in der Nachfolge des 1312 aufgehobenen Templerordens stehen würde. Die Versammlung der Strikten Observanz entschied zwar, die Legende von der Abstammung vom Templerorden fallen zu lassen, was aber keineswegs ihr definitives Ende bedeutete, denn im 20. Jahrhundert tauchte die Idee bei den Neo-Illuminaten wieder auf. Einer der vier Orden des Weltbundes der Illuminaten heißt „Ordo Templis Orientis" (OTO) und bezieht sich namentlich auf die Tradition der Tempelritter.

Die Geschichte des Templerordens ist bereits in seinen Gründungsjahren mit einem Schleier von Geheimnissen umgeben. Zwar war der Orden mit der Absicht gegründet worden, den Weg für die christlichen Pilger ins Heilige Land zu sichern, aber das schien nicht sein Hauptzweck gewesen zu sein, denn um die ersten Templer ranken sich abenteuerliche Geschichten, die in eine andere Richtung weisen. Es heißt, eine Gruppe von neun Ordensrittern mit dem Namen „Pauperes Commilitones Christi" unter der Führung von Hugo von Payens hätten um 1118 bei Balduin II, dem König von Jerusalem, vorgesprochen und sich erboten die Feinde des Glaubens zu bekämpfen und die Pilgerrouten zu beschützen. Balduin II hätte ihr Angebot angenommen und ihnen einen Teil der im Tempelbezirk gelegenen El-Aqsa-Moschee abgetreten, die ihm bis dahin als Residenz gedient hatte. Dann hörte man neun Jahre fast nichts mehr von ihnen. Was haben sie in dieser Zeit gemacht? Darüber gibt es die wildesten Spekulationen. Eine Theorie besagt, sie hätten in der Nähe der Tempelmauer im Gebiet des ehemaligen herodianischen Tempels Grabungen gemacht und nach einem geheimnisvollen Schatz gesucht. Wollten sie die verschollene Bundeslade finden? Hatte Hugo de Payens von seinem Lehnsherrn und Vettern, dem Grafen der Champagne, oder von Stephen Harding, dem Prior des Zisterzienserklosters von Citeaux, einen geheimen Auftrag erhalten? Sollte er nach etwas ganz Bestimmtem suchen? Hugo Graf der Champagne hatte bereits 1104 gemeinsam mit seinem zwei Jahre jüngeren Vetter Hugo von Payens eine Reise ins Heilige Land unternommen. Sie müssen hier auf Schriftrollen gestoßen sein, in welchen die Beschreibung zu einem verborgenen Schatz enthalten waren. Jedenfalls hat sich der Graf bei seiner Rückkehr mit Harding getroffen und ihm Texte zur Übersetzung überlassen. Dabei haben ihn schriftkundige Rabbiner unterstützt. Als Hugo de Payens gemeinsam mit den andern acht Rittern 1118 nach Jerusalem zurückkehrte, musste er bereits genaue Instruktionen bei sich getragen haben, wo er suchen sollte. Dann wurde fast eine Dekade lang gegraben. Doch was haben sie am Ende gefunden? Die Antwort zu dieser Frage bleibt offen. Sicher ist, dass 1128 der Tempelritterorden von der Kirche anerkannt wurde und daraufhin in einer unerhörten Geschwindigkeit zu Größe, Reichtum und Ansehen heranwuchs.

Hüteten die Templer ein Geheimwissen? Bei den Ketzerprozessen gegen den Templerorden wurde unter anderem behauptet, sie würden im Verborgenen einem unbekannten Kult huldigen. Es hieß, sie würden „Baphomet" verehren, wobei nirgends klar hervorgeht, was oder wer „Baphomet" war. In einer späteren Darstellung des bekannten französischen Okkultisten, Eliphas Lévi, wurde er als Bock von Mendes beschrieben, also jener Figur, welchen die Christen mit Satan gleichsetzten. Wegen der Ähnlichkeit des Namens mit Mohamed, wurde den Templer auch unterstellt, sie seien in Jerusalem, als sie die Lehren der Sufis und der Assassinen kennen lernten, zum Islam konvertiert. Waren die Templer abtrünnige Christen, oder gehörten sie einer Satanistensekte an? Stimmt es, dass sie beim Eintritt in den Orden dem christlichen Glauben abschwören und dabei als symbolische Geste auf das das Kreuz spucken mussten? Auch wenn sich diese Gerüchte hartnäckig an der Geschichte des Ordens festgesetzt haben, so konnte doch von alldem bis heute nichts bewiesen werden. Wenn der Templerorden tatsächlich in einer Geheimtradition stand, dann vermutlich in der hermetischen. Die hermetische Tradition basiert auf den antiken Überlieferungen des ägyptischen Gottes Hermes Trismegistos und seinem einflussreichen Werk „Tabula smaragdina", welche bei den mittelalterlichen Alchemisten in hohem Ansehen war. Dem ägyptischen Hermes wird unter anderem die Entdeckung des Steins der Weisen zugeschrieben. Er habe auch ein Element gefunden, das zur Veredlung der Menschheit beitragen solle. Außerdem konnten mit diesem auch unedle Metalle in Gold verwandelt werden. Vom Stein der Weisen wird berichtet, dass er bei der Herstellung des Lebenselixiers, also eines Trunks zur Verlängerung des Lebens, von zentraler Bedeutung sei.

Ist der Stein der Weisen identisch mit dem Gral? Suchte Hugo von Payens mit seinen Gefolgsleuten nach den Schlüsseln der hermetischen Tradition im Heiligen Land? Es gibt einen Hinweis in der Gralsliteratur, der eine andere Erklärung liefert. Wolfram von Eschenbachs nennt als Quelle für seinen „Parzifal" einen Kyot aus der Provence, der die Geschichte aus einem heidnischen Buch erfahren habe. Dessen Gewährsmann wiederum sei ein Heide namens Flegetanis gewesen. Und er fährt fort:

„Dieser Heide Flegetanis sah mit seinen Augen in die Sternenwelt – wovon er nur mit Scheu sprach – geheimnisvoll Verborgenes. Er sagte, ein Ding hieße der Gral, dessen Name hatte er deutlich in den Sternen gelesen. Eine Engelschar ließ ihn auf der Erde zurück, als sie über die Sterne hoch emporflog. Verließen sie als schuldlose Wesen diese schuldige Erde?"[8]

Im letzten Satz dieser Passage nimmt Eschenbach Bezug auf den Begriff „Schuld". Doch was meint er damit? Es existiert eine Bibelstelle, in der von diesem Ereignis die Rede ist. Dabei wird klar, dass mit „Schuld" der sexuelle Kontakt der Engel mit den Menschentöchtern gemeint ist. In der Genesis (6, 1-4) heißt es, dass einige Gottessöhne, die auch Nephilims genannt werden, der Schönheit der Erdenfrauen nicht widerstehen konnten und mit den Menschen Kindern gezeugt hätten, welche die hochberühmten Helden der Vorzeit gewesen wären. An anderer Stelle

---

[8] Wolfram von Eschenbach, Parzifal, in Prosa übertragen von Wilhelm Stapel, 1998, S. 233 f.

heißt es, die Nephilim seien für diese Tat bestraft worden. Gott hätte sie in die Hölle verbannt, weil sie von ihm abgefallen waren. Deren Nachkommenschaft wird heute von mehreren Autoren allen voran von Laurence Gardner als die Blutlinie des Heiligen Grals bezeichnet. Laut Eschenbach ging es dem provenzalischen Meister Kyot darum, die Nachfahren des Grals zu finden:

„Der weise Meister Kyot machte sich daran, diesen Dingen in lateinischen Büchern nachzuspüren, ob es irgendwo ein Volk gegeben hätte, das dazu imstande war, redlich zu sein und den Gral zu hüten. Er las in den Chroniken der Länder Britannien und anderswo, in Frankreich und Irland. Endlich fand er es in Anschaue. Er las die volle Wahrheit über Mazdan. Über dessen Geschlecht, fand er auch geschrieben, wie es sich damit verhielt, (...)."[9]

Kyot fand also das Geschlecht, welches würdig war, den Gral zu hüten in Anschaue / Anjou. Ein Abkömmling dieses Geschlechts, Fulko V, der Herzog von Anjou (Vater von Gottfried V Plantagenet) trat 1120 dem Templerorden bei. Wenn wir den Hinweis aus Wolfram von Eschenbachs „Parzifal" ernst nehmen und nicht als Fiktion abtun, dann war dieser Beitritt des Herzogs von Anjou sicher kein Zufall. Vielmehr muss davon ausgegangen werden, dass er etwas mit der Blutlinie des Grals zu tun hatte. Wer aber verbirgt sich hinter dem Namen Mazdan? Vermutlich ist es eine Abkürzung für den persischen Gott des Lichts

---
[9] Ibid, S. 234.

Ahura Mazda. Sein Name bedeutet auf Persisch „der Herr der Weisheit". Die Aussprache seines Namens im Mittelpersischen lautet Ormusd oder auch Ormus und hat einen Anklang zum Namen „Omer" von Gottfried von Saint-Omers, der zu den Gründungsmitgliedern des Templerordens gehörte. Ist die lautliche Verwandtschaft rein zufällig oder eine Ableitung von Ormus? Die Religion des Ahura Mazda wurde von Zoroaster gestiftet. Sie war unter anderem eine Vorläuferin des Manichäismus, der geheimen Religion der Katharer. Vielleicht war die manichäische Lehre der Katharer unvollständig, so dass die Templer deren Rest suchen sollten und diese in der älteren Religion des Zoroasters fanden.

Wenn wir auch nichts Gesichertes über den Schatz der Templer und ihre geheime Überlieferung wissen, so können wir doch mit Sicherheit sagen, dass ihr weltlicher Reichtum, auf einem gut organisierten Bankensystem basierte. Weil der Weg ins Heilige Land für die Pilger und Kaufleute mit der Gefahr der Überfälle durch Räuber und Wegelagerer verbunden war und die Templer regelmäßig Geld und Güter nach Palästina transferierten, konnten diese ihren Schutzauftrag über die Pilger mit einem Bankensystem wahrnehmen. Für Gebühren konnten die Reisenden ihr Geld in einer der Templerbanken gegen einen Wertschein eintauschen, den sie später im Heiligen Land in Geld zurück vergütet bekamen. Auch die europäischen Herrscher und Adelshäuser nahmen dieses Bankensystem in Anspruch. Dabei entwickelte sich das anfängliche Konzept durch Wertbriefe das

Geld der Pilger zu schützen zunehmend zu einem Kreditgeschäft. Der Reichtum des Ordens steigerte sich ins Unermessliche. Das brachte viele Feinde auf den Plan. In England war der politische Einfluss der Templer zeitweise nahezu grenzenlos:
„Auf fast allen Ebenen traten die Templer als offizielle Schiedsrichter auf und wirkten als Diplomaten auf höchster Ebene. In England wurde der Meister des Tempels regelmäßig zu Sitzungen des Parlaments eingeladen und als Oberhaupt aller kirchlichen Orden betrachtet. Englische Könige residierten zuweilen im Londoner Ordenshaus, und als der Monarch die Magna Charta unterzeichnete, stand der Meister des Ordens an seiner Seite."[10]

Philipp IV hatte sehr hohe Schulden bei den Templern, welche nicht zuletzt durch kostspielige Kriege entstanden waren. Ein Großteil des französischen Bodens war Grund und Lehnsbesitz des Ordens und schließlich war der König sogar gezwungen, den Templern die Verantwortung und die Kontrolle der Staatsfinanzen zu überlassen.[11] Er selbst war beinahe bankrott. Das muss den eitlen Herrscher tief in seinem Stolz verletzt haben, so dass er zum krankhaften Verfolger der Templer wurde.
"Freitag, dem 13. Oktober 1307, schlugen Philipps Gefolgsleute zu. Überall in Frankreich wurden Tempelritter festgenommen, verhört, gefoltert und verbrannt. Bestochene Zeugen sagten gegen den Orden

---
[10] DsR, S. 299 f
[11] Propyläen Weltgeschichte, Bd 5, S. 473

aus und bezichtigten die Mitglieder der Nekromantie, Homosexualität, Abtreibung, Blasphemie und der Ausübung der Schwarzen Künste."[12]

Schließlich gelang Philipp IV mit Hilfe der Inquisition und dem wankelmütigen Papst Clemens V, der den Orden in seiner Bulle von 1312 offiziell auflöste, die Vernichtung der Templer. Zwei Jahre später wurden Jaques de Molay, der Großmeister, und Geoffrei de Charnay, der Großpräzeptor der Normandie, auf dem Scheiterhaufen bei lebendigem Leibe langsam geröstet. Damit war es Philipp IV gelungen die Organisation der Templer zu zerstören.

Mit der Auflösung des Ordens wurde zwar die weltliche Macht der Templer gebrochen, ihren Schatz, der sich im Pariser Temple befand, und ihr Geheimwissen konnten sie aber noch rechtzeitig in Sicherheit bringen. Wohin, weiß niemand, aber vermutet wird, man hätte ihn auf dem Wasserweg nach Schottland gebracht. Nicht alle Templer wurden verhaftete und hingerichtet. Vielen gelang die Flucht ins Ausland. In Spanien wurden die Templer gar nicht verfolgt und in Portugal hat man sie von jedem Verdacht freigesprochen. Sie wechselten ihren Namen aus und nannten sich neu der Christus-Orden. Viele Templer, die im Deutschen Reich lebten, schlossen sich nach der Auflösung den Deutschrittern und den Johannitern an. Mit Abstand am meisten Rückhalt besaßen die Templer aber in Schottland, wo die päpstliche Bulle mit der

---

[12] L. Gardner, Das Vermächtnis des Grals, S. 255

Auflösungsverfügung gar nie verkündet und der Orden somit gar nie aufgelöst worden war.

Schottland war für viele verfolgte Templer aus Frankreich und England wegen der Templer freundlichen Gesinnung des Königs zur Resistance geworden. Dieser König hieß Robert I und hatte den Templern viel zu verdanken. Seit 1290 der englischen König Eduard I seinen Anspruch auf den schottischen Thron geltend machte, hatte er versucht sein Recht als legitimer Thronfolger zu verteidigen. Lange führte er gegen Eduard I einen aussichtslosen Kampf, so dass dieser Schottland faktisch okkupieren konnte. Doch nachdem er sich 1306 zum König von Schottland hatte krönen lassen und anschließend vom Papst exkommuniziert wurde, gelang es ihm 1307 die Ritter des Templerordens auf seine Seite zu ziehen. Mit ihrer Unterstützung trug er am 24. Juni 1314 in der Schlacht von Bannockburn bei Edinburgh einen entscheidenden Sieg davon und sicherte Schottland die Unabhängigkeit. Robert I gründete danach den Königlichen Ritterorden von Schottland, dem sich die früheren Templer alle anschlossen.

III Die Rosenkreuzer und der Dreißigjährige Krieg

Die Wurzeln des Rosenkreuzertums liegen u. a. in der mittelalterlichen Alchemie. Allerdings haben die Rosenkreuzer die alchemistische Tradition vergeistigt. Ging es den meisten Alchemisten in erster Linie noch um den weltlichen Gewinn, der durch die Transmutation von unedlen Metallen in Gold erzielt werden sollte, so deuteten die Rosenkreuzer die Alchemie als eine Metapher für die Veredelung des menschlichen Geistes. Der Stein der Weisen war für sie nichts anderes als die Fähigkeit das geistige Auge zu öffnen und damit die übersinnliche Welt erblicken zu können. Dabei verfolgten sie nicht nur das Ziel der individuellen Einweihungen ihrer Mitglieder, sondern darüber hinaus eine Politik der Förderung der protestantischen Religion. Nachdem Luther im 16. Jahrhundert eine erste erfolgreiche Erneuerung des Glaubens gelungen war, deren Resultate durch den Augsburger Religionsfrieden von 1555 besiegelt worden waren, setzte der Vatikan zu einem Gegenangriff an. Seine wichtigsten drei Gegenmaßnahmen waren die Einberufung des Konzils von Trient (1545 und 1563), die dabei entschiedenen Reformen, sowie die Förderung des Kirchenbaus innerhalb ganz Europas. Die katholische Kirche spielte dabei die Rolle eines wichtigen Förderers der barocken Architektur, deren Entfaltung von Prunk und Pracht sie dazu benutzte, um die Gläubigen in der Kirche festzuhalten oder zurückzugewinnen. Bei der Rückeroberung des verlorenen religiösen Terrains sollte aber auch der Jesuitenorden eine wichtige Rolle spielen. Dabei gibt es einen interessanten Berührungspunkt zwischen den Illuminaten und Ignatius von Loyola (1491-1556), der den Orden „Gesellschaft Jesu" 1534 gemeinsam mit einigen Freunden gegründet hat: Von Loyola heißt es, dass er zur mystischen Bewegung der „Alumbrados" in Spanien gehört haben soll. Diese Gruppe von Reformchristen wurde auch „Illuminados" oder „Illuminati" genannt. Mit anderen Worten bei den „Alumbrados" handelt es sich höchstwahrscheinlich um die Vorläufer der deutschen Illuminaten. Wie ist dies möglich? Wir wissen doch, dass Weishaupt ein erbitterter Gegner der Jesuiten war. Dieser Umstand lässt sich nur so erklären, dass innerhalb der verschiedenen Geheimorden nicht alle Mitglieder loyal waren. Spione und Doppelagenten gibt es nicht erst seit dem Kalten Krieg. Schon immer bespitzelten sich Papsttum und Geheimgesellschaften gegenseitig. Möglicherweise arbeitete Loyola für die Alumbrados als er mit seinen Freunden die „Gesellschaft Jesu" aus der Taufe hob. Wahrscheinlicher ist jedoch, dass Loyola zuvor im Auftrage der Kirche die Alumbrados ausspioniert hat und ihm nach erfolgreicher Mission eine höhere Mission übertragen wurde. Dafür spricht auch die Tatsache, dass die Jesuiten später an vielen Königs- und Fürstenhöfen als Spione für den Papst arbeiteten.

Auf beiden Seiten rüsteten sich die Parteien zum Entscheidungskampf. Im protestantischen Lager schlossen sich die Luther treuen Fürsten 1604 zur

„Protestantischen Union" zusammen. Zur gleichen Zeit brachte der Kreis um den protestantischen Pastoren Johann Valentin Andrea von Tübingen seine ersten Rosenkreuzer Manifeste in Umlauf, welche zu einer Generalreformation aufriefen. Damit warfen sie ihren Gegnern den Fehdehandschuh zu. Die katholische Seite konnte ihren Einfluss dank der internen Reform und der Unterstützung der Jesuiten wieder stärken. Außerdem wurde seit 1515 über Jahrzehnte fleißig am neuen Petersdom gebaut, der als sichtbares Symbol für die Herrlichkeit der katholischen Kirche konzipiert worden war. 1609 gründeten die paspttreuen Fürsten als Reaktion auf die „Union" die „Katholische Liga". Die Fronten schienen sich allmählich zu verhärten. Am Horizont zeichnete sich ein großer Entscheidungskrieg ab. Es sollte einer der größten und grausamsten Kriege werden, den Europa bis zu diesem Zeitpunkt erlebt hatte.

Die Rosenkreuzer und die Reformation

Wer waren diese Rosenkreuzer, welche bei der Propagierung einer Generalreformation eine so prominente Rolle spielten? Um diese Frage zu beantworten, müssen wir das Rad der Zeit noch einmal zurückdrehen und schauen, was aus den Katharern wurde, nachdem ihre Macht in Südfrankreich 1244 durch den Albigenserkrieg zerschlagen worden war. Viele von ihnen hatten sich noch rechtzeitig vor den Häschern in sichere Gebiete wie z. B. Italien, England und Schottland retten können, so dass ihre Lehre bestehen blieb. Einige fanden dank Verwandtschaftsverhältnissen bei den Templern Unterschlupf. Die katharische Führung reagierte auf die Verfolgung, indem sie ihre Organisationsstruktur änderte. Noch vor den Albigenserkriegen verfügte die katharische Kirche über eine territoriale Abgrenzung verschiedener "ecclesiae" (Diözesen):

„*Die organisatorische Basiseinheit des Katharismus im Midi in dieser Zeit und bis etwa 1230 war die ‚maison', das Haus. Hier lebten ortsfest Gruppen von credentes und perfecti in der Regel völlig offen in einem Haus unter der Leitung eines perfectus, der den Titel ‚ancinus' führt, zusammen, (...)"*[13]

Diese Organisationsform wurde auch noch einige Zeit nach den Albigenserkriegen im Untergrund weiter beibehalten. Ab 1300 fand eine Reorganisation der Kirche statt, die anhand der Inquisitionsakten von Toulouse über Petrus Auterii belegt werden kann. Nun hatte sich die Organisation der Katharer im 14. Jahrhundert grundlegend verändert. An die Stelle des Konzeptes der "maisons" trat das "Hospiz".

„*Lebten früher die credents in den Häusern der perfecti mit diesen zusammen oder wurden vor ihrem Tod zwecks Erhalten des consolamentum hierher gebracht, so war es nach 1300 genau umgekehrt: Die credentes lebten ortsfest in ihren (nun geheimen) Häusern, eben den Hospizen, und die perfecti wanderten von einem Hospiz zum andern."*[14]

---

[13] H. Ch. Stoodt, Katharismus im Untergrund, S. 134
[14] Ibid, S. 139

Ein solcher perfectus war beispielsweise Petrus Auterii, der darüber hinaus auch den Rang eines "ancianus" (Ältester) innehielt. Die Katharer hatten folglich ihre Organisationsstruktur in ein dynamisches System gewandelt, um den Schutz der perfecti zu gewährleisten. Wenn also der Katharismus ab 1330 völlig von der Bildfläche verschwand, dann ist das sicher darauf zurückzuführen, dass sich das Katharertum wegen der Inquisition, in eine Untergrundbewegung verwandelt hatte.

In der ersten Hälfte des vierzehnten Jahrhunderts hatten sich auch die Templer in ihre Refugien zurückgezogen. Von diesem Zeitpunkt an ist es sehr schwierig abgesicherte Aussagen über die Katharer und Templer zu machen. In einigen Orden und Geheimgesellschaften glaubt man ihr Erbe zu erkennen, wobei unsicher ist, ob die Organisationen aus den mittelalterlichen Orden hervorgegangen sind, oder ob sie von den überlebenden Eingeweihten unterwandert und für ihre Zwecke benutzt wurden. Wie wir bereits erfahren haben, sind die meisten Templer in andere Orden, wie zum Beispiel den Deutschen Ritterorden, den Johanniterorden, den portugiesischen Christus-Orden und den Königlichen Ritterorden von Schottland übergetreten und konnten so ihre Geheimlehre vor dem Untergang bewahren. Eine wichtige Rolle spielten dabei auch die mittelalterlichen Bruderschaften, die Vereinigung der Rosenkreuzer sowie der so genannten Gelehrtengesellschaften. Grundlegend für die spätere Freimaurerei waren zweifellos die Steinmetzbruderschaften. Der Sage nach soll eine erste bereits 1277 durch Erich von Steinbach in Straßburg gegründet worden sein. Hatten sich die ehemaligen Katharer und Templer in den gotischen Bauhütten vor der Inquisition versteckt? Interessanterweise besaßen die Steinmetze eine Geheimsprache. Die Gesellen mussten bei der Anstellung bestimmte Händedrucke und Gesten kennen, um vom Meister aufgenommen zu werden und der Lohn wurde ihnen nur dann ausgezahlt, wenn sie das richtige Codewort kannten. Auch die Gesellenbruderschaften, welche aus dem Zusammenschluss verschiedener Handwerker entstanden waren und ihren Ursprung ebenfalls in den gotischen Bauhütten des Mittelalters hatten, boten sich als Unterschlupf an. Unter den Perfekten und den Templern gab es sicher auch Gelehrte, welche den Gang an die mittelalterlichen Universitäten auf sich genommen haben. Vermutlich manifestierte sich ihr Geheimwissen vor allem in der Auseinandersetzung mit der aristotelischen Lehre.

Eine dieser Gelehrtenvereinigungen sollte im 17. Jahrhundert eine zentrale Rolle bei der Verbreitung der Reformation und dem Aufstieg des Rosenkreuzerordens spielen. Der Mann, der dabei die führende Rolle einnahm, war der protestantische Pastor Johann Valentin Andreae (1586 bis 1654). In Tübingen, dem Sitz der alten Universität Württembergs, existierte ein Freundeskreis, der im Zusammenhang mit der Verbreitung der Rosenkreuzerrevolte als sehr einflussreich galt. In seinen Reihen wirkten unter anderen der Jurist Christoph Besold sowie die Mediziner Tobias Hess und Wilhelm Bidembach. Am berühmtesten wurde aber das jüngste Mitglied unter ihnen, der Theologe Johann Valentin Andreae. Sein Großvater war Jakob Andreae, der einflussreiche frühere Kanzler der Universität, der den Konflikt zwischen den zerstrittenen Religionsparteien schlichten half. Die drei berüchtigten Traktate über die Rosenkreuzer die „fama fraternitatis", die „confessio fraternitatis" und die „Chymische Hochzeit des Christian Rosenkreuz", welche 1614, 1615 und 1616 nacheinander anonym verbreitet wurden, werden heute allgemein der Feder von Johann Valentin Andrea zugeschrieben. Was mag der Antrieb dazu gewesen sein, die Existenz der „Bruderschaft der Rosenkreuzer" in ganz Europa bekannt zu machen? Wollte der Tübinger Freundeskreis eine neue Lehre propagieren oder bliesen sie zum Großangriff gegen die katholische Kirche?

Im Zentrum der „fama fraternitatis" und der „Chymischen Hochzeit" steht jene mystische Persönlichkeit, welche den Orden der Rosenkreuzer im Jahre 1478 gegründet haben soll: Christian Rosenkreuz. In der „fama" wird er nur mit dem Kürzel „Frater C.R." bezeichnet und umschrieben als *„der tiefsinnige, geistvolle und hocherleuchtete Vater Bruder C.R., ein Deutscher, unserer Fraternität Haupt und Begründer"*. Sicher sticht hier das Adjektiv „hocherleuchtet" unweigerlich ins Auge, denn wie wir weiter oben erklärt haben, bedeutet das Wort „Illuminat" auch „Erleuchteter". Ganz klar, dass wir in C.R. nicht nur den Stifter der Rosenkreuzer Bruderschaft, sondern darüber hinaus auch ein führendes Mitglied des damals noch geheimen Illuminatenordens sehen. Wie wir ebenfalls in der „fama" erfahren, soll sich C.R. schon seit langem *„um das Ziel einer Generalreformation intensiv bemüht"* haben. Doch was wollte C.R. erneuern? Wenn wir bedenken, dass Johann Valentin Andreae und der Tübinger Kreis die protestantische Erneuerung des Glaubens vorantreiben wollten, dann liegt der Gedanke nahe, dass C.R. bereits um 1478 die gleichen Ziele wie Martin Luther verfolgt haben könnte. Konnte es ein bloßer Zufall sein, dass die drei Rosenkreuzer Traktate in den Jahren unmittelbar vor dem Ausbruch des Dreißigjährigen Krieges veröffentlicht wurden? Wir glauben nicht. Vielmehr sehen wir in den Anschlägen der Rosenkreuzer-Manifesten eine deutliche Kriegserklärung an den Papst und seine Getreuen.

Wer war der geheimnisvolle Mann, der mit seiner Bruderschaft den Grundstein zu einem der größten Glaubenskriege auf europäischem Territorium legte? War er ein Templer? In der „fama" wird berichtet, die dritte Generation der Bruderschaft hätte das Grab von C.R. in ihrer Zentrale bei einer Renovation entdeckt. Sein Leichnam war in einem siebeneckigen Altarraum aufbewahrt worden und soll sich in unversehrtem Zustand ohne alles Verwesen befunden haben. Außerdem hätte er ein Gewand der Templer getragen. Doch dies ist nicht der einzige Hinweis auf die templerische Herkunft von C.R. Wie die Gründer des Tempelritterordens bereiste auch er den Orient, um in die Mysterien eingeweiht zu werden. Laut der Biographie der „Fama fraternitatis" wurde Christian

Rosenkreuz in Damaskus gemeinsam mit einem Mitbruder seines Klosters von arabischen Gelehrten in die Geheimnisse der okkulten Wissenschaft eingeweiht. Drei Jahre später seien sie über Ägypten weiter nach Fez in Marokko weitergereist, wo sie ihr Wissen über das Verhältnis von Mikrokosmos und Makrokosmos vervollständigt hätten. Bereits im Jahre 1478 habe er seine mystische Geburt erlebt.

„Nach vielen mühseligen Reisen zog er laut zuverlässigen Informationen wiederum nach Deutschland, das er angesichts der (reformatorischen) Veränderungen und des (damit verbundenen) wunderlichen Kampfes lieb hatte."[15]

Diese Angaben über Rosenkreuz weisen eine erstaunliche Parallele zur Gründungsgeschichte des Templerordens auf. Auch Hugo von Payens hatte mit dem Grafen von Champagne zuerst eine Pilgerreise in den Nahen Osten gemacht, bevor er viele Jahre später den Templerorden gründete. Woher hatte C.R. hundertfünfundsechzig Jahre nachdem der Templerorden verboten worden war sein Wissen erhalten? Hatte er die gleiche Einweihung wie Hugo de Payen und seine Gefolgsleute erfahren? Lag das Zentrum der Illuminaten innerhalb des arabischen Kulturkreises? In der Tat wird schon seit einiger Zeit gemunkelt, die Wurzeln der abendländischen Geheimlehre lägen in arabischen Geheimorden verborgen. Einerseits böten sich für eine solche Auslegung die Sufis, ande-

---

[15] G. Wehr (Hrsg.): Die Bruderschaft der Rosenkreuzer, S. 61 f.

rerseits aber auch die Assassinen an. Letztere werden vor allem auch wegen der Ähnlichkeit im Aufbau ihrer Organisation in direkte Verbindung mit den Templern gebracht.

„Die organisatorische Gleichheit des Tempelordens und der Assassinen ist evident, der Aufbau der beiden Orden identisch. Die Gliederung der Templer in Großprioren, Ritter, Edle und Laienbrüder entspricht haargenau der traditionellen Hierarchie der Assassinen, bei denen Scheich al Dschebel, der Großmeister, die Stufenleiter von Da'is (die Ältesten), Rafiqs (Ritter), Lasiqs und Fidais anführte. Hier wie dort die Stufenleiter von fünf Graden entsprechend den fünf Blütenblättern der Rose, die dann später im Begriff der Rosenkreuzer Bedeutung erlangt (...)"[16]

Wer war Christian Rosenkreuz? Existierte er wirklich oder war er nur eine fiktive Figur? Seit der Veröffentlichung der Traktate im siebzehnten Jahrhundert haben die Spekulationen darüber, wer Christian Rosenkreuz sein könnte, nicht abgerissen: *"Als historische Vorbilder des legendären Christian Rosenkreuz sind neben Thomas Kempen (1379-1471) und Gerhardus Magnus (1340-1384) auch Raimundus Lullus und Nikolaus von Cues (1401-1464) genannt worden."*[17] Wenn auch die Identität von Rosenkreuz nie zweifelsfrei geklärt werden konnte, so kann nicht geleugnet werden, dass mit Martin Luther ein mutiger Augustinermönch exakt jenes Ziel verfolgte, das

---

[16] DsR, 1994, S. 303
[17] H. Gebelein, Alchemie, S. 227

die Rosenkreuzer sich auf die Fahne geschrieben hatten: Die Reformation des christlichen Glaubens. Als Reaktion auf die in der katholischen Kirche Überhand nehmende Korruption und dem überbordenden Ablasshandel, schlug er 1517 seine 95 Thesen an die Kirche von Wittenberg und leitete damit das offizielle Reformationszeitalter ein. War Martin Luther ein Rosenkreuzer? Interessanterweise führte der Wittenberger Reformator das Rosenkreuz als Insignum. Über sein Wappen, die sogenannte Lutherrose hat er sich im Coburger Brief vom 8. Juli 1530 wie folgt geäußert:

„Das erste soll ein schwarz' Kreuz sein im Herzen, welches Herz sein natürliche Farbe hat, damit ich mir selbst Erinnerung gebe, dass der Glaube an den Gekreuzigten uns selig macht. (...) Solch ein Herz soll aber mitten in einer weißen Rose stehen, anzuzeigen, dass der Glaube Freude, Trost und Friede gibt (...)".

Zwar sind bei Luther die Farben nicht identisch mit denjenigen der Templer, diese hatten bekanntlich ein rotes Kreuz auf weißem Grund. Eine enge Verwandtschaft der Symbole ist jedoch sichtbar. Der Jurist und Augustinermönch, Martin Luther, kann also mit einiger Wahrscheinlichkeit zur Bruderschaft der Rosenkreuzer gezählt werden. Auch sein bekanntes Diktum *"Des Christen Herz auf Rosen geht, wenn's mitten unterm Kreuze steht"* spricht dafür, dreht sich doch dessen Symbolismus um das Rosenkreuz. Luther hatte als Professor der Theologie in Wittenberg möglicherweise über einen anderen Gelehrten Zugang zu den Rosenkreuzern erhalten. Wenn wir bei Luther nach

aufklärerischen Ansätzen suchen, dann finden wir solche in der Schrift „An den christlichen Adel deutscher Nation", in der er die revolutionäre Behauptung aufstellte, dass die Kirche ihre Pflichten nicht mehr erfülle und deshalb der Staat eingreifen müsse. Im Ansatz können wir in dieser Kritik die spätere Forderung der Aufklärer nach der Trennung von Kirche und Staat, also den Anfang der Säkularisierungsbewegung erkennen. In der Abhandlung „Von der Freiheit eines Christenmenschen" findet man die radikale Feststellung: *„Ein Christenmensch ist ein freier Herr über alle Dinge und niemandem untertan."* Beim Lesen dieser Aussage sind wir geneigt von ersten Anzeichen eines Liberalismus zu sprechen. Der bekannte Sozialwissenschaftler Max Weber sieht in Luthers und auch Calvins Ethik zudem den Geist des Kapitalismus entstehen. Luthers Reformation war demnach nur in erster Linie eine Erneuerung des Glaubens. Darüber hinaus leitete er die ersten Schritte zur heutigen kapitalistisch orientierten Welt ein. Genau das Gleiche wollten auch die Rosenkreuzer. Ihr Ziel wird bereits im Titel der „fama fraternitatis" bekannt gegeben, welcher in seiner ganzen Länge wie folgt lautet:
„Universelle Reform der ganzen Welt und Fama Fraternitatis oder Bruderschaft des Hochlöblichen Ordens des R. C. An die Häupter, Stände und Gelehrten Europae."

Das Ziel einer *„universellen Reform"* hatte vor den Rosenkreuzern bereits eine andere, äußerst umstrittene Persönlichkeit gefordert. Es war der bekannte englische Okkultist John Dee, der am 9 März 1582 einen mediumistisch begabten Mann namens Edward (Talbot) Kelly in seine Dienste nahm. Schnell entdeckte Dee Kelly's erstaunliche Fähigkeiten als Medium. Diese spiritistische Forschungsarbeit gipfelte mit Sicherheit in der Entdeckung jener Sprache, welche Dee angeblich durch den Engel Uriel offenbart wurde. Dee nannte diese Engelssprache das *„Henochische"*. Interessanterweise wies sie sowohl eine Grammatik als auch eine Syntax auf. Während einer der spiritistischen Sitzungen, welche Dee „kristallomantische Actions" nannte, meldete sich eine Wesenheit namens *Madini.* Am 2. Juni 1583 sagte diese Wesenheit eine *„Generalreformation"* voraus. In weiteren Sitzungen meldeten sich neue Wesen, welche sich als Engel zu erkennen gaben und ebenfalls von einer *„Generalreformation"* sprachen. Dee nahm diese „Engelsgespräche" sehr ernst und ging mit viel frommer Ehrfurcht an sie heran. Auch war er durchdrungen von der Idee, dass die Ergebnisse dieser „spirituellen Konferenzen" der Menschheit helfen könnten. Er hielt sich für ein Werkzeug der göttlichen Vorsehung. In England fürchtete er aber um sein Leben. Aus diesem Grunde versuchte er ein Jahr später eine Audienz bei Kaiser Rudolf II in Prag zu bekommen. Im August 1584 wurde ihm eine einstündige Unterredung gewährt. Aber er versuchte vergeblich den Kaiser von der notwendigen *„Generalreformation"* zu überzeugen. Der Kaiserhof erwies sich als ungeeigneter Boden für eine religiös-reformatorische Tätigkeit. Deshalb ging er mit der gleichen Absicht an König Stephan von Polen heran. Sein Versuch blieb ebenfalls erfolglos, so dass er erneut nach Prag zurückkehrte. Doch dann wurde er mit Wilhelm Ursinus von Rosenberg, dem Oberburggraf von Prag bekannt gemacht. Rosenberg war ein reicher, freigiebiger Adliger, der gute Beziehungen zum Kaiser pflegte. Er galt als ein Liebhaber der Alchemie und sollte Dee noch wertvolle Hilfe leisten. Gehörte Rosenberg der Bruderschaft der Rosenkreuzer an? Hat er Dee zu seinen Brüdern in Deutschland gesandt, um für die Sache der *„Generalreformation"* zu werben? Tatsache ist, dass Dee am 11. März 1588 über Nürnberg und Frankfurt nach Bremen reiste, wo er den Rosenkreuzer Heinrich Khunrath besuchte. Wer, wenn nicht der berühmte Alchemist und Kabbalist Khunrath, würde den Engelsbotschaften der bevorstehenden *„Generalreformation"* glauben schenken? Wir können nur vermuten, dass Kopien der „henochischen Gespräche" durch Khunraths Hände an Simon Studion, einem württembergischen Altertumsforscher und Mystiker, weitergereicht wurden. Studion hatte eine Zeit lang in Tübingen gelebt, bevor er später Präzeptor an der Lateinschule von Marbach wurde. Er befasste sich mit Zahlenmystik und dem Bau eines allegorischen Tempels. 1604 wurde Studions Hauptwerk die „Naometria" veröffentlicht. Es beinhaltet unter anderem Prophezeiungen über eine bevorstehende *„Generalreformation"*, welche wir bereits von Dee her kennen. Im gleichen Jahre war in Tübingen auch eine vorgefertigte Handschrift zur „fama fraternitatis" im Umlauf. Johann Valentin Andreae studierte zu diesem Zeitpunkt an der Universität von Tübingen. Sein Mentor war der Universitätsprofessor Christoph Bersold, welcher Kontakte zu den Anhängern von Simon Studions, pflegte. Somit liegt die Vermutung sehr nahe, dass Andreaes Rosenkreuzer Manifeste direkt oder indirekt durch John Dees „henochische Engelsbotschaften" beeinflusst wurden.

Die Rosenkreuzer und der Dreißigjährige Krieg

Die drei rosenkreuzerischen Schriften, welche zwischen 1614 und 1616 von Johann Valentin Andreae und seinem Freundeskreis in Deutschland veröffentlicht wurden, erschienen kurz vor dem Ausbruch des Dreißigjährigen Krieges. Dies war definitiv kein Zufall, denn sie gehörten zur Propagandamaschinerie der Rosenkreuzer-Illuminaten gegen die weltweite katholische Vorherrschaft. Die Wirkung von Luther war, wie wir aus der Geschichte wissen, enorm und hat die europäischen Christen gespalten. Die ersten gewalttätigen Auswirkungen seiner Reformationsbestrebungen hatten sich im deutschen Bauernkrieg (1524 / 1525) und in den beiden Kappelerkriegen (1529, 1532) in der Schweiz niedergeschlagen. In Frankreich wurde die Reformation zu Beginn des 16. Jahrhunderts durch eine Gruppe von Mystikern und Humanisten um Lefèvre d'Etaples in Maux eingeleitet. Wie Luther beschäftigte sich Lefèvre d'Etaples mit den Paulusbriefen und leitete aus ihnen die Überzeugung von der Rechtfertigung allein durch den persönlichen Glauben ab. Er übersetzte analog zu Luther die Bibel ins Französische. Seine Anhänger wurden verfolgt und flüchteten in die Schweiz, wo sie die calvinistische Bewegung stärkten. Über hundertzwanzig Pastoren wurden in Genf von Calvin ausgebildet und kehrten 1567 als protestantische Missionare nach Frankreich zurück. 1559 wurde an einer nationalen Synode in Paris die erste protestantische Kirche Frankreichs gegründet. Man bezeichnete ihre Mitglieder als Hugenotten.

Die wirkliche Umwälzung der Gesellschaft stand noch bevor. 1617 wurde überall in den protestantischen Gebieten das hundertjährige Jubiläum von Luthers Thesenanschlag in Wittenberg gefeiert. Die Idee einer Generalreformation, wie sie von den Rosenkreuzern gefordert wurde, erhielt jetzt zusätzlichen Auftrieb. Dieses Mal wollten die Reformatoren die Erneuerung des Glaubens auf dem gesamten Kontinent durchsetzen. Ein sehr blutiges Unterfangen wie sich bald zeigen würde. 1618 begann mit dem so genannten zweiten Prager Fenstersturz eine der größten kriegerischen Auseinandersetzungen auf europäischem Boden. Wieso der Krieg gerade in Prag begann, war kein Zufall. Seit Ende des 16. Jahrhunderts residierte der Habsburger Kaiser des Heiligen Römischen Reiches, Rudolf II (1552 - 1612), in Prag. An seinem Hof blühten die okkulten Wissenschaften regelrecht auf. Er empfing Alchimisten ebenso wie Paracelsisten. Unter seinen Gästen befanden sich auch Rosenkreuzer, die ihre Reformideen verbreiteten. Zu ihnen gehörte der gelernte Alchemist Michael Maier, aber auch Johannes Kepler, der sich als Hofastronom und kaiserlicher Mathematiker betätigte. Sein Vorgänger war Tycho Brahe gewesen. Kepler stand außerdem im engen Kontakt zu Robert Fludd, dem berühmten Hermetiker und Philosophen. Bereits um 1584 war der Engländer

John Dee gemeinsam mit Edward Kelly zu Gast bei Rudolf II, an dessen Hofe sie mit einer langen Reihe von alchemistischen Experimenten begannen. Alle hier genannten Persönlichkeiten waren hochkarätige Rosenkreuzer. Haben sie den Ausbruch des Dreißigjährigen Krieges in Prag von der Residenz des Kaisers aus orchestriert? Benutzten sie den nervenkranken Kaiser für ihre Zwecke, oder gehörte er gar zum Orden der Rosenkreuzer dazu? Michael Maier (1568-1622), der berühmte Rosenkreuzer aus Nürnberg, war immerhin ab 1609 sein Leibarzt. Möglichkeiten mit irgendwelchen Heilmitteln auf die Entscheidungen Rudolf II, von dem es heißt, er habe seit 1590 an Schwermut gelitten, Einfluss zu nehmen, hätte er sicher gehabt. 1609 leitete Rudolf II indirekt noch mit seinem Majestätsbrief den Prager Fenstersturz ein, in welchem er den böhmischen Adligen die Religionsfreiheit versprach. Gleichzeitig stritten sich die Stände untereinander um die Vorherrschaft in Böhmen. Am 23. Mai 1618 marschierte Heinrich Mathias von Thurn zusammen mit zweihundert Vertretern der protestantischen Stände auf die Prager Burg. Nach einer improvisierten Gerichtsverhandlung wurden die anwesenden kaiserlichen Hofbeamten aus dem Fenster geworfen. Damit hatten sie dem österreichischen Kaiser den Fehdehandschuh zugeworfen. Die Reaktion blieb nicht aus und so brach der Böhmisch-Pfälzische Krieg aus. Dabei kämpfte die Katholische Liga unter der Führung des Hauses Habsburg gegen die protestantische Union.

Kurze Zeit nach Beginn des Krieges betrat ein Franzose die Stadt Prag, der im Verlaufe seines weiteren Lebens eine epochale Philosophie entwerfen sollte. Seine Name: René Descartes (1596 – 1650). Als Zweiundzwanzigjähriger reiste er durch Dänemark und Deutschland, bevor er sich 1619 für Herzog Maximilian von Bayern als Söldner rekrutieren ließ. In seinen Diensten kämpfte er für das kaiserlich-katholische Heer bei der Eroberung Prags mit. Im November 1619 besichtigte er die ehemaligen Arbeitsstätten von Tycho Brahe und Johannes Kepler in Prag. Dieser Besuch scheint einen prägenden Eindruck auf den jungen Descartes gemacht zu haben. Jedenfalls hatte er kurz danach die Idee, dass es *„eine universale Methode zur Erforschung der Wahrheit"* geben müsse. Er schwor sich, diese mit allen Mitteln zu finden. Deshalb verließ er 1620 die kaiserliche Armee und begab sich auf eine fünfjährige Erkenntnisreise, die ihn nach Deutschland, Holland, in die Schweiz und nach Italien führen sollte. Dabei versuchte er Einblicke jeglicher Art zu gewinnen und mit den unterschiedlichsten Personen sowie Gelehrten ins Gespräch zu kommen. Während dieser Wanderjahre stieß er auch auf die Rosenkreuzer-Manifeste, welche überall Furore machten. Ähnlich wie es Luther mit seinen Thesen getan hatte, schlugen sie anonym überall ihr Bekanntmachungen auf:

„Wir die Abgesandten vom Großen Kollegium der Brüder vom Rosenkreuz, halten uns durch die Gnade des Allerhöchsten, dem die Herzen der Gerechten zugewandt sind, sichtbar oder unsichtbar in dieser Stadt auf. Ohne Bücher oder Zeichen zeigen oder leh-

ren wir, wie man die Sprache des Landes, wo wir sein möchten, sprechen kann, um die Menschen, unsere Nächsten, aus Irrtum und Tod zu befreien."[18]

Durch diese Plakate aufmerksam gemacht, wollte Descartes unbedingt mit den Rosenkreuzern in Kontakt treten. Deshalb suchte er in Deutschland nach ihnen. Später erzählte er, dass er sie nicht gefunden hätte. War das wirklich so? Tatsache ist, dass er sich zwischen dem 20. Juli und 9. September 1619 in Frankfurt befand, wo er der Krönung des neuen Kaisers Ferdinand II beiwohnte. Bei dieser Gelegenheit trat er mit dem berühmten Mathematiker und Rosenkreuzer Johann Faulhaber in Verbindung. Ob er bei dieser Gelegenheit in den Orden aufgenommen wurde oder zu einem anderen Zeitpunkt kann nicht abschließend beantwortet werden. Doch es sprechen noch andere Indizien für eine Mitgliedschaft bei den Rosenkreuzern. Dazu gehört seine Bekanntschaft mit dem hellsichtigen Physiker Isaak Beekmann, die er während seines Aufenthaltes in Holland im Jahre 1618/19 schloss. Aber auch seine Freundschaft zu dem katholischen Medizinprofessor und Rosenkreuzer Cornelius van Hoogeland, die er nach seiner Emigration nach Holland 1628 pflegte, dürfte dazu gerechnet werden. Und obwohl Descartes seine Mitgliedschaft bei den Rosenkreuzern leugnete, befolgte er deren wichtigste Vorschriften, wie „die Pflege der Wissenschaften zum Besten der leidenden Mensch-

---

[18] Bernard Vaillant: Westliche Einweihungslehren, S. 101

heit" und die „unentgeltliche Ausübung der Medizin."[19]

Mit Descartes begegnen wir einem Philosophen, der mit seinem mechanischen Weltbild zum Inbegriff für den menschlichen Rationalismus geworden ist. Sein Weltbild ist Außerdem geprägt durch den fundamentalen Dualismus von Geist und Materie. Auffallend ist vor allem die *Analogie zwischen seiner „universelle Erkenntnismethode" und der „Generalreformation"* wie sie die Rosenkreuzer forderten und John Dees Engelswesen prophezeiten. Die beiden Philosophiehistoriker Budde und Brucker nannten *Descartes* treffend *„den Reformator der Philosophie"*. Seine Denkansätze inspirierten unter anderem auch den deutschen Philosophen Gottfried Wilhelm Leibniz (1646 – 1716), der wiederum Christian von Wolff (1679 – 1754) beeinflusste, den wichtigsten deutschen Vertreter des Rationalismus. Dessen Schüler Adam Ickstatt (1702 -1776), war niemand anderes als Adam Weishaupts Adoptivvater. Der spätere Gründer des Perfektibilistenbundes wurde ganz im Geiste des Wolffschen Rationalismus erzogen.

Um 1623 stand die Kriegslage schlecht für die Protestanten, denn sie hatten bereits Böhmen verloren und jetzt mussten sie auch die Pfalz aufgeben. In dieser Situation griff König Christian IV von Dänemark in das Geschehen ein. Dadurch weitete sich der Krieg, der bisher auf deutsche Gebiete beschränkt gewesen war

---

[19] R. Specht: Descartes, S. 16

auf internationales Territorium aus. Welche Motive bewegten den dänischen König dazu sich in den Konflikt einzumischen? Seit dem Augsburger Religionsfrieden von 1555 verlagerte sich die dänische Außenpolitik nach Deutschland und Schweden. Im Kalmarer Krieg (1611-1613) gelang es Dänemark durch den Sieg gegen Schweden die Hegemonie in Skandinavien zu bewahren. Als Herzog von Holstein verfügte Christian zudem auch über Einfluss im niedersächsischen Kreis und diesen wollte er weiter nach Bremen Verden und Osnabrück ausdehnen. Es liegt auf der Hand, dass Christian IV, indem er sich zum Anführer der protestantischen Sache machen ließ, seine ambitiösen Ziele zu erreichen versuchte. Im Frühjahr 1625 standen die Streitkräfte der Liga und des Kaisers an den Grenzen des niedersächsischen Kreises, so dass Christian zur Überzeugung gelangte, dass er handeln musste. Aus dieser Lage heraus dürften die Beweggründe des dänischen Königs reines politisches Kalkül gewesen sein. Trotzdem gilt das militärische Abenteuer Christian IV bei Historikern als tollkühn, ja geradezu infantil. Wurde der König durch die Rosenkreuzer zu seinem Husarenstück verleitet? Das Hauptquartier der Rosenkreuzer lag nicht in allzu weit von Kopenhagen entfernt. Im Jahre 1622 gründete Dr. Johann Rose in Den Haag die Rosenkreuzer Gesellschaft, welche Ableger in Amsterdam, Nürnberg, Hamburg, Danzig und später auch in Italien hatte. Doch wer verbarg sich hinter dem Pseudonym Johann Rose? Im gleichen Jahr soll der einflussreiche Rosenkreuzer Michael Maier in Magdeburg dreiundfünfzigjährig gestorben sein. Allerdings gilt dies nicht als gesichert. Einer seiner Freunde hat der Nachwelt überliefert Maier sei gestorben. In Wirklichkeit fehlt jeder Beweis für seinen Tod, denn es gibt weder einen Eintrag in einem Todesregister, noch ein Grab mit seinen sterblichen Überresten, denn die ganze Stadt wurde in den Wirren des Dreißigjährigen Krieges zerstört. Es ist deshalb denkbar, dass er seinen Tod nur vorgetäuscht und eine andere Identität angenommen hat. Wenn dem so wäre, dann könnte er der Mann gewesen sein, der in Den Haag als Johann Rose die Organisation aus der Taufe gehoben hat.

Ein wichtiges Bindeglied zwischen dem Kopenhagener Hof und den Rosenkreuzern war mit Sicherheit der Astronom Tycho Brahe. Der von der Sternkunde begeisterte Landgraf Wilhelm IV von Hessen-Kassel hatte Friedrich II auf das Talent aufmerksam gemacht. Nachdem der dänische Monarch einen Einblick in dessen Arbeit bekommen hatte, war er so von seinem Genie überzeugt, dass er Brahe die Öresundinsel Ven auf Lebzeiten für seine Beobachtungen zur Verfügung stellte und alle Kosten für erforderliche Instrumente und Gebäude übernahm. Brahe forschte 21 Jahre lang ungestört, bis 1588 Christian IV an die Macht kam und ihn in Ungnade fallen ließ. Durch diesen Umstand wurde er dazu gezwungen Kopenhagen zu verlassen. Er folgte der Einladung seines Freundes Heinrich Rantzau in der Wandesburg bei Hamburg zu forschen. 1599 nahm er eine Stelle als Mathematiker am Hof Kaiser Rudolf II an. Ein Jahr später ernannte er den hochbegabten Johannes Kepler zu seinem Assistenten. Für den fünfundzwanzig Jahre jüngeren Schüler war dies ein Karriereschub. Als Brahe 1601 starb, wurde er vom Kaiser zu dessen Nachfolger ernannt. Wie der Zufall spielte, sollte Kepler ab 1627 die Tageshoroskope für Albrecht von Wallenstein, dem Gegenspieler Christian IV im dänischen-niedersächsischen Krieg, anfertigen.

Der gebürtige Däne Tycho Brahe gehörte zwar der Bruderschaft der Rosenkreuzer an. Er konnte die Entscheidung Christian IV in den Dreißigjährigen Krieg einzugreifen, höchstens von seinem Grab aus beeinflussen. Ebenso sein Freund Heinrich Rantzau, der viele Jahre als königlicher Berater am Hof tätig gewesen war und einen politischen Leitfaden für Christian IV mit dem Titel „Traktat über den Krieg"[20] verfasst hatte. Es musste noch andere Mittelsmänner der Bruderschaft geben, welche mit dem König in Verbindung standen. Jemand der dafür in Frage käme, war der Reichs-Archivar Dänemarks und Begründer der dänischen Archäologie, Oleaus Wormius (1584-1654). Ab 1613 hatte er den Lehrstuhl für klassische Altertumskunde und für Griechisch an der Universität von Kopenhagen inne. Er machte sich einen Namen als Pionier der Runenforschung. Im Jahre 1626 erwirkte er bei Christian IV einen Erlass, dass ihm sämtliche Großsteingräber und Runeninschriften gemeldet werden mussten. Im Wettkampf mit dem Erzkonkurrenten Schweden nimmt Wormius damit den Konterpart zum schwedischen Runenforscher und Rosenkreuzer Johannes Bureus ein. Als Anhänger des Para-

---

[20] Orginaltitel Tractatus bellicus

celsus gehört er zum Dunstkreis der Alchemisten. Einige Autoren zählen ihn darüber hinaus zu den Rosenkreuzern. Auf ihre Schriften war er 1611 während seinem Aufenthalt in Marburg gestoßen. Ihre Ideen mussten einen bleibenden Eindruck bei ihm hinterlassen haben, denn 1619 beteiligte er sich mit einer Arbeit an der europaweiten Suche nach ihren Urhebern. Wie bei vielen anderen Gelehrten seiner Zeit war auch bei ihm ein Interesse für die Geheimwissenschaften vorhanden. Die Grenze zwischen Naturwissenschaft und Magie war damals noch fließend, wie dies am Beispiel der Astrologie und der Alchemie deutlich wird. So gesehen war Wormius weniger an der kulturhistorischen Bedeutung der Runen interessiert, als vielmehr an der magischen Kraft, die von ihnen ausging. Ob er den König von der Macht der Runen überzeugen konnte, müssen wir offen lassen. Es würde aber erklären, wieso Christian IV an einen Sieg gegen die Truppen der katholischen Liga geglaubt haben könnte. Wie das risikoreiche Unternehmen für den dänischen König endete, ist wohl bekannt. Sein Plan, gemeinsam mit seinem Verbündeten Ernst von Mansfeld einen Feldzug gegen Thüringen und Süddeutschland zu führen, scheiterte kläglich. Als Christian IV zuerst gegen Wallenstein, der für das kaiserliche Heer gegen von Mansfeld an der Dessauer Elbbrücke kämpfte, unterlag und vier Monate später gegen Tilly am 27. August 1626 bei Lutter am Barenberge eine vernichtende Niederlage einstecken musste, hatte er die Unterstützung sämtlicher protestantischer Fürsten in Norddeutschland verspielt und war gezwungen den Frieden von Lübeck zu unterschreiben. Die Katholiken gewannen die Oberhand im Deutschen Reich, was Kaiser Ferdiand II dazu ausnutzte, 1629 die Protestanten mit dem Restitutionsedikt zu demütigen.

Damit begann die dritte Phase des Dreißigjährigen Krieges, welche Gustav Adolf II durch die Landung mit seinem Heer am 4. Juli 1630 an der Küste des Reiches eröffnete. Der schwedische König sah den Zeitpunkt gekommen, um seine Vormachtstellung in Nordeuropa durchzusetzen. Er zwang Pommern, Mecklenburg, Brandenburg und Sachsen zu einem militärischen Bündnis. Damit provozierte er den deutschen Kaiser, der den Schweden ein Heer unter der Führung Tillys entgegenstellte. In der Schlacht bei Breitenfeld unterlagen die kaiserlichen Truppen, so dass Schweden in Süddeutschland einmarschieren und bis München vorrücken konnte: Von dort aus bedrohten die schwedischen Truppen Österreich. Erst die Wiederernennung des entlassenen Wallensteins zum Oberbefehlshaber brachte eine Wende. Diesem gelang es Gustav Adolf II im Zaum zu halten. Bei der Schlacht von Lützen am 16. November 1632 wurde der schwedische König durch den gezielten Schuss eines kaiserlichen Reiters auf dem Schlachtfeld tödlich getroffen. Da seine Tochter Christine noch unmündig war, übernahm Axel Oxenstierna ad interim die politische Führung. Er schloss mit den fränkischen, schwäbischen und rheinischen protestantischen Reichständen den Heilbronner Bund, um dadurch gestärkt den Krieg weiterzuführen.

Wiederum stellt sich die Frage, ob Gustav Adolf II, der die dritte Phase des Dreißigjährigen Krieges ausgelöst hatte, unter dem Einfluss der Rosenkreuzer stand. Aus dem Umkreis des Königs sticht dabei eine Person mit rosenkreuzerischem Hintergrund ins Auge, welche die Möglichkeit dazu gehabt hätte. Es handelt sich um den schwedischen Runenforscher und Mystiker Johannes Bureus (1568-1652). Dessen Bruder wurde im Jahre 1603 wegen Hexerei hingerichtet. In der Folge begann sich Bureus für die Kabbala und das Rosenkreuzertum zu interessieren. Unter anderem studierte er die Schrift „Arbatel de magia veterum" des bekannten Magiers Cornelius Agrippa von Nettesheim, welche ihm sein Bruder noch vor seiner Verhaftung überreicht hatte. 1602 veröffentlichte er ein Buch über seine Runenforschung, die er im Auftrag König Karl IX betrieben hatte. Im Jahre darauf wurde er zum königlichen Hofarchivar und Lehrer des Prinzen Gustav Adolf II ernannt. Von diesem Zeitpunkt an wuchs sein Einfluss auf den künftigen schwedischen König kontinuierlich an und schwand auch nicht als Gustav Adolf II auf dem Thron stand. Es wäre also denkbar, dass Johannes Bureus den König beim Entscheid das Deutsche Kaiserreich anzugreifen, beeinflusst haben könnte.

Im Jahre 1634 erlitten die Schweden in der Schlacht bei Nördlingen eine erste ernsthafte Niederlage. In der Folge liefen die protestantischen Reichstände zum kaiserlichen Lager über. Das protestantische Schweden verbündete sich mit dem katholischen Frankreich gegen die vereinigten protestantischen und katholischen Stände des Deutschen Kaiserreiches. Dies war der die Ausgangssituation zur vierten und letzten Phase des Dreißigjährigen Krieges, dem Schwedisch-Französischen Krieg (1635-1648). Frankreich hatte sich bis 1635 nicht direkt in den Krieg eingemischt. Doch nun versuchte Ludwig XIII und sein Minister Richelieu die südliche Niederlande und das Rheinland zu erobern. Gleichzeitig rückte die schwedische Hauptarmee der Saale entlang nach Naumberg vor, wo es einen Angriff des kaiserlichen Heeres abwartete. Dieses eröffnete tatsächlich das Gefecht, wurde aber am 4. Oktober 1636 in der Schlacht bei Wittstock vernichtend geschlagen. Im folgenden Jahr versuchte der schwedische Heerführer Banér Kursachsen einzunehmen. Die Belagerung von Leipzig scheiterte aber und nachdem sächsische Truppen Banér zum Rückzug aus Pommern zwangen, geriet die schwedische Offensive ins Stocken. Trotzdem wütete der Krieg auf der lokalen und regionalen Ebene weiter und schien allmählich in Anarchie auszuarten. Dies motivierte die Landesfürsten dazu auf ihren Territorien Separatfrieden zu schließen. Der deutsche Kaiser lenkte erstmals auf die allgemeinen Friedensbemühungen ein, nachdem Frankreich Spanien 1640 schlimme Niederlagen zugefügt hatte. Aber erst die französisch-schwedischen Siege 1645 bei Alerheim und Jankau und der anschließende Zangenangriff auf Bayern beenden den Krieg.

IV Die beiden großen Revolutionen und Napoleons Herrschaft

Fast wäre es den Rosenkreuzern ähnlich ergangen wie den Templern. Nur waren sie dieses Mal nicht so leicht aufzuspüren, da sie sich ja nicht wirklich zu erkennen gaben. Trotzdem beklagte sich Johann Valentin Andreä im Jahre 1639 in seiner Autobiographie, *„dass von seinen 1046 Kirchenmitgliedern des Jahres 1630 nur noch 338 geblieben waren."*[21] Darunter befanden sich auch *„fünf ‚innigste' und 33 gewöhnliche Freunde, 20 Verwandte und 41 seiner geistlichen Mitbrüder."*[22] Die überlebenden Templer hatten aber aus der Katastrophe gelernt und ihren Ordensstruktur geändert. Die katholische Kirche hat sich im Grunde mit der Verfolgung der Katharer und Templer im Mittelalter einen Bärendienst erwiesen, denn dadurch wurden diese dazu gezwungen ihre Organisation in das dynamische Hospizsystem zu ändern. Die Bildung von Geheimorden, wie z. B. den Rosenkreuzern, verunmöglichte der Kirche zusätzlich die wahren Drahtzieher hinter den politischen Ereignissen zu erkennen. Auf diese Weise entwickelten sich die ehemaligen Katharer- und Templerorden zur fast unantastbaren, unsichtbaren Macht, weshalb es im Übrigen auch nicht gerade leicht ist, deren politi-

---

[21] G. Parker: Der Dreißigjährige Krieg, S. 250
[22] Ibid, S. 250 f

sche Einflussnahme zu beweisen. Dennoch gab es genug Gerüchte, an deren Fährte die Heilige Inquisition sich hätte heften können. Das Hospizsystem der Nachfolgeorden der Templer war ja so aufgebaut, das die Eingeweihten eine rege Reisetätigkeit auf sich nahmen, um die verschiedenen Logen zu besuchen. Nun fällt auf, dass sowohl John Dee, René Descartes, Wilhelm Leibniz als auch der Graf von Saint Germain und der Graf Cagliostro ebendieses Herumwandern exzessiv taten. Dies dürfte ein weiteres Indiz dafür sein, dass es sich bei allen erwähnten Persönlichkeiten tatsächlich um Rosenkreuzer handelte.

Durch ihr geheimes Wirken innerhalb des Rosenkreuzer Ordens gelang es den Nachfolgern der Tempelritter im 17. Jahrhundert allmählich verlorenes Terrain zurückzugewinnen. Im Anfang des 18. Jahrhundert wurden die ersten Freimaurerlogen in der Öffentlichkeit bekannt. Als ein symbolträchtiges Gründungsdatum für die Freimaurerei gilt der 24. Juni 1717, denn an diesem Tag vereinigten sich die vier zuvor unabhängig voneinander wirkenden Londoner Freimaurerlogen zu einer einzigen Großloge. Auch das Jahr 1723 gilt als grundlegend für die Freimaurerei, denn da verfasste James Anderson die „Alten Pflichten", ein Konstitutionenbuch für die Londoner Großloge. Das älteste Dokument, auf das er sich dabei berief, das Remigius-Manuskript, stammt aus dem Jahr 1390. Doch es gibt Belege dafür, dass bereits vor dem 18. Jahrhundert Geheimlogen bestanden. In Edinburgh wurde 1598 die Loge St. Mary's Chapel gegründet.

Ein wichtiger Impuls für die britische Freimaurerei ging zudem von der nordenglischen Stadt York aus.

Die Revolution der amerikanischen „Templer" gegen das Britische Imperium

Dass bei der Geburtsstunde der Vereinigten Staaten von Amerika Freimaurer-Brüder tatkräftig mitmischten, bezweifelt heute wohl niemand ernsthaft. Zu stichhaltig sind die Beweise. Nicht zuletzt deshalb, weil die Freimaurer diese Tatsache nicht etwa leugnen, sondern ganz im Gegenteil immer wieder öffentlich kundtun. Von den 55 Repräsentanten, die am 4. Juli 1776 die Unabhängigkeitserklärung unterschrieben haben, waren 50 Freimaurer. Thomas Jefferson, der den Entwurf für die Unabhängigkeitserklärung ausgearbeitet hat, gehörte ebenso zu den Freimaurern, wie George Washington, der erste Präsident der USA. Bemerkenswerterweise war Jefferson genauso stark von den Ideen der Aufklärer inspiriert, wie Adam Weishaupt, der beinahe synchron auf der andern Seite des Atlantiks am 1. Mai 1776 seinen Illuminatenorden gegründet hatte. Allerdings orientierte sich Jefferson eher an den englischen Empiristen John Locke, Francis Bacon und Isaac Newton, während Weishaupt ein Vertreter von Christian Wolfs Rationalismus war. Benjamin Franklin (1706-1790), dessen Konterfei bis heute die 100 Dollar Note ziert, war nicht nur einer der bekanntesten Gründerväter der Vereinigten Staaten, sondern auch einer der betriebsamsten Freimaurer Pioniere in Amerika. 1731 wurde Franklin in die „St. John's Lodge" von Philadelphia aufgenommen. Diese Freimaurerloge ist seit 1730 schriftlich verbürgt. Bereits im Jahre 1735 wurde er als Provinzial-Großmeister bestätigt. Als er 1779 als Gesandter der dreizehn vereinigten Staaten nach Paris kam, schloss er sich der berühmten Loge „Les Neuf Soeurs" an, dessen bekanntestes Mitglied der damals bereits 84-jährige Voltaire war. „Les Neuf Soeurs" betätigte sich als karitative Gesellschaft innerhalb der Akademie der Wissenschaften von Paris. Franklin hatte sich in seinem Heimatland bereits früh für die Förderung der Wissenschaften eingesetzt. 1743 gründete er gemeinsam mit John Bartram die „American Philosophical Society" in Philadelphia. Diese war bestrebt mit Forschungsstipendien und der Herausgabe von Zeitschriften die Geistes- und Naturwissenschaften zu unterstützen. Aber Franklin war nicht nur ein gewöhnlicher Freimaurer und Aufklärer, denn 1782 wurde er in die „Royal Loge des Commandeurs du Temple à l'Ouest de Carcassonne" aufgenommen, einer mysteriösen freimaurerischen Konklave, welche ihrem Namen nach zum Exekutivausschuss der Templer gehören musste.

Am Anfang jener Kette von Ereignissen, welche Schließlich zum Unabhängigkeitskrieg führten, stand sicher die „Boston Tea Party", die als Reaktion auf die Townshend Act, geschah. Hierbei handelte es sich um ein Gesetz, welches Zölle auf die Einfuhr von amerikanischen Produkten erhob. Die Kolonialisten reagierten heftig auf diese indirekten Steuern. Eine Gruppe namens „Söhne der Freiheit" protestierte öffentlich gegen das Gesetz. Am 16. Dezember 1773 drang eine Gruppe von Männern, die sich als Indianer verkleidet hatten, in den Bostoner Hafen ein und warf Teeladungen der vor Anker liegenden englischen Schiffe über Bord. Die jungen Männer, welche diese Aktion ausführten waren allesamt „Söhne der Freiheit", einige von ihnen zudem Freimaurer der „St. Andrews Lodge". Deren Mitglieder trafen sich jeweils in einem Hinterzimmer der Taverne „Green Dragon Inn", welche sich in unmittelbarer Nähe des Hafens befand. Auch an jenem historischen Abend der „Boston Tea Party" war ein Treffen der St. Andrews Lodge angesagt, es war aber nur der Archivar erschienen, der ein großes „T" über die ganze Seite der Logenaufzeichnung schrieb. Obwohl es offensichtlich ist, dass es sich bei den verkleideten Männern nur um die abwesenden Brüder handeln konnte, wurde deren Identität jedoch nie gelüftet. Tatsache ist, dass zu jener Zeit als die Protestaktion durchgeführt wurde, ein enger Freund von Benjamin Franklin, der Chirurg Joseph Warren, Meister vom Stuhl der St. Andrews Lodge war. Derselbe wurde 1773 zum Großmeister für den amerikanischen Kontinent ernannt. Doch er war nicht der einzige Prominente der „Green Dragon-Loge". Unter ihren Fittichen befand sich auch der erste Vize- und spätere US-Präsident John Adams (1735-1826). Sein Cousin Samuel Adams (1722-1803), der zu den Mitunterzeichnern der Unabhängigkeitserklärung gehörte, war einer der „Söhne der Freiheit". Es gibt einen Beleg dafür, dass die St. Andrews Lodge zum Netzwerk der Templer gehörte, denn am 28. August 1769 verlieh sie als erste Loge der Welt den Freimaurergrad eines „Tempelritters"[23] und dies rund vier Jahre vor dem Teesturm.

Die Reaktion auf die „Tea Party" aus London fiel harsch aus. Es wurde die sofortige Schließung des Hafens von Boston bis zur Zahlung einer Entschädigung an die East India Company und den britischen Staat angeordnet. Dieser anfängliche Handelsstreit sollte in der Folge zum amerikanischen Unabhängigkeitskrieg eskalieren. In Massachusetts begann man eine reguläre Armee zu rekrutieren. Die anderen Kolonien wurden aufgefordert sie zu unterstützen. Das Oberkommando über die Kontinentalarmee erhielt am 15 Juni 1775 George Washington. Auch er war ein Freimaurer und gehörte seit 1752 der „Fredericksburg Lodge No. 1" in Virginia an. (...)".[24] Von seinen 22 Generälen waren 20 Freimaurer. Namentlich: Nathaniel Greene, Lee, Marion, Sullivan, Lord Strirling, Putnam, Baron Steuben, de Kalb, Lafayette, Montgomery, Jackson, Gist, Knox, Wooster, Ethan Allan, u.a. Washington zelebrierte sein Freimaurertum bei mehreren wichtigen Ereignissen der amerikanischen Geschichte in aller Öffentlichkeit. So leistete er 1789 seinen „Eid bei der Übernahme des Präsidentenamtes der USA auf die Bibel der ‚St. Johns Lodge No. 1' von New York"[25] gegenüber dem Großmeister ebendieser Loge. Die Grundsteinlegung zum Kapitol in Washington, die nach freimaurerischem

---

[23] Michael Baigent, Richard Leigh: Der Tempel und die Loge, S. 285
[24] IFL, S. 889
[25] Ibid, S. 889

Ritus vor sich ging, vollzog er bekleidet mit einem von der Marquise Lafayette für ihn angefertigten Freimaurerschurz. Bereits zwei Tage nach der Ernennung Washingtons zum Oberkommandierenden verlor General Joseph Warren bei der Schlacht von Bunkerhill sein Leben. Danach dauerte der amerikanische Unabhängigkeitskrieg noch acht Jahre mit abwechselnden Siegen und endete am 19. Oktober 1781 mit der Kapitulation der Stadt Yorktown, wo sich der Großteil der britischen Armee verschanzt hatte. Zwei Jahre später wurde die Unabhängigkeit Amerikas beim Frieden von Versailles anerkannt. Der neue Staat, der so entstanden war, war ein wichtiger Markstein auf dem Weg zur Generalreformation der ganzen Welt, wie sie die Rosenkreuzer im 17. Jahrhundert angestrebt hatten. Die maurerischen Gründungsväter der USA, welche sich dieser Tatsache wohl allzu gut bewusst waren, fanden eine neue Ausdrucksart für die rosenkreuzerischen Ziele innerhalb ihrer Reihen. Ihr Motto hieß nun: „Novus ordo seclorum". Dieser Satz befindet sich auf der Rückseite des großen Siegels der USA, welches 1782 zum ersten Mal veröffentlicht wurde und heute jeden Eindollarschein ziert. Es ist jener Leitsatz, der in der einschlägigen Verschwörungsliteratur auch mit den Illuminaten in Verbindung gebracht wird. Doch wie war das mit den Illuminaten? Hatten sie tatsächlich einen Einfluss auf die Amerikanische Revolution?

Ein direkter Einfluss von Weishaupts Illuminaten auf die Ereignisse in den USA ist rein zeitlich nicht möglich, da der Perfektiblistenorden erst im Mai 1776 gegründet wurde. Wahrscheinlicher ist, dass sowohl die amerikanischen Freimaurer als auch Weishaupts Bund ihre gemeinsamen Wurzeln bei den Rosenkreuzern (bzw. den Templern) hatten, welche aus dem Hintergrund die Aktionen diesseits und jenseits des Atlantiks koordinierten und dirigierten. Für diese Aufgabe bräuchte es aber äußerst kluge Köpfe. Die Mitglieder des Exekutivausschusses der Rosenkreuzer waren allesamt Philosophen und Aufklärer. Zu ihnen gehörten mit Sicherheit Descartes, Leibniz, Newton, Voltaire, Rousseau, Montesquieu, Locke und Wolf. Gewiss es bestand ein grundlegender Unterschied zwischen den vernunftbetonten Ansichten dieser illuminierten Denker und jener mystischen Ideen der Rosenkreuzer. Bei näherer Betrachtung entdeckt man aber, dass die beiden Geisteshaltungen sich lediglich antagonistisch zueinander verhalten. So rechnet Julius Evola die Illuminaten zu den Rosenkreuzern allerdings mit umgekehrtem Vorzeichen. Diese Verschleierung der wirklichen ideellen Wurzeln würden bereits in der Doppeldeutigkeit des Ordensnamens sichtbar.

„In der neueren Zeit begegnet man tatsächlich nicht selten Fällen eines verkehrten Gebrauchs des Mysteriums. War dieses immer an seinem eigenen Ort und in der vorhergegangenen Zeit ein aristokratisches Privilegium und die Grundlage einer absoluten, legitimen Autorität von oben her, so verwandelt es sich nun in eine Waffe der Ketzer, von unten heruntergekommenen Kräften, die sich gegen die Kirche und die

Vertreter der traditionsgebundenen politischen Organisationen erheben."[26]

„Bereits die sogenannte Sekte der bayrischen ‚Illuminaten' zeigt ein typisches Beispiel der eben erwähnten Verkehrung der Einstellungen. Das ergibt sich schon aus der Sinnwandlung des Ausdruckes ‚Illuminaten'. Dieses Wort hatte ursprünglich auf die Idee der geistigen überrationalen Erleuchtung (illuminatio) Bezug [genommen]. Andererseits wurde es allmählich zum Synonym von Rationalismus, von der Lehre des ‚naturhaften Lichtes', von Antitradition und Individualismus. In dieser Hinsicht kann man von einem verfälschten, umstürzlerischen Gebrauch des Rechtes sprechen, das dem Initianten, dem Adepten eigen ist."[27]

Was geschah mit den Rosenkreuzern im 18. Jahrhundert? Es schien, als ob sie allmählich in Europa wieder von der Bildfläche verschwunden wären. Andere Zeiten erforderten andere Methoden zur „Erneuerung der Welt". Offensichtlich hatten die Meister der Rosenkreuzer eine neue geistige Ausdrucksform für ihre Absichten gesucht und sie in einem zu den mystischen Inhalten der Rosenkreuzer kontroversen Orden gefunden. Sie haben von den magischen und irrationalen Lehren Abstand genommen und versuchten mit einer rationalistisch geprägten Anschauung ihr Wirken weiterzuführen. In bestimmten Fällen waren die

---

[26] Julius Evola, Das Mysterium des Grals, S. 236
[27] Ibid, S. 237

Eingeweihten dazu autorisiert das Dogma des Ordens abzulehnen, denn er ging nicht von einem niedergeschriebenen sondern von einem transzendenten Wissen aus. Er konnte folglich seinen Einsatz so planen, dass er mit diesem spirituellen Wissen übereinstimmte. Die Entwicklungsstrategie, welche die Führer der Illuminaten und vor ihnen die untergetauchten Rosenkreuzer, Alchemisten, Templer und Katharer verfolgten, ist eine pragmatische Anwendung von Georg Wilhelm Friedrich Hegels dialektischer Methode, welche bekanntlich auf dem Dreischritt von These, Antithese und Synthese besteht. Die höchsten Illuminaten richteten sich nach einer dialektischen Ethik, die ihnen die moralische Rechtfertigung lieferte, um ihr Hin- und Herpendeln zwischen zwei verfeindeten Organisationen zu rechtfertigen.

Die als Rosenkreuzer reorganisierten Tempelritter, bzw. Katharer, welche von Prag aus den Dreißigjährigen Krieg in Gang setzten, waren auch die Anstifter der amerikanischen Revolution. Ab 1717 formierten sich dieselben Kräfte in den Geheimlogen der Freimaurer. Wie wir oben gezeigt haben gehörten die wichtigsten Protagonisten der amerikanischen Umwälzung den Freimaurern an. Dabei spielten die Londoner Großloge von Philadelphia und ihr Provinzial-Großmeister Benjamin Franklin eine prominente Rolle. Hier finden sich auch zwei Logen, die in deutscher Sprache arbeiteten: Die Logen „Hermann No. 125" und „Humboldt No. 359". Der Staat Pennsylvania, dessen Hauptstadt Philadelphia ist, war im 18. Jahrhundert ein Sammelbecken für deutsche Emigranten.

1790 lebten von den insgesamt 277 000 Amerikaner deutscher Abstammung ungefähr 141.000 in Pennsylvania. In Amerika arbeiteten die maurerischen Brüder nach dem in angelsächsischen Ländern gängigen York Ritus. Dabei handelt es sich um ein Hochgradsystem, das sich aus drei verschiedenen Freimaurergruppen zusammensetzt: Aus der Kapitel-, der Konzil- und der Komturei-Freimaurerei. Zwischen diesen Gruppen besteht weder ein organisatorischer noch ein sonstiger Zusammenhang. Die Komtureien, von denen einige in deutscher Sprache arbeiteten, gliederten sich in die drei Grade:

Ritter vom Roten Kreuz von Babylon
Ritter von Malta
Tempelritter

Der höchste Grad der Komturei, der Tempelritter, weist auf die templerischen Wurzeln der Freimaurerei hin. In den angelsächsischen Ländern fanden die freimaurerischen Tempelritter sehr starke Verbreitung. Ob es etwas mit der Legende zu tun hat, wonach einige Templer sich in Schottland zu retten vermochten? Es heißt ferner, in Schottland wären die Templergeheimnisse bis zu dem Tag gehütet worden, als sie in den Freimaurerorden übertragen worden seien. In Amerika, wo sie „Knigths Templars" genannt werden, taucht ihr Name zum ersten Mal 1769 in einer beglaubigten Nachricht auf. In einem Andreaskapitel in Boston erhielt ein William Davis den Grad eines „Knigths Templar" verliehen. Vermutlich wurde dieser Grad speziell in Militärlogen bevorzugt. 1758 existierten unter den britischen Regimentern in Amerika 19 Feldlogen. Von 1775 bis 1777 war deren Zahl unter dem Befehlshaber Sir William Howe bereits auf 33 gestiegen. Geleitet wurden diese Feldlogen seit 1761 vom Brigadegeneral Augustine Prevost. Es wurde der Alte und Angenommene Schottische Ritus praktiziert.[28] Anzuführen wäre hierbei nur noch, dass die meisten Militärführer der Kolonisten von britischen Befehlshabern ausgebildet worden waren.

Eine andere Richtung der Freimaurerei leitete ihre Herkunft explizit von den Templern und Rosenkreuzern ab. Es handelt sich um das Hochgradsystem der Strikten Observanz, welches durch den Freiherr von Hundt gegründet wurde. Von Hundt war zuvor in Frankreich in die höchsten Grade des Clermontschen Hochkapitels, einer mit katholischen Zeremonien bereicherten Freimaurerei, eingeweiht worden. Im Jahre 1755 rief er gemeinsam mit Marshall in Sachsen den „Ritus von der strikten Observanz" ins Leben. Der Name leitete sich von seiner strengen mönchischen Gehorsamspflicht ab. Von Hundt berief sich auf „unbekannte Obere", welche als Nachfolger der Ritter des Salomonischen Tempels die wahren Leiter des Ordens seien. Er versuchte den Orden der alten Templer so gut wie möglich wiederzubeleben. Doch seine Bestrebungen wurden immer wieder in Frage gestellt. An einem Freimaurer-Konvent in Altenberge, einer Ortschaft im Herzogtum Sachsen-Weimar, 1764, sollte von Hundt Dokumente dafür vorlegen, dass er tatsächlich durch einen „unbekannten Obe-

---

[28] Baigent, Leigh: Der Tempel und die Loge, S. 336 f

ren" autorisiert worden war. Bei dieser Befragung vermochte er seine Mitbrüder nicht zu überzeugen:
"Was die unbekannten Oberen anbetraf, so gab Hund zu, nicht zu wissen, wer 1664 die Leitung des Ordens wahrnehme. Alles was er wisse, sei, dass der amtierende Großmeister, Eques a Sole Aureo, 1743 gewählt worden sei und dass das Großkapitel seinen Sitz 1751 in London gehabt habe, aber da er mit ihnen in der Folge jeden Kontakt verloren habe, könne er nicht sagen, wo sie sich derzeit befänden und nicht einmal bestätigen, dass sie noch tätig seien."[29]

Auch bei späteren Konventen gelang es dem Freiherr nicht seinen Ritus mittels überzeugender Beweise zu untermauern. Schließlich wurde das System aufgegeben und es wurde entschieden, dass die Ordensmitglieder den unsichtbaren Oberen keinen unbedingten Gehorsam mehr schuldeten. Dies war nicht zuletzt auch notwendig geworden, weil das innewohnende Obrigkeitsdenken der Strikten Observanz dem Gebot der Toleranz und brüderlichen Liebe widersprach, welches inzwischen alle Beziehungen zwischen Freimaurern leiten sollten. Am 28. Oktober 1776 starb zwar von Hundt, nicht aber die Idee der „geheimen Oberen". Es würde spätestens mit dem ägyptischen Freimaurerritus des Cagliostro seine Wiederauferstehung feiern.

---

[29] René Le Forestier: Die templerische und okkultistische Freimaurerei im 18. und 19. Jahrhundert, S. 203

Auch wenn Hundt seine Autorisierung nicht zweifelsfrei belegen konnte, zeigen seine diesbezüglichen Äußerungen doch, dass eine Verbindung der Strikten Observanz zur britischen Insel bestand. Er behauptete nämlich, ein „unbekannter Oberer", der sich „Ritter mit der roten Feder" nannte, habe ihn in die Hochgrade eingeführt und ihn 1743 zum Tempelritter geschlagen. Diese Zeremonie sei in Gegenwart von Lord Clifford Chudleigh und dem Earl of Kilmarnock geschehen. Es sei ihm dann Charles Edward Stuart als der „unbekannte Obere" vorgestellt worden. Baignet und Leigh können mit einem Dokument namens „Stella Templum" nachweisen, dass es sich beim „Ritter von der roten Feder" in Wirklichkeit um Alexander Seton handelte. Dieser war „allgemein als Alexander Montgomery, Zehnter Earl of Elinton bekannt."[30] Einer seiner Vorfahren war der geheimnisvolle David Seton, ein Überlebender der Templer, der seine flüchtigen Brüder in Schottland um sich gesammelt hatte. Von einer schottischen, bzw. irischen Feldloge soll der Grad des Tempelritters auch zu der Bostoner St. Andrews Lodge gelangt sein. Andererseits hat auch der Ritus der „Strikten Observanz" bei den Kolonisten durch die jakobitischen Flüchtlinge weite Verbreitung gefunden.[31] Die amerikanische Revolte gegen das britische Königshaus wurde mit an Sicherheit grenzender Wahrscheinlichkeit durch die verborgenen Templermeister angeführt. Einflussreiche Gründungsväter wie Franklin, Washington, Warren

---

[30] Baigent, Leigh: Der Tempel und die Loge, S. 256
[31] Ibid, S. 257

und Adams trieben die Generalreformation im Geiste der Templer zügig voran. Am 22. Mai 1908 wurde eine kolossale Marmorstatue von George Washington vor dem US Kapitol aufgestellt. Heute befindet sich das Standbild im National Museum of American History. Der erste Präsident der USA sitzt auf einem Thron und zeigt mit seiner erhobenen Rechten hinauf in den Himmel, während seine Linke, die ein Schwert hält nach unten weist. Nicht nur das Schwert deutet auf den mittelalterlichen Ritterorden hin. Genau in dieser Pose hat uns der bekannte französische Okkultist Eliphas Lévi das Templeridol Baphomet überliefert.

Die Revolution der Illuminaten gegen Frankreichs Monarchie

Die Französische Revolution wurde maßgeblich durch ein koordiniertes Vorgehen der Rosenkreuzer, der Templer und der Illuminaten umgesetzt. Die Anführer der besagten Geheimgesellschaften gaben sich nacheinander ein Stell-dich-ein in Paris und am Königshof von Versailles. Der erste erlauchte Meister, der auftrat, war der „unbekannte Obere" der Rosenkreuzer der Graf de Saint Germain, der sich auch als Aymar und Marquis de Betmar ausgab. Als er am Hofe Ludwig XV auftauchte, sorgte er mit seinen Behauptungen, er könne aus unedlen Metallen Gold herstellen, und er sei im Besitz des Lebenselixiers der Alchemisten, welches ihm Unsterblichkeit verleihe, für einiges Aufsehen. Wegen diesen Äußerungen wird er bis heute weitgehend als Hochstapler angesehen. Sicher hatte ihm nebst seinem gewinnenden Äußeren auch seine geheimes Verjüngungselixier dabei geholfen, das Wohlwollen von Ludwigs Mätresse, Madame de Pompadour, zu erwecken, die ihn ihrerseits beim französischen König einführte. Wie schon Kaiser Rudolph II war auch Louis XV eine schwermütige Natur. Der Pompadour oblag die Aufgabe, den sich langweilenden König durch immer wieder neue Amüsements bei guter Laune zu halten. Natürlich wollte sie an Saint Germains Verjüngungsmittel herankommen. Und letzterer vermochte sie durch seine detaillierten Beschreibungen und Erzählungen von historischen Königen so in zu Staunen zu versetzen, dass diese glaubte, er wäre ihnen tatsächlich persönlich begegnet und müsse deshalb tatsächlich viel älter sein, als er in Wirklichkeit aussah. Bald wurde ihm eine Audienz beim König gewährt. Es gelang dem Grafen auch das königliche Interesse auf sich zu ziehen, indem er in Aussicht stellte, durch die Kunst der Alchemie das bereits beträchtliche Vermögen der Krone noch mit Gold und Diamanten zu vermehren. Saint Germain durfte sich im Schlösschen Trianon ein Alchemistenlabor einrichten und dem König Proben seines Könnens liefern. Darüber, ob der König seine Habgier stillen und seine Konkubine ihre Eitelkeit befriedigen konnte, schweigen die Quellen. Überliefert ist lediglich der Bericht der Madame de Hausset, welche selbst zugegen war, als es Saint Germain gelang, einen unreinen Diamanten des Königs innert 30 Tagen von seinen Flecken zu befreien und so dessen Wert von 6000 Livres auf 9600 Livres zu erhöhen.[32]

---

[32] P. Krassa, Der Wiedergänger, S.63 f.

Saint-Germain gilt in geneigten Kreisen als theosophischer Meister und hoher Eingeweihter. Als solchem konnte es ihm weder darum gehen, die Habgier des französischen Monarchen noch dessen Unterhaltungstrieb zu befriedigen. Welche Ziele verfolgte der Comte de Saint Germain am Hof von Versailles? Die Ansammlung von Okkultisten um den Herrscher folgt dem gleichen Muster wie in Prag kurz vor dem Ausbruch des Dreißigjährigen Krieges. Auch dort versammelten sich hohe Adepten der Rosenkreuzer um den Kaiser und veranstalteten mit ihren alchemistischen Experimenten einen riesigen Zirkus. Mit dem Brimborium verdeckten diese aber ihre wahren Absichten. Wie wir bereits gezeigt haben, sind die Operationen der Rosenkreuzer immer von langer Hand vorbereitet. Sie ziehen ein systematisches Netz um ihre Feinde und arbeiten emsig wie Bienen an der systematischen Unterwanderung des Machtapparates. Sie spinnen gekonnt Intrigen und verbreiten geschickt Lügen, um ihre Opfer zu diskreditieren. Dem Grafen ging es folglich darum, das Vertrauen des Königs zu erlangen. Dies ist ihm auch gelungen, denn Ludwig XV nahm ihn als Geheimagent in seine Dienste. Einer seiner wichtigsten Aufträge galt dem Putsch am russischen Zarenhof. Ausgerechnet im Revolutionsjahr 1762 erschien Saint Germain als französischer Diplomat Monsieur Odar in Petersburg. Im gleichen Jahr wurde der protestantische Zar Peter III ermordet, nachdem er sechs Tage zuvor von seinen eigenen Garden zur Abdankung gezwungen worden war. An seiner Stelle erhob sich seine Frau, Katharina II, zur neuen Zarin aller Reußen. Saint Germain war es, der die Zarin dazu anregte, die Werke der französischen Aufklärer zu lesen. Sie sollten der Zarin Anregungen für die neue russische Gesetzgebung spenden. Doch die Mission von Monsieur Odar war auch in anderer Beziehung erfolgreich verlaufen. Er hatte sich die Gunst des französischen Königs erwerben können. Und genau darum war es ihm letztlich wohl auch gegangen. Darüber hinaus hatte er bereits seine Fähigkeit im Schmieden von Komplotten verfeinern können. Diese Eigenschaft sollte ihm gegen das Französische Königshaus wieder zugutekommen.

Saint Germains Einfluss auf die Französische Revolution darf keinesfalls unterschätzt werden. Erste wichtige Vorkehrungen dazu wurden am Freimaurer Konvent von Wilhelmsbad vom 16. Februar bis 1. September 1782 getroffen. Hier versammelten sich 35 freimaurerische Tempelritter, um die Krise innerhalb der Strikten Observanz zu überwinden. Der Graf nahm bei diesem Treffen unter dem Namen „Eques a Capite Galeato" – „Chef de Bien" teil.[33] Nach fünfzigtägiger Konventdauer und insgesamt 36 Sitzungen hatten sich die Kritiker der „Strikten Observanz" durchgesetzt. Die Legende von „unbekannten Oberen" wurde fallengelassen. Das System der Hochgrade mit dem obersten Grad des Tempelritters wurde aber beibehalten. Drei Jahre später liefen die Vorbereitungen zum „Großen Werk" auf Hochtouren. Im Februar 1785 traten die führenden Okkultisten Euro-

---

[33] Ibid, S. 260

pas wieder in Wilhelmsbad zu einem Konvent zusammen. Zugegen waren Vertreter aus dem Lager der Rosenkreuzer, der Illuminaten, der Freimaurer und der Kabbalisten. Der Graf erschien in Begleitung von Louis Claude Martin, Franz Mesmer sowie Cagliostro.[34] Was auch immer seine Aufgabe war, er musste im undurchschaubaren Dickicht der Geheimgesellschaften eine eminent wichtige Person gewesen sein. Er wird als Mitglied der Templer ebenso real gesehen wie als Parteigänger der Jakobiner. Sein Auftritt an den Wilhelmsbadner Gesprächen vier Jahre vor dem Ausbruch der Französischen Revolution in der Gegenwart von wichtigen Freimaurern, Illuminaten und Rosenkreuzern spricht für sich selbst. Noch im Jahr zuvor war er tot geschrieben worden. Die Bestattungsfeier wurde so beschrieben:

„Als man seinen Sarg zu Grabe trug, betrauerte niemand seinen Tod. Lediglich der Haus- und Leibarzt des verreisten Landgrafen Karl von Hessen, Dr. Lossau (selbst ein eingeweihter Freimaurer), war bei dem stillen Begräbnis anwesend und nahm im Anschluss daran eigenhändig die Eintragung ins Totenregister der St. Nikolaus-Kirche in Eckernfröde vor."[35]

Die Beerdigung war ein reines Possenspiel, denn wie hätte er sonst 1785 vor so vielen Zeugen am Okkultisten-Kongress teilnehmen können? Im gleichen Jahr trat er außerdem an einem anderen Freimaurerkongress in Paris auf. Auch 1788, am Vorabend der gro-

---
[34] Ibid, S. 260
[35] Ibid, S. 218

ßen Umwälzung, hielt er sich in Frankreich auf. Von Ermenonville aus, wo er die Loge leitete, dirigierte er die verschwörerischen Umtriebe der Rosenkreuzer im Vorfeld der französischen Revolution.[36]

1771 betrat eine andere legendäre Figur der Freimaurerei Paris. Es handelt sich dabei um den berühmt berüchtigten Adepten Allessandro Graf Cagliostro. Sein Treiben glich in vielem dem eines umtriebigen Hexenmeisters. Wie sein Vorläufer am Prager Hof, John Dee, konnte auch er mittels menschlicher Medien Kontakt mit dem Jenseits aufnehmen. Außerdem behauptete er durch Alchemie Gold gewinnen zu können. Wie ein gewinnsüchtiger Krämer verkaufte er Liebestränke, Jugendelixiere, Schönheitsmixturen und alchemistische Pulver. In dem symbolträchtigen Jahr 1776 wurde Cagliostro in London zum Freimaurer initiiert:
„Am 12. April 1776 wurde Giuseppe Cagliostro, Oberst des Dreizehnten Brandenburgischen Regiments und Prinz von Trapezunt, als Freimaurer in die Loge ‚Espérance' Nummer 289 in London nach den Regeln der Strikten Observanz aufgenommen. Schauplatz war die Tavern King's Head in der Gerrard Street, Soho, die der irische Gastwirt und Freimaurer Peter O'Reilly betrieb."[37]

Während seines Aufenthalts in London entdeckte Cagliostro bei einem Straßenhändler am Leicester

---

[36] Ibid, S. 240
[37] I. McCalman, Der letzte Alchemist, S. 53

Square eine handschriftlich verfasste Abhandlung über die ägyptischen Ursprünge der Freimaurerei. Ihr Autor hieß George Cofton (oder Coston). Basierend auf diesem Text erfand Cagliostro das ägyptische Hochgrad-Freimaurer-System des Misraim-Ritus.
„Die ägyptische Freimaurerei erstrebte nichts Geringeres als die vollständige körperliche und moralische Erneuerung der Menschheit durch Wiedervereinigung mit den göttlichen Geistern."[38]

Dieses Programm kennen wir doch von irgendwo her. Ach ja richtig, so was Ähnliches hatte bereits John Dee's Erzengel der Menschheit verkündet. Es war der Aufruf der Rosenkreuzer zur Generalreformation und die Forderung der amerikanischen Illuminaten nach einer neuen Weltordnung. Als Cagliostro 1785 nach Paris zurückkehrte wurde er in den besten Kreisen der Gesellschaft empfangen. Er war jetzt nicht nur ein Templerritter der Freimaurerei sondern auch der Großkophta seines eigenen Ritus. Die wenigsten wussten aber, dass er auch seit 1780 dem deutschen Illuminatenorden angehörte. Zwei hochrangiger Vertreter der Strikten Observanz und geheime Mitglieder von Weishaupts Orden waren auf ihn aufmerksam geworden, als er sich in Frankfurt am Main aufhielt:
„Cagliostro wurde in ein Haus fünf Kilometer vor den Toren der Stadt gebracht und in ein geheimes unterirdisches Gewölbe im Garten geführt. Dort wurde er bei Fackelschein in aller Form Mitglied der Illuminaten. Unter ein Schriftstück, das die Vernichtung aller Ty-

---

[38] Ibid, S. 60

rannen beschwor, setzte er den Namenszug A-lessandro di Cagliostro. Später behauptete er, es sei die zwölfte Unterschrift auf einer Liste von Großmeistern der Templerritter gewesen."[39]

Sein Freund Kardinal de Rohan hieß ihn in Paris herzlich willkommen und ließ ihm zu Ehren ein Haus mit einer ägyptischen Kammer einrichten. Hier konnte Cagliostro seine Séancen durchführen. Die Zeit war gekommen, um einen entscheiden Schlag gegen das französische Königshaus auszuführen. Die Bourbonen gehörten zu den Nachfahren jenes Philipps des Schönen, der im Mittelalter den Orden der Tempelritter zerstört hatte. Ihnen gebührte die Rache für die ausgestandene Pein der gemarterten Brüder. Offiziell war es nicht Cagliostro, der die „Halsbandaffäre" anstiftete, sondern die Betrügerin Jeanne de La Motte. Jedenfalls befand dies das Gericht, welches den Kardinal de Rohan und Caglistro freisprach. Der Graf selbst behauptete, dass ihn keine Schuld treffe, da er lediglich seinen Freund den Kardinal in der Sache falsch beraten hatte. Damit gestand er ein, dass auch er der Gräfin La Motte auf den Leim gegangen war. Diese war an den Kardinal mit der vorgetäuschten Bitte der Königin Marie-Antoinette herangetreten, ein sündhaft teures Diamantenhalsband für sie zu erwerben. Nun sehnte sich de Rohan schon seit seiner Zeit als Gesandter am Wiener Hof nach der Gunst Marie-Antoinettes. Die Königin hegte aber eine besondere Abneigung gegen ihn. La Motte übergab

---

[39] Ibid, S134

Rohan nicht nur gefälschte Liebesbriefe von Marie-Antoinette, sondern inszenierte auch eine nächtliche Begegnung mit einer Schauspielerin, welche der Königin sehr ähnlich sah. Schließlich tat Graf Cagliostro ein Übriges mit seinen Séancen hinzu. Der Kardinal war bereit das Schmuckstück für die Königin zu erwerben. Als die Angelegenheit aufflog, wurde der Kardinal, Cagliostro und La Motte verhaftet und in der Bastille eingekerkert. Das Halsband blieb aber verschollen. Marie-Antoinette, die sich völlig unschuldig fühlte, dachte nicht daran, die Sache zu vertuschen. Sie sollte die Wirkung, die von der Affäre ausging völlig unterschätzen. Das Volk kümmerte es nicht, dass die Königin von jeder Schuld entlastet wurde, es hatte endlich einen Grund die „Ausländerin", wie es sie nannte, zu hassen. Für Jeanne war das Ganze ein Komplott des Hexers Cagliostro. Vielleicht traf sie damit völlig ins Schwarze. Schließlich war die „Halsbandaffäre" jener Stein, der eine ganze Lawine ins Rollen bringen sollte. Cagliostro aber hatte als Tempelritter der Strikten Observanz einigen Grund um den Bourbonen Schaden zuzufügen. Mehrere Autoren gehen davon aus, dass die Französische Revolution in Wirklichkeit ein Racheakt der überlebenden Templern für den Märtyrertod ihres Großmeisters gewesen sein soll:

„Viele französische Freimaurer konspirierten in allererster Linie nur deshalb gegen Ludwig XVI. um dazu beizutragen, dass der Fluch des sterbenden Jaques de Molay gegen das französische Königshaus in Erfüllung gehe. Nachdem der König durch die Guillotine enthauptet worden war, soll ein Mann auf das Schafott

gesprungen sein, seine Hand in das Blut des toten Monarchen getaucht und sie der Menge mit den Worten gezeigt haben: „Jaques de Molay, du bist gerächt!"[40]

War das „Halsbandkomplott" eine Operation im Vorfeld dieses Racheaktes? Wie dem auch sei, Cagliostro hatte zwar durch die Unschuldsvermutung seine Freiheit zurück erlangt, sein Renommee hatte er aber auf der ganzen Linie eingebüßt. Schließlich hatte er gegenüber Rohan als Seher und Prophet, als der er sich ausgab, versagt. Als der König ihn verbannte, begab er sich zurück nach London, wo er zweifellos von seinen templerischen Brüdern als Held gefeiert wurde. Von hier aus schrieb er nun den "Brief an das französische Volk"[41], der in Paris sofort überall zirkulierte. *"In dem Brief der zukünftige Ereignisse voraussagte, erklärte er, er werde so lange nicht nach Paris zurückkehren, bis die Bastille niedergerissen und in eine öffentliche Promenade verwandelt worden sei."*[42]
Tatsächlich sollte die Französische Revolution am 14. Juli 1789 mit dem Sturm auf die Bastille, dem politischen Gefängnis als Symbol des Despotismus, beginnen. Und schon sechs Jahre später trat Napoleon Bonaparte seine Herrschaft an. Wie dies Cagliostro in seinem Brief geweissagt hatte:
"Es wird ein Prinz über euch herrschen, zu dessen Ruhm es gereichen wird, die geheimen Haftbefehle

---

[40] DsR, S. 322

[41] Lettre au peuple français, in: Bibliothèque des Arsenales, M 55 12 457, Paris

[42] Zitiert nach C. Wilson, Das Okkulte, S. 439

(lettres de cachets) abzuschaffen und die Generalstände einzuberufen. Er wird sich nicht damit zufrieden geben, Premierminister zu sei; ihn wird vielmehr danach verlangen, der erste unter euch zu sein."[43]

War es Prophetie oder ein Plan, der von langer Hand unter den Logenbrüdern und Geheimzirkeln geplant worden war?

Eine weitere freimaurerische Fraktion, die bei der Vorbereitung der Französischen Revolution mithalf, war jene der deutschen Illuminaten. Nach der formellen Auflösung des Illuminatenordens waren einige Ordensoberhäupter nach Frankreich geflohen. Die Idee eines gewaltsamen Umsturzes lag bereits in der Stoßrichtung ihres politisch-gesellschaftlichen Programms. *"Die Orientierung an der Vernunft schloss absolutistische bzw. sogar totalitäre Ansprüche nicht aus. Die Aufklärung ließ die Entscheidung für Demokratie oder ‚Diktatur' letztlich offen."*[44] Gemäß Heckethorn verfassten Weishaupt und Knigge im Jahre 1782 den Plan, ihren Orden in Frankreich zu verbreiten. Dort existierte bereits eine Gruppe von Anhängern. Zu ihnen gehörte Graf Mirabeau, der spätere Präsident des Jakobinerklubs, welcher bei seinem Aufenthalt in Berlin zum Illuminat wurde. Er initiierte auch seinen Landsmann Talleyrand. Zusätzlich warben Johann Christoph Bode (1730-1793) und Christian Wilhelm Freiherr von dem Bussche (1756-1817) in

---

[43] Ibid, S. 439 f.
[44] R. v. Dülmen, Religion, Magie, Aufklärung, S. 266

den Freimaurerkreisen von Paris für ihren Orden.[45] Die beiden einflussreichsten französischen Illuminaten waren mit Sicherheit Jean Jaques Rousseau und Voltaire. Letzterer hatte schon im Jahre 1761 den Wunsch geäußert, dass die Philosophen unter sich eine geheime Gesellschaft in der Art der Freimaurerorden gründen sollten, um auf diese Weise ihre „großen Pläne" verwirklichen zu können. Jean Jaques Rousseau stand Voltaire in seinem Bestreben den gehassten absolutistischen Staat zu stürzen in nichts nach. Von Rousseaus ehemaligem Wohnhaus in der Rue Plâtière aus, welches zu einer geweihten Freimaurerloge umfunktioniert worden war, führten die Revolutionäre ihren Kampf gegen das alte Regime. Der Hauptsitz der französischen Illuminaten war das Schloss Ermenonville, in welchem Jean Jaques Rousseau seinen Lebensabend erlebte und wo er auch begraben wurde. 1779 empfing er hier den jungen Maximilian Robespierre aus Arras, der ihn verehrte und der in seiner späteren politischen Tätigkeit versuchen sollte, seine aufklärerischen Ideale zu verwirklichen. Die republikanische Verfassung Frankreichs wurde nach dem Vorbild von Rousseaus „Contract social" entworfen

Nachdem der König 1789 die Generalstände geöffnet hatte, schossen überall politische Klubs wie Pilze aus dem Boden. Einer dieser Klubs traf sich in einem Dominikanerkloster namens St. Jaques (Sankt Jakob).

---

[45] Charles William Heckethorn: Geheime Gesellschaften, S. 239 f

Deshalb erhielten sie den Namen Jakobiner. Für Stanislas de Guaïta rührte die Namensgebung aber von woanders her. Er behauptete, sie seien nach dem Vornamen des letzten Großmeisters der Tempelritter „Jaques" de Molay getauft worden.[46] Sicher gehörten sie zu den resolutesten Wortführern der Französische Revolution. Sie prangerten die Machtentfaltung der absolutistischen Könige an. Dank der Unterstützung durch den katholischen Klerus, hatte sich in Frankreich ein beispielsloser Schmarotzerstaat etablieren können. Die Privilegien der Aristokratie und der Geistlichen wurden auf dem Buckel der Bürger und Bauern aufrechterhalten. Das Volk hatte großes Leid auf sich nehmen müssen. Es war zutiefst verbittert und voller Ressentiments. Eine Änderung der Situation konnte in Frankreich nur durch einen blutigen Umsturz herbeigeführt werden. Die Organisation der politischen Kräfte des Dritten Standes funktionierte durch unzählige Klubs die in ganz Frankreich unterhalten wurden. Sie glichen in vielem landesweit vernetzten Ordensgemeinschaften. Die „Cordeliers", die radikalste Partei der Französischen Revolution, gründeten ihren Klub in einem Franziskaner Kloster. Der Name Cordeliers rührt von den „cordes" (Seilen) her, welche sie um die Hüften gebunden hatten. Aber auch der Klub der Jakobiner, der 1789 gegründet worden war, vertrat eine radikal republikanische Staatsphilosophie. Sie trugen die „bonnet rouge", die rote phrygische Mütze, die ab 1791 als Freiheitssymbol mit blau, weißer Kokarde getragen wurde. Die

---

[46] Stanislas de Guaïta, Le temple de Satan, 1891, S. 313

phrygische Mütze, deren Farbe immer blutrot war, wurde bereits im Altertum von Priestern beim Opfer getragen. Die Mütze wurde unter anderem auch mit den Rosenkreuzern in Verbindung gebracht.[47] Die Anführer der Jakobiner Louis-Antoine-Léon de Saint-Just, Jean-Paul Marat, und Georges Danton sollten bald die radikale bürgerliche Fraktion anführen. Sie waren durchdrungen von den Ideen Jean Jaques Rousseaus und wollten die konstitutionelle Monarchie so bald wie möglich in eine Republik umwandeln. 1793 gelang es ihnen unter der Führung Maximilian Robespierres eine Diktatur über Frankreich zu errichten. Diese Zeit wird als „Schreckensherrschaft der Jakobiner" bezeichnet. Während eines Jahres wurden tausende Bürger verhaftet, verurteilt und als Staatsfeinde hingerichtet. Erst als die Lohnforderung der Sansculotte verwirklicht wurde, verlor das blutige Regime seinen Schwung. Robespierre wurde Schließlich selbst auf das Schafott geführt, wo er am 28. Juli 1794 hingerichtet wurde. Die Revolution hatte ihr eigenes Kind gefressen. Von den Anführern der Jakobiner gehörte nicht nur Danton, der Erfinder des Revolutionstribunals, einer Pariser Freimaurer Loge an. Auch Jean Paul Marat (1743-1793) war in der Londoner Loge „At the King's Head, Gerard Street, Soho, zum Freimaurer eingeweiht worden, wo er am 15. Juli 1774 ein Großlogen-Zertifikat erhielt. Er war auch Mitglied der Loge „La Bien Aimée" in Amsterdam.[48]

---

[47] H. Jennings, Magie und Mystik der Rosenkreuzer, Bd. 2, S.47
[48] IFL, S. 545

Bemerkenswert hierbei erscheint uns sowohl der Name der Londoner Loge als auch seine unmittelbare Nähe zu Loge, in der Cagliostro das Freimaurer Licht erblickte. Und wenn wir gerade beim „Kopf des Königs"(King's head) sind, ist noch hinzuzufügen, dass der Erfinder der Pariser Köpfmaschine, der Arzt, Joseph Ignace Guillotine auch ein Freimaurer war. Er bekleidete nicht nur das Amt des Stuhlmeisters der Loge „La Concorde Fraternelle", sondern gehörte auch zu den Stiftern des „Grand Orient de France" und war ein Mitglied der „Neuf Soeurs".[49] Seine nach ihm benannte „Guillotine" kann geradezu als ein Symbol für die Französische Revolution betrachtet werden. Und Symbole sind innerhalb der Freimaurerei eminent wichtig. .

Napoleons Ausweitung der Revolution auf ganz Europa

Durch Französischen Revolution sollte ein kleiner Offizier eine sagenhafte Karriere machen, dessen Lebensumstände in einigen Punkten mit jenen des berüchtigten Cagliostros übereinstimmen. Die Rede ist von Napoleon Bonaparte. Beide stammen von einer Mittelmeerinsel ab. Cagliostro wurde in Sizilien geboren, Napoleon auf Korsika. Beide sind weit über die bescheidenen Verhältnisse ihrer Herkunft hinausgewachsen und ernteten den Ruhm außerhalb ihres Heimatlandes. Napoleon schien gleichsam das Instrument zu sein mit dem die republikanischen Ideen der Templer, Rosenkreuzer und Illuminaten auf dem

---

[49] Ibid, S. 371

europäischen Kontinent durchgesetzt werden sollten. Ob gewollt oder nicht, er setzte auch Cagliostros Plan einer vollständigen Erneuerung der Menschheit in die Tat um. Nicht zu vergessen, dass Cagliostro Napoleons politischer Aufstieg von seinem Exil in London aus vorhergesagt hatte. Und er behielt damit Recht, denn der kleine Korse sollte durch seine militärische Genialität zum Vollender der Französischen Revolution werden. Mit der Hinrichtung Ludwig XVI und seiner Gattin Marie-Antoinette war eine neue Menschheitsepoche in Europa eingeleitet worden. Der Revolution folgte die Schreckensherrschaft der Jakobiner und die Zeit des Direktoriums. Die Ideen der Französischen Revolution, welche in den Köpfen der illuminierten Aufklärer ausgebrütet worden waren, sollten nicht nur in Frankreich sondern in ganz Europa realisiert werden.

Nachdem Napoleon seine Ausbildungszeit an der renommierten Militärschule „Ecole royale militaire" in Paris bereits abgeschlossen und sechzehnjährig sein Offizierspatent entgegengenommen hatte, leistete er in Valence als Leutnant Militärdienst. Er war ein aufgeweckter junger Mann, der sich in seiner Freizeit für Geschichte und Literatur interessierte. Er las eifrig die Werke Voltaires, Corneilles und Goethes. Später sollte er Jean Jaques Rousseau entdecken, der ihm zum Vorbild wurde. 1791 erklärte Napoleon sich zum Republikaner und trat dem örtlichen Jakobinerklub bei. Ins Blickfeld der Weltgeschichte trat er, als er 1795 im Auftrag des Konvents erfolgreich einen royalistischen Aufstand in Paris niederschlug. Er ging dabei mit eiserner Härte vor. Als Dank dafür wurde er zum Divisionsgeneral befördert. 1796 leitete er in diesem Rang seine erste große Expedition, den italienischen Feldzug, und fiel mit seinen Truppen in Norditalien ein. Nachdem er 1797 wieder nach Paris zurückgekehrt war, drängte er das Direktorium, ihm ein weiteres Kommando zu übergeben. Das Direktorium gab seine Zustimmung zum Plan, Ägypten zu erobern und so verlegte Napoleon 1798 seine Truppen nach Alexandrien. Auf der Hinreise legte er einen sechstägigen Zwischenhalt in Malta ein. Dort erhielt er seine Weihe zum Freimaurer. Es war „zufälligerweise" der gleiche Ort, an dem vor ihm schon Cagliostro initiiert worden war. Bereits als junger Artillerieleutnant war Napoleon einer Loge in Valence beigetreten und hatte 1797 in Nancy einer Logenarbeit beigewohnt. Auf einer Büste, welche ihm zu Ehren 1806 in der Loge von Grenoble aufgestellt wurde, wird er ausdrücklich als „Empereur Français et Maçon" bezeichnet. Kannte er etwa auch den Ritus der ägyptischen Freimaurerei? Was suchte der Korse eigentlich in Ägypten? Ging es ihm nur darum, die Vormachtstellung der Franzosen gegen die Engländer in Nordafrika zu verteidigen? In einem Bericht der Freimaurer Loge „Grand Orient" heißt es:

„Napoleon habe auf seinem ägyptischen Feldzug das maurerische Licht gesucht und empfangen, in Ägypten dem Lande, auf das die Uranfänge der Freimaurerei zurückgehen."[50]

---

[50] IFL, S. 594

In militärischen Maßstäben sah dieses mystische Unterfangen folgendermaßen aus: Napoleons steuerte mit 232 Transportschiffen, 2000 Kanonen, 32'000 Soldaten und 175 Ingenieuren und Gelehrten die Küste Ägyptens an und nahm Alexandrien ein. Die französische Flotte Admiral François Paul Breus ging in der Bucht von Abukir vor Anker, wo sie aber durch einen nächtlichen Angriff der Briten zerstört wurde. Napoleon drang mit seinen Männern ins Landesinnere vor, schlug die Mamelucken bei den Pyramiden und eroberte Schließlich Kairo. Doch auch hier war den Franzosen wenig Glück beschieden, denn die Pest breitete sich unter den Soldaten aus. Die Expedition erwies sich als reinstes Desaster. Doch das störte den kleinen Adepten nicht, denn er kehrte in aller Heimlichkeit nach Paris zurück, wo er innert weniger Wochen einen Putsch inszenierte und am 18./19. Brumaire (November) 1799 die Alleinherrschaft an sich riss. Dies war also das maurerische Licht, das der Korse empfangen hatte. Damit war er aber noch nicht zufrieden, denn er wollte Frankreich und sich selbst noch mehr Glanz verleihen, damit er mit den andern europäischen Herrschern auf gleicher Augenhöhe stehen konnte. Durch eine Volksabstimmung wurde entschieden, dass er zum Kaiser gekürt werden sollte. 1804 krönte er sich selbst in Anwesenheit des Papstes zum erblichen „Kaiser der Franzosen".

Als Napoleon Kaiser der Franzosen geworden war, hatte er einen Punkt erreicht, an dem er alle politische Macht in seinem Lande an sich reißen wollte. Jene Geheimgesellschaften, welche ihm früher als

Steigbügelhalter gedient hatten, wurden ihm auf einmal zu gefährlich. Eine dieser Gruppierungen war die Loge „Les Neuf Soeurs", deren Mitgliederliste sich wie ein „who is who" der Revolution liest. Führende Enzyklopädisten wie Jean Lerond d'Alembert, Antoine Condorcet und Voltaire gehörten ebenso dazu wie die tatkräftigen Politiker Jean Sylvain Bailly, Danton, Desmoulins, Guillotin, La Rochefoucauld, Abbé Siéyès und Charles Maurice Talleyrand-Perigord. Einige dieser Männer tummelten sich auch in der Loge „Les Amis Réunis"[51], wo sie ihre nicht weniger illustren Brüder Jean-Jaques Rousseau, Montesquieu und Babeuf trafen. 1787 gelang es Johann Christoph Bode bei seinem Parisaufenthalt einige der führenden Mitglieder dieser Loge für den Illuminatenorden zu gewinnen. Darunter auch den Stuhlmeister Charles Pierre Savalette de Lange (1745-1797), der zusammen mit Court de Geblin den „Philalethenorden" gestiftete hat. Ein weiterer einflussreicher Salon war der „Kreis von Auteuil", der von Madame Helvetius und Anne Catherine de Ligniville von Autricourt gehalten wurde. Im Park des Hauses von Auteuil versammelte sich um die Witwe von Helvetius die Elite der Aufklärung.[52] Unter den Gästen befand sich auch der französische Gesandte Graf Mirabeau, der in Berlin in den Illuminatenorden aufgenommen worden

---

[51] Mitglieder von "Les Amis Réunis": Condorcet, Diderot, Voltaire, Bailly, Danton

[52] Mitglieder des „Kreises von Auteuil": Benjamin Franklin, D'Alembert, Denis Diderot von Holbach Chamfort, Mirabeau, Condillac, Volney, Garat, Condorcet, Turgot und Cabanis, u.a.

war. Als Napoleon Bonaparte 1799 zum Konsul auf Lebenszeit gewählt wurde, begannen ihn die Chefideologen der Französischen Revolution zu stören. Alles, was sich seinem Willen entziehen wollte, machte ihn misstrauisch. Er mochte die intellektuelle Unabhängigkeit der Philosophen nicht. Aus diesem Grunde ließ die Logen von einem Heer von Polizeispitzel unterwandern. Schon bald hatte er seine Männer in den höchsten Graden positioniert. Sein Polizeiminister Joseph Fouché wurde ebenso Freimaurer der Grande Loge de France, wie seine Brüder Joseph, Lucien, Louis, Jérome und sein Stiefsohn Beauharn.[53] Viele französische Freimaurer-Brüder wurden als Hofbeamte im Staatsapparat integriert. Doch dieses Vorgehen setzte Napoleon nicht nur in Frankreich in die Tat um, sondern auch in den eroberten Staaten. Sobald er ein Land unter militärische Kontrolle gebracht hatte, hielt dort auch der „Grand Orient" Einzug.

„Im allgemeinen aber ist gewiss, dass Napoleon I. bei seinen Eroberungen dem Beistande der Freimaurer viel zu verdanken hatte. Das ist kein Wunder, denn die spanischen, deutschen und italienischen Logen, die unter seiner Ägide errichtet wurden, standen unter der Oberleitung des Militärs, und die französischen selbst hatten zu ihren höchsten Würdenträgern Marschälle, Ritter der Ehrenlegion, Hocharistokraten, Senatoren und andere ‚verlässliche Persönlichkeiten',

---

[53] IFL, S. 298

die gegen Camacérès und mittelbar gegen den Monarchen äußerst unterwürfig waren."[54]

Dass Napoleon I während seiner Regierungszeit eine Mehrheit der Freimaurer für seine Zwecke instrumentalisieren konnte, ist nicht von der Hand zu weisen. Auch haben damals viele Logen den Namen Napoleons angenommen, wie z. B. die 1784 gegründete Loge „Bienfaisance", die sich in „Napoléon le Grand" umtaufte. Während aber die Pariser Logen den Monarchen umschmeichelten, unterstützten die untergetauchten Mitglieder der verbotenen Logen „Les Neufs Soeurs" und „Kreis von Auteuil" von England aus den Widerstand. Diese Tatsache wurde ihm später deutlich vor Augen geführt, als sein Stern am Sinken begriffen war.

Napoleon Bonaparte war ein Machtmensch und als solcher hatte er begriffen, dass es nicht genügte sein Reich durch seine Armeen und seine Beamten zu kontrollieren. Um seine Macht nachhaltig abzusichern, war es darüber hinaus notwendig auch das gesamte Wissen der Welt zu monopolisieren. Aus diesem Grunde wollte er eine Art Weltbibliothek aufbauen. Vielleicht war ihm diese Idee bei seinem Aufenthalt in Alexandrien gekommen, wo in der Antike die größte Buchsammlung des Abendlandes existiert hatte. Und so beschlagnahmte er im Jahre 1810 sämtliche Archive des Vatikans per Edikt. Darunter

---

[54] Charles William Heckethorn: Geheime Gesellschaften, S.427

befand sich auch reichhaltiges Material über die Tempelritter und die Merowinger. Die zahlreichen und wertvollen Schriftstücke wurden in 3239 Kisten nach Paris in den Palast Soubise geschafft. Doch Napoleons Herrschaft dauerte nicht genug lange, um das geplante Zentralarchiv zu realisieren. 1816 wurden die Dokumente dem Vatikan wieder zurückgegeben.

Im Jahre 1812 begnadigte Napoleon den Schriftsteller Charles Nodier (1780-1844) und ernannte ihn zum Kaiserlichen Archivar. Mit diesem Amt erhielt Nodier Zugang zu den Dokumenten des vatikanischen Archivs. Grund genug ein besseres Augenmerk auf diesen Mann zu richten. Sein Vater war nicht nur ein Jakobiner und als solcher Bürgermeister von Paris und Präsident des Tribunals sondern auch ein bekennender Freimaurer. Er selbst wurde bereits in seinem achtzehnten Lebensjahr zum Hauptarchivar der Arsenalbibliothek ernannt, dem Verwahrungsort mittelalterlicher und okkulter Manuskripte, wie zum Beispiel jene des berühmten Alchemisten Nicolas Flamel. Auch Richelieus gesamte Bibliothek sowie Schriften, die während der Revolution aus den Klöstern gestohlen worden waren und ein großer Teil des vatikanischen Archives, lagen hier vor Ort. Von großem Interesse für Nodier waren die Aufzeichnungen über die Ketzer und die Tempelritter. Hinzu kam eine Menge von Büchern über allerlei geheimnisvolle Themen. Er sollte das Material in eine Reihe von historischen Büchern über Frankreich verarbeiten, welche zahlreiche Berichte über die Tempelritter, die Gisors und die

Merowinger miteinschlossen. Einer der späteren Mitarbeiter Nodiers war kein geringerer als der legendäre Okkultist Eliphas Lévi (1810-1875), der mit seinen Beiträgen über die westliche Tradition der Magie große Beachtung fand. Er war es auch, der das moderne Bild Baphomets, des Idols der Tempelritter, prägte.

V Elektrisches Illuminaten-Licht, Nationalismus und Kommunismus

Die moderne Jagd nach immer wieder neuen und besseren technischen Errungenschaften, gleicht nicht zufälligerweise der mittelalterlichen Suche nach dem Heiligen Gral. Dahinter verbirgt sich der Wunsch des Menschen seine eigene Unzulänglichkeit durch machtvolle Instrumente und Waffen zu überwinden. Auch dem Gral wurden übermenschliche Kräfte zugesprochen. Er strahlt eine übernatürliche erleuchtende Kraft aus, gibt Nahrung, heilt tödliche Wunden und verlängert das Leben. Darüber hinaus verleiht er Sieges- und Herrschaftskraft. Auf der andern Seite gehen auch zerstörerische Kräfte von ihm aus; er lässt erblinden, schlägt wie ein Blitz zu oder kann sogar wie ein Abgrund wirken. So gesehen ist er ein Universalmittel, welches seinem Besitzer die Macht über Leben und Tod verleiht. Er ist sozusagen eine Variable, die für alle großen Erfindungen der Menschheit stehen könnte: Für den Benzinmotor ebenso wie für die Atombombe, um nur zwei zu nennen. Sigmund Freud bezeichnete den Menschen als einen Prothesengott, weil er im Grunde genommen mit seinen Maschinen nur Allmachtsphantasien verwirklichen will. Dieses Gleichnis steht vielleicht noch viel treffender für das geheime Streben der Illuminaten. Bei der Entwicklung der Wissenschaften und der Ingenieurskunst standen sie schon immer an vorderster Front. Die verfolgten Katharer und Templer demonstrierten ihre Kunstfertigkeit in den mittelalterlichen Bauhütten und ihre Experimentierlust als praktizierende Alchemisten. Letztere legten das Fundament für die spätere moderne Chemie und Physik und ermöglichten damit die Schwindel erregenden Fortschritte der heutigen Zeit.

Die Welt wird illuminiert: Erfindungen, Industrialisierung, Elektrifizierung

Die Amerikanische und Französische Revolution leiteten den allgemeinen politischen Wandel in Amerika und Europa ein. Parallel dazu fand der Übergang von der Manufaktur- zur Industriegesellschaft statt. Eine Veränderung, die auf dem Aufkommen immer neuer Maschinen beruhte und die als „Industrielle Revolution" in die Geschichtsbücher einging. Diese Umwälzung begann im Übergang vom 18. zum 19. Jahrhundert in Großbritannien, wo eine rasante Zunahme von Patenten auf neue Erfindungen zu beobachten war. Diese Erneuerungen machten sich als erstes im Textilgewerbe bemerkbar, wo der Betrieb durch eine mechanische Spinnmaschine und Webmaschine völlig rationalisiert wurde. Als 1769 der schottische Feinmechaniker James Watt (1736-1819) die Dampfmaschine von Thomas Newcomen erfolgreich überarbeitete, setzte er mit dieser Verbesserung die eigentliche Industrialisierung in Gang, weshalb die Briten dieses Ereignis als Beginn der industriellen Revolution ansehen. Watts eigentliche Leistung bestand darin, dass es ihm gelungen war, den Energiebedarf der Dampfmaschine beträchtlich herabzusetzen. Der Erfolg dieser technischen Neuerung war so überwältigend, dass James Watt 1774 mit seinem Freimaurer-

Bruder Matthew Boulton eine Fabrik zu Herstellung von Dampfmaschinen eröffnete.

Watt war nicht der einzige Daniel Düsentrieb mit einem freimaurerischen Hintergrund. Viele prominente Vertreter der Rosenkreuzer taten sich als bekannte Forscher und Erfinder hervor. Johannes Kepler fertigte 1610 ein astronomisches Fernrohr an. René Descartes erfand eine Maschine, welche das mühelose Schleifen hyperbolischer Gläser erlauben sollte. Als produktivster Rosenkreuzer Bruder erwies sich Gottfried Wilhelm Leibniz. Er entdeckte nicht nur die Infinitesimalrechnung, sondern hinterließ der Nachwelt auch noch die Erfindung des Dualsystems, Pläne für ein Unterseeboot, Verbesserungen der Technik von Türschlössern und ein Gerät zur Bestimmung der Windgeschwindigkeit, sowie seine spektakulärste Kreation, eine Rechenmaschine für die vier Grundrechenarten, die als Vorläufer des Computers angesehen werden kann. Vom illuminierten Freimaurer Benjamin Franklin hieß es sogar, er hätte bei seiner Erfindung des Blitzableiters mit einem Drachen den Blitz vom Himmel geholt. Sein Zeitgenosse Immanuel Kant bezeichnete ihn deshalb als einen „modernen Prometheus". Franklin und Leibniz legten mit ihren Gründungen von wissenschaftlichen Akademien die Grundlage für weitere zukünftige technische Schöpfungen.

Andererseits schöpften Wissenschaftler auch aus dem uralten Fundus der Alchemie. Als Allessandro Graf Cagliostro 1773 in Nürnberg einem hochrangigen Vertreter der Rosenkreuzer das höchste Geheimsymbol des Ordens enthüllte, staunte selbst dieser nicht schlecht. Es zeigte aber nichts Geringeres als die Uroboros-Schlange, die sich in den eigenen Schwanz biss. Dieses Symbol sollte dem deutschen Chemiker Friedrich August Kekulé von Stradonitz (1829-1896) im Jahre 1890 in seinem berühmten Traum zur Erfindung des Benzolringes verhelfen. Kekulé soll zuerst Kohlenstoff- und Wasseratome vor seinen Augen tanzen gesehen haben und anschließend Schlangen, welche sich im Kreis wanden und sich in den Schwanz bissen. Damit konnte er die rätselhafte Struktur des Benzols erklären. Interessanterweise wird seine chemische Formel heute in der Sechseckform einer Honigwabe gezeichnet. Das ruft Erinnerungen an Weishaupts Bienenorden und die Bienenverehrung der Merowinger wach. Die Bienenwabe findet sich auch im Logo eines der größten Pharmakonzerne der Welt, der „Roche", wieder. In der Stadt Basel hatte Cagliostro einen großzügigen Anhänger, den Bankiers Jaques Sarasin. Dieser war es, der den Grafen 1787 in einem Kreis von Bewunderern empfing. Unter ihnen Vertreter bekannter Basler Geschlechter wie die Hassenbachs und die Bischofs, die Professoren Haas und Breitlinger, die reichen Händler Jacob Burckhardt und Isaak Iselin und viele andere mehr. Wie überliefert ist, soll Cagliostro bei dieser Gelegenheit seinen Gastgebern auch einige seiner Geheimrezepte, die auf der Naturheilkunde basierten, anvertraut haben.[55] Der Graf war bekannt

---

[55] I. McCalman, Der letzte Alchemist, S. 228 f

dafür, dass er ein ganzes Sortiment von Heilmittel feilbot. Es scheint, als ob die Zunft der Goldmacher auch mit kaufmännischen Talenten gesegnet war, denn der Graf von Saint Germain bewies in dieser Hinsicht viel Sachverstand. 1763 richtete er in seinem Gut bei Nimwegen in den Niederlanden ein Laboratorium ein, in welchem er Tests mit Farb- und Textilproben machte. Sein Vorhaben eine Manufaktur zu gründen, lief aber schief. Nichtsdestotrotz verstand er jene Erkenntnisse, die er aus seinen Experimenten mit Farbstoffen gewann, später noch gewinnbringend zu vermarkten. So gehörte ihm eine Textilfärberei in Venedig mit einer Belegschaft von mindestens hundert Arbeiterinnen.

Am deutlichsten kam der illuminierte Geist in der allmählichen Elektrifizierung der Welt zum Ausdruck. Einen wichtigen Schritt in diese Richtung bedeuteten mit Sicherheit Benjamin Franklins Veröffentlichungen seiner naturwissenschaftlichen Arbeit über die Elektrizität in den Jahren 1751-53. Es folgte 1780 die Entdeckung des italienischen Professors Luigi Galvani, dass die Schenkel eines sezierten Frosches anfingen zu zucken, sobald eine Elektrisiermaschine in seiner Nähe betätigt wurde. Sein Landsmann Professor Allesandro Volta erfand 1799 die Voltasäule, den Prototyp einer Batterie. 1820 ergründete der dänische Physiker Hans Christian Orsted die Wechselbeziehung zwischen Elektrizität und Magnetismus und der Franzose André Marie Ampère die Kraftwirkung zwischen zwei Strom durchflossenen Leitern. Elf Jahre später fand der Engländer Michael Faraday heraus, dass sich mit Magnetismus Elektrizität herstellen ließ und im Jahre 1878 führte Thomas Edison seine erste Kohlefaden-Glühlampe vor.

Nationalistische Illuminaten in Frankreich, Italien und Deutschland

Nachdem am 17. Juni 1789 die Abgeordneten des Dritten Standes auf Vorschlag des Freimaurers Abbé Sieyès sich zur „Assemblée nationale" erklärten, leisteten sie drei Tage später feierlich den Schwur, nicht mehr auseinander zu gehen bevor sie für Frankreich eine Verfassung geschaffen hatten. Weitere drei Tage später verweigerten die Abgeordneten des Dritten Standes unter der Führung des Illuminaten Graf von Mirabeau den Befehl Ludwig XVI wieder nach Ständen und nicht gemeinsam zu tagen. Damit war ein neues Zeitalter in Europa angebrochen. Der erste und der zweite Stand hatten ihre politische Bedeutung verspielt. Der Staat wurde jetzt auf die Grundlage der Nationalversammlung gestellt. Am 14. Juli 1789 löste sich das Heer nach dem Sturm auf die Bastille auf und der Freimaurer Marquis de La Fayette bildete eine Nationalgarde. Bei allen wichtigen Ereignissen stand ein Mitglied der Bruderschaft an vorderster Front. Die Welle des Nationalismus, welche in der Folge fast ganz Europa erfassen sollte, war von illuminierten Freimaurern in Gang gesetzt worden. Erstaunt es, wenn diese dann auch bei den Nationalen Einigungen in Italien und Deutschland eine wichtige Rolle spielten?

Nach dem Wienerkongress von 1815 wurde in Italien wieder die vornapoleonische feudale Herrschaftsordnung eingeführt. Die Bourbonen erhielten ihr Königreich Sizilien-Neapel zurück, die Habsburger die Gebiete der Lombardei und Venedigs, das Haus Savoyen das Königreich Sardinien Piemont und der Papst den wiederhergestellten Kirchenstaat. Den liberalen bürgerlichen Kreisen gefiel dieser Umstand nicht im Geringsten. Bereits 1820 breitete sich im Zuge der spanischen Revolution, welche die liberale Staatsordnung von 1812 wiederherstellte, eine Welle von Aufständen im gesamten Mittelmeerraum aus. Auch in Italien im Königreich beider Sizilien und im Piemont brachen Unruhen aus, welche aber von den österreichischen Truppen im Keim erstickt wurden. Organisiert hatte diese Revolten der Geheimbund der „Carbonari" (die Köhler). Ihnen gehörte z.B. Santorre di Santarosa, der Anführer des piemontesischen Aufruhrs von 1821, an. Eines seiner bekanntesten Mitglieder aber war der Revolutionär Giuseppe Mazzini (1805-1872). Gemäß Heckethorn sind die Carbonari aus einer Verschmelzung zwischen einer Gruppe von Katharern, Waldensern, und Templern entstanden.
„Den ersten Spuren eines Köhlerbundes mit politischen Zwecken begegnen wir im zwölften Jahrhundert. Wahrscheinlich bildete er einen Ausfluss der damaligen strengen Waldfrevelgesetze. Um jene Zeit gab es im französischen Departement Jura auch große, in ihren Riten den Carbonari ähnliche Verbindungen, die sich ‚fendeurs'(=Holzhauer) nannten. Den Nebentitel ‚gute Vetternschaft', den sie führten (‚bon

cousinages'), nahmen auch die Carbonari an. Mächtige Grandseigneurs, Mitglieder des verfolgten Templerordens, schlossen mit ihnen geheime Verträge. Es scheint auch, dass die fendeurs den ersten und die Carbonari den höheren Grad der Geheimgesellschaft ‚Carboneria' bildeten."[56]

Zwischen den Carbonari und den Freimaurern besteht eine deutliche Wesensverwandtschaft. Beide Organisationen lehnen sich mit ihren Gebräuchen und Symbolen an mittelalterliche Handwerker- und Arbeitergilden an. Die Freimaurer taten dies bei den Bauhütten und die Carbonari bei den Holzhauern und Köhlern. Beide Geheimgesellschaften haben einen hierarchischen Aufbau, die Pflicht zum unbedingten Gehorsam gegenüber den Oberen und das Gebot der Verschwiegenheit. Wie die Freimaurer die Werkzeuge der Steinmetze zu ihren geheimen Symbolen erkürt haben, so schöpften die Carbonari ihre Sinnbilder aus dem Fundus der Köhlerei. Da beim Verbrennen von Kohle Licht entsteht, spielte die Lichtmetaphorik eine wichtige Rolle. In diesem Punkte überschneiden sich die Inhalte der Carbonari mit denen der Illuminaten. So hießen die höheren Würdenträger des italienischen Geheimbundes die „großen Lichter". Insbesondere der siebte und höchste Grad der „Vereinigung der guten Vetternschaft", war identisch mit jenem der Illuminaten.[57] Zwischen 1815 und 1820 wuchs der

---

[56] Charles William Heckethorn: Geheime Gesellschaften, S. 284
[57] Ibid, S. 292

der Geheimbund der Carbonari so extrem an, dass ihm 600'000 Menschen angehört haben sollen. Die Tätigkeit der Carbonari beschränkte sich nicht nur auf Italien, auch in Deutschland gab es viele Logen. Einer davon, der „Totenbund" wurde 1849 in der Öffentlichkeit bekannt, als sein Oberhaupt durch die Polizei verhaftet wurde. Das Ziel des „Totenbundes" war die Liquidierung seiner politischen Feinde durch Mord.[58] Die berüchtigtste Organisation, welche diese Vorgehensweise praktiziert, ist mit Bestimmtheit die sizilianische Mafia. Die Wurzeln der Mafia liegen ebenfalls bei den Carbonari, vermutlich bei Giuseppe Mazzini. Dieser prägte in einer seiner Flugschriften für die Rechtlosen und Verstoßenen den Begriff „Obloncia", der aus den beiden lateinischen Wörtern obelus (Spieß) und nino (ich winke), was die Drohung „ich winke mit dem Spieß" bedeutete. Die Anführer dieser „Outlaws" schlossen sich später zur „Mafia" zusammen. Der Name dieser Verbrecherorganisation soll sich aus dem Akronym für den Satz „Mazzini autorizza fruti, incendi, avelenamenti" (Mazzini erlaubt uns zu stehlen, zu brandschatzen und zu vergiften), herleiten lassen.[59] Nach einer andern Erklärung entstand die Mafia aus einer sizilianischen Widerstandsgruppe, die sich „Beati Paoli" nannte. Diese habe während der spanischen Inquisition einen volkseigenen Gerichtshof gebildet, an dem sie die Inquisitoren für deren unmenschliche Untaten verurteilten. Die Mitglieder dieses Gerichts tagten maskiert und verhan-

---

[58] Ibid, S. 299
[59] H. u. G. Schreiber, Geheimbünde, S. 242

delten schweigend in einer geheimen Gebärdensprache, damit ihre Identität verborgen blieb. Es liegt auf der Hand, dass die „Obloncia" in dieser Tradition stand. Vermutlich war das eine sogar mit dem andern identisch.

Der Rechtsanwalt Giuseppe Mazzini, Sohn eines genuesischen Arztes, konnte zwar seine Vision von einem Vereinigten Italien, welches durch das Volks geschaffen wurde, nicht verwirklichen. Dessen ungeachtet war er ein äußerst einflussreicher Mann. Als nämlich Adam Weishaupt im Jahre 1830 starb, ging die Führung des Illuminatenordens, der ja im Untergrund weiterexistierte, an den Genuesen über. 1832 musste Mazzini ins Ausland fliehen. Von Frankreich aus gründete er den Geheimbund „Junges Italien", dem er später ähnliche Verbindungen angliederte, um aus seiner Sache zuerst eine europäische und später eine globale Revolution zu machen. Offiziell zum Freimaurer geweiht wurde er 1859 in Marseille. Die freimaurerische Organisation sollte sich bei der Verbreitung seiner subversiven Ideen noch als nützlich erweisen. Unter Mazzinis Führung wurde nach der Einnahme Roms durch die Truppen Garibaldis der Tempel der italienischen Freimaurerei errichtet. Binder erwähnt, dass Mazzini als Großmeister in Rom die Loggia Propaganda Massonica gegründet habe, *„die den Zweck hatte, besonders hervorragende Mitglieder des Bundes in einer eigenen Bauhütte zu sammeln. Ihr gehörten eine Reihe bedeutender italienischer Politiker, Gelehrter und Dichter als Mitglieder* an."[60] Mazzinis Ziel war die Errichtung einer geeinten, unabhängigen, demokratischen Republik Italien. Aber die Aufstände des „Jungen Italiens" im Piemont 1833, in Bologna 1843, in Kalabrien 1844 und in Rimini 1845 wurden alle niedergeschlagen, so dass er sein eigentliches Vorhaben nicht verwirklichen konnte. Auch wenn er eine Zusammenarbeit mit Cavour und den gemäßigten Liberalen ablehnte, deren Politik Schließlich die italienische Einigung zustande brachte, hatte er einen großen geistigen Einfluss auf das Risorgimento.

Aber Mazzini arbeitete im Exil von der Schweiz aus an einer viel größeren Revolution. Er wollte nicht nur Italien demokratisieren, sondern ganz Europa und am Ende die Welt. Ein wichtiger Schritt auf dem Weg dorthin gelang ihm 1840, als er den amerikanischen General Albert Pike für den Rang eines Illuminaten gewinnen konnte. Pike war zweifellos eine außergewöhnliche Persönlichkeit und gilt als einer der bedeutendsten Hochgradfreimaurer. Er hat in Harvard studiert und beherrschte nicht weniger als sechzehn antike Sprachen. Sein Lebenswerk umfasst über 200 Schriften. Außerdem hat er die Rituale des Alten und Angenommenen Schottischen Ritus (AASR) der 33 Hochgrade kreiert, der erstmals 1801 im amerikanischen Bundesstaat Charleston praktiziert wurde. Mazzini erläuterte in einem Brief an Pike vom 22. Januar 1870, seine Absicht mit Hilfe des Hochgardsystems das gesamte Freimaurertum zu regieren. Ein Jahr

---

[60] D. A. Binder, Die Freimaurer, S. 213

später schilderte Pike Mazzini im Brief vom 15. August Einzelheiten seines Welteroberungsplanes, den er zwischen 1859 und 1871 entwickelt hatte. Sein Ziel wollte er mit Hilfe dreier Weltkriege erreichen. Im ersten Krieg sollte das russische Zarensystem beseitigt und mit atheistischen Kommunisten ersetzt werden, im zweiten Krieg das deutsche und das britische Reich als Weltmacht zerstört und ein unabhängiger Staat namens Israel in Palästina gegründet werden und im dritten Krieg die Differenzen zwischen den jüdischen Nationalisten und der moslemischen Welt so weit geschürt werden, bis sie zu einem globalen Kulturkampf ausarten würden. Ziel des Pike-Planes ist die sogenannte „Neue Weltordnung", bzw. der „Weltstaat" der Illuminaten.

Ein weiterer prominenter Kämpfer für die italienische Einigung war der Freimaurer Giuseppe Garibaldi (1807-1882). Aufgenommen wurde er 1844 in die französische Loge „Les Amis de la Patrie" zu Montevideo in seinem Exil in Uruguay. Garibaldi hatte auch am Aufstand von Piemont im Jahre 1834 teilgenommen und musste anschließend nach Südamerika fliehen, weil er in Italien zum Tode verurteilt worden war. 1848 kehrte er nach Italien zurück, um am ersten Unabhängigkeitskrieg mitzuwirken. In dieser Zeit wurde er zum Nationalhelden. Seine bekannteste Militäraktion, der Zug der Tausend, sollte aber erst zwölf Jahre später erfolgen. 1860 segelten tausend Rothemden von Genua aus und eroberten das Königreich Sizilien-Neapel. Garibaldi ernannte sich im Namen Victor Emanuels II zum Diktator. Dann setzte er seine Truppen nach Rom in Bewegung. Da Sardinien-Piemont eine Besetzung Roms auf jeden Fall vermeiden wollte, um nicht Kaiser Napoleon III gegen sich aufzubringen, beschloss der Premierminister von Piemont, Camillo Cavour, selbst gegen Garibaldi zu ziehen. Nach einer Volksabstimmung, die zugunsten eines Anschlusses an Sardinien-Piemont ausfiel, übergab Garibaldi Sizilien und Neapel an König Viktor Emanuel II. Der erste große Schritt zur nationalen Einigung war getan. Zum ersten Ministerpräsidenten des Königreiches Italiens wurde 1861 der Freimaurer Camillo Graf Cavour ernannt. Er war nicht der einzige Bruder, der eine aktive Rolle bei der italienischen Einigung spielte. Einer seiner Nachfolger als Ministerpräsident, Francesco Crispi, gehörte ebenfalls dem Bund an. Dieser hatte sich zuvor als Führer der Linken und als politischer Schriftsteller einen Namen gemacht. Er war Mitglied der römischen Loge „Propaganda Masonica" und veranlasste die Gründung der Turiner Loge „Ausonia". Die beiden Freimaurer Giuseppe Lafarina und Carlo Michele Buscalioni organisierten die Geldmittel, die benötigt wurden um den Zug der Tausend zu finanzieren und dem Bruder Giorlamo Bixio, der sich selbst aktiv im Freiheitskampf betätigte, gelang es am Ende die Einigung zwischen Garibaldi und Cavour herzustellen. Ein weiterer einflussreicher Protagonist der italienischen Einigung war Adriano Lemmi, der 1855 zum Großmeister des Großorients von Italien ernannt wurde. Er galt als der Bankier der Revolution und übernahm nach Mazzinis Tod die Führung des Illuminatenbundes.

Die italienische Einigung war letztlich nicht durch eine Volksbewegung entstanden, sondern durch die aristokratische und maurerische Elite herbeigeführt worden. In Deutschland war dies nicht anders. Zwar flammten in der Märzrevolution von 1848 die bürgerlichen Kräfte auf, welche von den Liberalen und studentischen Burschenschaften angeführt wurden, doch scheiterten sie am Widerstand der Konterrevolution. Die Nationalversammlung, welche vom 18. Mai bis 1848 bis 31 Mai 1849 in der Paulskirche in Frankfurt tagte, zeigte schon anhand der gesellschaftlichen Zusammensetzung der 809 Abgeordneten, dass sie nicht das Volk sondern das Bildungsbürgertum repräsentierte. Drei Viertel der Repräsentanten hatte ein Universitätsabschluss und gehörten einem Corps oder einer Burschenschaft an, 436 Abgeordnete waren höhere Staatsbeamten. Unter den 49 Hochschullehrern erlangten die Göttinger Sieben den höchsten Bekanntheitsgrad. Zu ihnen zählen die Professoren Jacob Grimm, Friedrich Christoph Dahlmann, Georg Gottfried Gervinus und Wilhelm Eduard Albrecht sowie die Politiker Welcker und Itzstein. Die Nationalversammlung schaffte es aber nicht eine Verfassung für das neue Reich auszuhandeln. Sie scheiterte an der internen Opposition zwischen der klein- und großdeutschen Richtung und verminderte sich alsbald zu einem Rumpfparlament. Unter den Abgeordneten des Parlaments gab es sehr viele Freimaurer, darunter Carlos von Gagern, Robert Blum und der Fürst von Lichinowski.[61]

---

[61] IFL, S. 292 f

Als die deutsche Einigung zu scheitern drohte, kam es zum Paradoxon, dass ausgerechnet der Adel und der erzkonservative preußische Ministerpräsident Otto von Bismarck das Vorhaben der Liberalen und Nationalisten zu retten versuchten. In einem ersten Schritt schuf Bismarck 1866 den Norddeutschen Bund, nachdem Preußen den Krieg gegen Österreich gewonnen hatte und in einem zweiten Schritt 1871 das Deutsche Kaiserreich nach dem Sieg gegen Frankreich. Die Herrschaft über das Deutsche Reich ging folglich von Preußen aus und in Preußen übten die Hohenzollern seit Friedrich dem Großen (1712-1786) das Protektorat gegenüber der vaterländischen Freimaurerei aus. Zwei der drei deutschen Hohenzoller Kaiser, die zwischen 1871 und 1918 regierten, waren hohe Freimaurer. Wilhelm I (1797-1888) wurde 1840 durch den Landes-Großmeisters der Großen Landesloge, dem Grafen Heckel von Donnersmarck, für alle preußischen Lehrarten in die ersten drei Grade aufgenommen. Er führte bis 1861 den Vorsitz im Preußischen Großmeisterverein und wurde auch in die höheren Grade eingeweiht. Sein Sohn Friedrich III, der zweite Kaiser, wurde im Jahre 1853 in den Freimaurerorden aufgenommen, übernahm 1860 das Amt des Ordensgroßmeisters der Großen Landesloge und 1861 das Protektorat der Preußischen Großlogen. Der letzte deutsche Kaiser Wilhelm II war aber kein Freimaurer mehr. Das Gleiche galt auch für Bismarck, der sogar zu den erklärten Gegnern der Bruderschaft gehörte.

Als sich der deutsche Kronprinz Wilhelm I 1871 nach gewonnenem Krieg gegen Frankreich im Schloss von Versailles zum deutschen Kaiser krönen ließ, beleidigte er nicht nur die Franzosen aufs tiefste, sondern hob darüber hinaus auch noch einen Bruderkrieg innerhalb der Freimaurerei vom Zaun. Er hatte sich nämlich gegen den Widerstand der französischen Freimaurer zum Beschützer der gesamten Freimaurerei erkoren. Die französische Großloge hatte aber schon zuvor aus Protest einen Aufruf an alle Großlogen der Erde verschickt, die den folgenden Wortlaut trug:

„Brüder! Der brudermörderische Kampf ist entbrannt (...) Der König Wilhelm und sein Sohn [Friedrich] sind unsere Brüder (...) Der Kronprinz, Großmeister der preußischen Freimaurerei, nennt sich Protektor der gesamten Freimaurerei. Sie sind es, welche drohen, Paris in Brand zu stecken, diese Hauptstadt der Zivilisation (...) Diese Ehrgeizigen haben ihre Eide gebrochen, sie sind unwürdig und meineidig, sie haben ihre Ehre verwirkt. Wir schließen sie für immer aus und weisen jede Gemeinschaft mit diesen Ungeheuern in Menschengestalt zurück (...) Die beiden Brüder, welche wir ausstoßen, sind nicht unbekannt mit unseren Prinzipien, mit unseren Bestrebungen, mit unserem Endziel. Sie haben die Freimaurerei Deutschlands davon abgewandt und lassen sie der Erfüllung ihrer ehrgeizigen Pläne dienen."[62]

---

[62] Allg. Handbuch der Freimaurerei, Verlag Max Hesse, Band I, S. 312

Die tiefere Bedeutung dieses Bannfluchs gegen Kaiser Wilhelm I und seinen Sohn Friedrich III sollte sich spätestens nach dem 1. Weltkrieg beim Frieden von Versailles offenbaren. Da wurden den Deutschen, welche auf der Verliererseite des Krieges standen, extrem harte Friedensbedingungen diktiert.

Kommunistische Illuminaten: Weiling, Marx und Bakunin

Das Ziel der Generalreformation der Rosenkreuzer war der sozialistische Staat, wie er von Thomas Morus in seinem Roman "Utopia" und Francis Bacon in seinem „Nova Atlantis" aber auch von Tommaso Campanellas in „Civitas Solis" beschrieben wird. Das wird deutlich, wenn wir die 1619 von Johann Valentin Andrea veröffentlichte Beschreibung der christlichen Utopie „Republicae Christianopolitanae" lesen. In der Geschichte strandet ein Schiffbrüchiger auf der Insel Chritianopolis und beschreibt aus seiner Sicht einen idealen christlichen Staat. Andrea lehnt sich dabei an das Vorbild von Thomas Morus an, der schon 1516 in seinem Werk „Utopia" einen beispielhaften Staat mit kommunistischen Charakterzügen dargelegt. Auch Tommaso Campanellas 1623 verfasste utopische Geschichte über die „Civitas Solis" stellt den wirtschaftlichen und politischen Aufbau eines mustergültigen Staates dar. Er führt alle sozialen Missstände auf das Privateigentum zurück und proklamiert eine kollektivistische Gesellschaftsordnung. Die Güterproduktion in diesem Staat wird ähnlich wie in der ehemaligen Sowjetunion durch Bedarfspläne bestimmt. Die Rosenkreuzer und damit auch die Illuminaten waren folglich an einer breit im Volk abgestützten Regierung interessiert. Das hieß aber, dass nicht nur das gutbetuchte Bürgertum an der Herrschaft teilhaben sollte, sondern auch die einfachen Arbeiter. Aus diesem Grunde erfolgte die nächste Revolte gegen genau dieses Bürgertum, welches zuvor aus den Klauen der Aristokratie befreit worden war. Inzwischen hatte sich aus der ehemals rechtlosen Bourgeoisie die neue herrschende Klasse der Kapitalisten entwickelt. Die große Masse der Arbeiter wurde neuerdings durch ebendieses Großbürgertum ausgebeutet. Im Zuge der Industrialisierung suchten immer mehr Menschen aus der Landwirtschaft ein Einkommen in den neuen Fabrikbetrieben. Durch die große Nachfrage nach Stellen mussten sie unter höchstem Lohndruck arbeiten und unter ärmlichsten Verhältnissen in den Vorstädten leben. Die neue Klasse des Proletariats war entstanden, welche für die illuminierten Adepten in der klassenlosen Gesellschaft der Zukunft die führende Rolle übernehmen sollte.

Die geheime Gesellschaft, die dieses Ziel im 19. Jahrhunderts anstreben sollte, war der „Bund der Gerechten" in Paris. Ihr Initiator war der Deutsche Wilhelm Weitling, der als Strohmann der Illuminaten fungierte. Als herumwandernder Schneidergeselle lebte er in seiner romantischen Welt, die durch das Bild brüderlich zusammenlebender Menschen geprägt war. Kein Wunder hat der große, starke Mann mit langem Bart, der als „Prophet Albrecht" durch die Lande zog und die Botschaft einer bevorstehenden Weltbefreiung predigte, auf ihn Eindruck gemacht.

Weitling bewunderte die mystischen Überlieferungen der griechischen und orientalischen Geheimgesellschaften, wie sie von den Rosenkreuzern verbreitet wurden. Geprägt von diesen idealistischen Vorstellungen strebte er eine soziale Revolution der Eigentumsverhältnisse an. Ihm schwebte eine neue Gesellschaft nach dem Vorbild der utopischen Sozialisten vor. In Paris, dem Mekka der Revolutionäre, sah er den richtigen Ort, um seine Pläne in die Tat umzusetzen. Hier trat er 1836 dem streng hierarchisch aufgebauten geheimen „Bund der Geächteten" bei. Seine Anführer waren Intellektuelle aus dem Kleinbürgertum, welche den Handwerkern und Arbeitern wenig Mitbestimmung einräumten. Weitling war mit dieser Situation unzufrieden und baute gemeinsam mit Gleichgesinnten eine neue Organisation auf, welche den Anliegen der Arbeiter mehr Gewicht geben sollte. Am 1. Mai 1838 hob er gemeinsam mit seinen Genossen den „Bund der Gerechten" aus der Taufe. Das Datum wurde bewusst so gewählt, dass es mit dem Gründungstag des Illuminatenordens zusammenfiel. Heute wird der 1. Mai weltweit von der gesamten Linken als „Tag der Arbeit" gefeiert. Doch der „Bund der Gerechten" musste schon ein Jahr später das Feld räumen. Wegen ihrer aufwieglerischen Umtriebe gegen den Bürgerkönig Louis-Philipp wurden die zumeist zugewanderten Mitglieder ins Ausland abgeschoben. 1839 verlegte man deshalb die Zentrale nach London, wo sich ungarische, polnische, dänische, schwedische und deutsche Emigranten zu einer internationalen Arbeitervereinigung assoziierten.

Den nächsten Schritt zur Generalreformation der Illuminaten leiteten die beiden Deutschen Karl Marx (1818-1883) und Friedrich Engels (1820-1895) ein. Marx legte mit seinen wissenschaftlichen Schriften über den Kapitalismus den theoretischen Grundstein für den Kommunismus. Er hatte 1841 an der Universität von Jena als Doktor der Philosophie promoviert, seine Hoffnung auf eine Professur wurde aber enttäuscht, da er ein führender Kopf der Linkshegelianer war und deshalb geschnitten wurde. Marx verwendete als gesellschaftlich-geschichtliches Modell die hegelsche Dialektik, die er zu seinem Historischen Materialismus adaptierte. Für ihn bestand der große dialektische Dreischritt aus Kapitalismus (Thesis) – Diktatur des Proletariats (Antithesis) – Klassenlose Gesellschaft und gleiches Glück für alle (Synthesis). Von 1842 an entwickelte er sich zunehmend zum Kommunisten. Gemeinsam mit seinem Freund Friedrich Engels gründete er 1846 das Kommunistische Korrespondenz-Komitee mit der Absicht das Fundament für eine proletarische Partei zu legen. Als 1847 beide dem „Bund der Gerechten" beitraten, bewirkten sie unverzüglich, dass Weilings Geheimorden in den „Bund der Kommunisten" umbenannte wurde. Im gleichen Jahr wurde ein Kongress einberufen, an dem Ortsgruppen aus Frankreich, Holland, Belgien, dem Deutschen Bunde, Schweden, der Schweiz, Großbritannien und den USA teilnahmen. Marx und Engels wurden damit beauftragt „Das Kommunistische Manifest" auszuarbeiten, das im Revolutionsjahr 1848 als „Manifest der Kommunistischen Partei" veröffentlicht wurde.

Es sollte bis 1864 dauern, bis die Bemühungen der „Genossen" um eine weltweit aktive Arbeiterbewegung fruchten sollten und die „Erste Internationale" gegründet werden konnte. 1866 fand in Genf der erste Kongress statt, an dem beschlossen wurde, eine groß angelegte Untersuchung über die Lebens- und Lohnverhältnisse der arbeitenden Klassen durchzuführen. Außerdem wurden Forderungen nach direkter Besteuerung, Verstaatlichung der Verkehrsmittel und Aufhebung der Vorrechte der Aktiengesellschaften erhoben. Obwohl die „Erste Internationale" von vielen Gegnern als Drahtzieher hinter der Arbeiterbewegung und dem Entstehen der Pariser Kommune im Jahre 1871 angesehen wurde, blieb ihre faktische Macht relativ klein. Allerdings zeigte sich ihr Einfluss deutlich, als die Revolutionäre am 4. September 1870 gleichzeitig in Paris, Lyon, Marseille und Toulouse die Republik verkündeten. Offensichtlich war dieses Vorgehen unter den Führern der Internationalen so abgemacht worden. In Lyon und in Paris wurden Kommunen unter dem roten Banner ins Leben gerufen. Die Kommune von Paris war das Produkt eines offenen Aufstandes inmitten des Regierungsumsturzes vom Second Empire zur Dritten Französischen Republik. In der Nacht zum 18. März 1871 wehrte die Nationalgarde von Paris die Entwaffnung durch die Regierungstruppen ab und schlug sie in die Flucht, so dass die Hauptstadt bis zum 28. Mai 1871 zur sozialistisch verwalteten Kommune wurde. Damit wurde eine neue gesellschaftspolitische Epoche eingeläutet, welche in nicht allzu ferner Zukunft durch die Entstehung der Sowjetunion ihren Höhepunkt erreichen sollte. Der große Staatsmann Winston Churchill gab im Rückblick auf die weltweite Ausbreitung des Kommunismus im "Illustrated Sunday Herald" vom 8. Februar 1920 folgende Äußerung von sich:

„[Seit] den Tagen von Spartacus Weishaupts über Karl Marx, Trotzky, Bela-Kuhn, Rosa Luxemburg und Emma Goldmann ist diese stetige Verschwörung ständig angewachsen. Sie spielte in der Tragödie der Französischen Revolution eine erkennbare Rolle. Sie war die Triebfeder jeder subversiven Bewegung des 19. Jahrhunderts, und jetzt hat diese Gruppe außergewöhnlicher Persönlichkeiten aus der Unterwelt der großen Städte Amerikas und Europas das russische Volk beim Schopf gepackt und ist praktische der unumschränkte Herrscher dieses Riesenreiches geworden."[63]

Zu diesen herausragenden Illuminaten-Persönlichkeiten, die Churchill erwähnte, kann auch der russische Begründer des kollektivistischen Anarchismus, Michael Bakunin (1814-1876), gerechnet werden. Er studierte Philosophie an der Universität von Moskau. Später gesellte er sich in Berlin zu den Junghegelianern und begann seine revolutionären Ideen zu entwickeln. 1849 kämpfte er gemeinsam mit Richard Wagner und anderen Umstürzlern in Dresden für die Verwirklichung einer sächsischen Republik. In den sechziger Jahren lebte er in Italien, wo er 1864 die erste „Internationale Bruderschaft" gründete.

---

[63] Zitiert aus W. Laqueur, Deutschland und Russland, Berlin 1965, S. 313 ff

1867 folgte in Genf die Schaffung der „Internationalen Arbeiter Allianz", die später in die „Erste Internationale" aufgenommen wurde. Bald brach zwischen Bakunin und Marx eine Kontroverse über die politischen Zielsetzungen der „Internationalen" aus. Während letzterer die Ansicht vertrat, der Staatsapparat müsse durch den Kommunismus übernommen werden, lehnte Bakunin den Staat als Ursache der Sklaverei ab. An dieser Frage zerbrach 1872 die „Erste Internationale". Während eines überstaatlichen Gewerkschaftskongresses in London wurde zwar der Versuch unternommen, die „Internationale" wieder aufleben zu lassen, aber ohne Erfolg. Bakunin, der auch als Satan der Revolution betitelt wird, war mit Sicherheit Mitglied einer Freimaurerloge und muss in gedanklicher Nähe zu Albert Pike und Giuseppe Mazzini gesehen werden. Zwanzig Jahre lang arbeitete er sich in deren Graden hoch, was *„ihm Schließlich das metaphysische und philosophische Rüstzeug für seine politischen Ideen gab."*[64] Bakunin selbst schreibt im zweiten Band seiner gesammelten Werke (Berlin1923), dass die italienischen Freimaurer aus der Zeit, als Mazzini sein „Junges Italien" gründete, *„die ersten Geister, die treusten Herzen, die stolzesten Willensmenschen und die kühnsten Charaktere"* [65] vereinigte.

---

[64] DsR, S. 253
[65] IFL, S. 101

VI Die Russische Revolution und die zwei Weltkriege

Große Ereignisse werfen ihre Schatten voraus. So war es auch mit dem Ersten Weltkrieg. Dessen Hauptursache lag im ungebremsten Imperialismus der europäischen Großmächte in der zweiten Hälfte des 19. Jahrhunderts. In einem beispiellosen Wettlauf eroberten die Kolonialmächte jeden weißen Flecken in Afrika und Asien, der sich ergattern ließ. Das größte Weltreich stand unter britischer Herrschaft. Seine Landfläche umfasste das 144-fache des Mutterlandes, ein Viertel des Erdballs. In harter Konkurrenz zu dem britischen Erzfeind stand Frankreich, dessen Regierung sich als oberste Priorität das Erlangen von Weltmachtstatus auf seine Fahnen geschrieben hatte. Mitten in diesem Prestigekampf zwischen den beiden Erzrivalen entstanden 1898 die ersten Grenzstreitigkeiten im sudanesischen Dorf Faschoda. Auch das 1871 entstandene Deutsche Reich schlug einen neuen imperialistischen Kurs in der Außenpolitik ein. Der Impuls Deutschland zu einer Weltmacht zu formen, kam von Kaiser Wilhelm II. Zu diesem Zweck wurde die Flotte aufgerüstet. Auch Deutschland bewegte sich in der Ersten und Zweiten Marokkokrise (1905/06, 1911) am Rande eines Krieges.

Im letzten Viertel des 19. Jahrhunderts, zur gleiche Zeit als die europäischen Mächte ihre imperialistischen Ziele verfolgten, bildete sich die „Theosophischen Gesellschaft", eine Organisation, die ganz in der Tradition der Rosenkreuzer stand. Im Zentrum ihrer Lehre standen die geheimen „Meister" der „Weißen Bruderschaft", jene „geheimen Oberen", die wir von Dee, Cagliostro und Hundt her kennen. Das erklärte Ziel der Theosophischen Gesellschaft war eine weltweite klassenlose Gesellschaft von Brüdern und Schwestern ohne Unterschied der Rasse, Religion oder sozialen Stellung. Damit wurde es auch unumgänglich erstmals eine universelle Ethik herauszuarbeiten, welche auf einem Konsens der alten Religionen basieren musste. Außerdem sollten die latenten göttlichen Kräfte im Menschen gesucht werden. Blavatsky, die Gründerin der Theosophischen Gesellschaft, wurde 1831 als Helena Hahn geboren und war die Tochter eines russischen Obersten. Ihr Cousin, der spätere Premierministers Sergej Witt, war ein Freund Rasputins. Sie war aus dem gleichen Holz geschnitzt wie ihr spiritistischer Vorläufer Caglisotro, denn wie er liebte sie das Abenteuer. Nachdem sie von zu Hause weggerannt war, weil sie einen vierundzwanzig Jahre älteren Mann hätte heiraten müssen, arbeitete sie als Zirkusartistin, Klavierlehrerin und als Assistentin eines Mediums. Sie reiste viel herum und hielt sich in Mexiko, Texas, Indien, Kanada und Tibet auf. Ihre Inspiration für die Theosophische Gesellschaft holte sie sich in Indien und Tibet, wo sie angeblich von 1856-1863 sieben Jahre lang die esoterischen Lehren studiert habe. Als sie 1873 nach Amerika kam, hatte sie sich in Russland bereits den Ruf eines Mediums erworben. Die Vereinigten Staaten befanden sich im Banne des Spiritismus. In diesem Klima hoben 1875 Blavatsky und Oberst Olcott die „Theosophische Gesellschaft" aus der Taufe, deren Zweck die Erforschung okkulter Phänomene war. Bald sollte sie zu einem Sammelbecken der bedeutendsten Okkultisten des 20. Jahrhunderts werden. 1875 war aber noch in anderer Hinsicht ein bedeutendes Jahr. In diesem Jahr starb der legendäre Geheimwissenschaftler Eliphas Lévi in Paris und ein paar Monate später wurde der berüchtigte Magier und Illuminat Aleister Crowley geboren.

Aus dem Dunstkreis der "Theosophischen Gesellschaft" tauchen unter neuem Namen alte Orden wieder auf. Der Vorsteher der deutschen Abteilung war der Pharmakologe Franz Hartmann, der auch ein Mitglied der Rosenkreuzer-Gesellschaft in England war. Hier in London gründeten Woodman, Mac Gregor Mathers und Westcott 1887/1888 den einflussreichen „Hermetischen Orden der Goldenen Dämmerung", in dessen Lehre berühmte Männer wie Allan Bennet, Aleister Crowley, Arthur E. White und William Butler Yeats eingeweiht wurden. Auch der Führerstellvertreter Rudolf Hess holte sich bei der „Goldenen Dämmerung" Inspirationen. Sein Mentor Professor Karl Haushofer war ein Mitglied des „Ordo Templi Orientis", dem von Dr. Hartmann und Karl Keller 1895 wieder erweckten alten Templerorden. Im OTO reiften Rudolf Steiner, Ron L. Hubbard und Aleister Crowley zu Großmeistern des Geheimwissens heran. 1915 rief der amerikanische Freimaurer Harvey Spencer Lewis den „Antiquus Mystiqusque Ordae Rosae Crucis" (Antiker Mytischer Rosenkreuzerorden), kurz Amorc ins Leben und übernahm dessen

Vorsitz als Imperator. Auch Lewis hatte sich zuvor mit der Untersuchung von Séancen und Medien befasst.

Russische Revolution unter dem Stern der Illuminaten

Lange vor der Russischen Revolution mischten sich bereits Adepten der Bruderschaft erfolgreich in Russlands Politik ein. Der Graf von Saint Germain, der 1762 als französischer Geheimdiplomat Monsieur Odar während des Siebenjährigen Krieges am Hof des russischen Zaren weilte, war nicht nur Zeuge des Putsches gegen Peter III, sondern hatte auch an der Palastrevolte aktiv teilgenommen. Er unterstützte Katharina II erfolgreich und wurde danach von ihr zum General ernannt.[66] Katharina II stellte nach ihrer Amtseinführung den Krieg ein, womit Frankreich und Schweden zur Aufgabe gezwungen wurden und Österreich Verhandlungen aufnehmen musste. War dieses Resultat im Interesse Frankreichs? Wohl eher nicht, denn durch den Misserfolg wuchs die innere Kritik am „Ancien Régime". Saint Germain war es auch, der Katharina II mit den Schriften der wichtigsten Aufklärer bekannt machte. In der Folge pflegte die Zarin einen regen Briefverkehr mit Voltaire, Montesquieu und Cesare Beccaria. Angespornt durch die Aufklärer wollte sie eine Reform des Gesetzbuches, sowie Pläne für Volksschulen und Gymnasien verwirklichen. Ihr Vorhaben scheiterte aber am Ausbruch der russisch-türkischen Kriege. Doch Katharina II schrieb in einer anderen Hinsicht Geschichte. Sie vergrößerte

---

[66] P. Krassa, Der Wiedergänger, S.259

den Machtbereich Russlands in den beiden russisch-türkischen Kriegen entscheidend, indem sie den Zugang zum Schwarzen Meer eroberte.

Eine weitere Revolte, welche die russische Revolution lange im Voraus ankündigte, war der Dekabristenaufstand. Auch hier hatten die Illuminaten ihre Finger im Spiel. Die russische Geheimgesellschaft der Dekabristen, welche ihren Namen vom Datum ihres missglückten Aufstandes im Dezember 1825 (russ. „dekabr") bekommen hat, war ironischerweise gerade deshalb entstanden, weil einige russische Offiziere den in russischen Diensten stehenden Deutschen entgegenwirken wollten. Das war deshalb ironisch, weil sie ausgerechnet dem preußischen „Tugendbund" nacheifern wollten. Die Gesellschaft der Dekabristen war streng hierarchisch aufgebaut. Ihr Anführer wurde der Freimaurer Pawel Iwanowitsch Pesteljs, der Enkelsohn eines eingewanderten Deutschen. Er war zuerst in der Loge „Sphinx" in Sankt Petersburg und danach in der Loge „Zu den drei Tugenden" tätig. Die anderen führenden Mitglieder Fürst Sergei Trubetzkoj, die beiden Brüder Murawiew-Apostol, Nikita Murawiew und Fürst Wolkonsky gehörten der Petersburger Loge „Les Amis Réunis" und später den „Drei Tugenden" an, Leutnant Kachowski den „Freunden des Nordens", Oberst Glinka und Bestuschew der Loge „Michael der Erwählte" an. Am 26. Dezember 1825 verweigerten die Dekabristen dem neuen Zaren Nikolaus I den Eid, um damit gegen das absolutistische Regime, gegen Leibeigenschaft, Polizeiwillkür und Zensur zu protestieren. Die Revolutionäre konnten zwar einige Regimenter der Hauptstadt für sich gewinnen, der Aufstand wurde aber nach einem kurzen Gefecht niedergeschlagen. Alle Anführer wurden anschließend gehängt. Jene 120 Dekabristen, die nach Sibirien deportiert wurden und denen ihre Frauen und Geliebten freiwillig folgten, sollten sozusagen zur Keimzelle der späteren Oktoberrevolution werden.

Doch die Liste der vorbereitenden Umsturzversuche in Russland wäre noch nicht komplett, wenn wir hier nicht noch das erfolgreich verlaufene Attentat auf Zar Alexander II erwähnen würden, welches am 1. März 1881 stattfand. Überflüssig zu sagen, dass dieses historische Ereignis durch die Illuminaten vorbereitet worden war. Der Zar wurde bei einem Bombenanschlag durch Ryssakov und Grinewitzki auf seiner Kutsche bei der Explosion tödlich getroffen. Die Zelle der Illuminaten, welche den Anschlag geplant hatten, waren die „Nihilisten". Anfangs waren die „Nihilisten" nichts weiter als ein literarisch-philosophischer Verein, der zwischen 1860 und 1870 bestand.[67]

„Erst die Pariser Kommune und die Internationale brachte die russische Jugend auf den Gedanken, geheime Verbindungen ins Leben zu rufen behufs Verbreitung freisinniger Ideen, welche von Michael Bakunin und Alexander Herzen schon seit längerer Zeit gepredigt worden waren. Diese zwei Männer und der Verfasser des 1863 erschienenen Romans ‚Was soll

---

[67] Charles William Heckethorn: Geheime Gesellschaften, S. 310

geschehen?', Tschernischewski, können als eigentliche Väter des wirklichen Nihilismus angesehen werden."[68]

Vor allem Michael Bakunins revolutionäres Programm war auf dem Grundgedanken der rücksichtslosen Zerstörung aufgebaut. In seinen „Prinzipien der Revolution" aus dem Jahre 1869 hatte er das Motto der „Oblonika" Mazzinis bereits adaptiert. Er schreibt, dass seine Freunde und er die Methode der Zerstörung durch „Messer, Gift und Strick usw." gutheißen. Damit legte er das Fundament für Generationen von gewalttätigen Anarchisten, die mit der Gesellschaft und ihren Gesetzen vollkommen brechen sollten, da ihr ganzes Streben der Zerstörung des Staates im Dienste der Revolution galt. Analog zu Mazzini, der die italienische Einigung mit Hilfe von Räubern und Banditen vorantrieb, setzte Bakunin auf ein taktisches Bündnis zwischen den Anarchisten und den Verbrechersyndikaten. Was dem Attentat auf Alexander II folgte war ein langwieriger zermürbender Kleinkrieg zwischen den Nihilisten und dem Zarenregime, der sich in einem Teufelskreis zwischen Terrordrohungen, tödlichen Anschlägen, Bespitzelungen, Verhaftungen, Folterverhören und Hinrichtungen oder Deportationen bewegte. Zar Alexander III, der ständig um sein Leben bangen musste, gründete die „Ochrana", eine politische Geheimpolizei, die dem Innenministerium unterstand und deren wichtigstes Ziel die Zerschlagung des terroristischen Nihilistennetzes in Russland war. Mit Hilfe eines Agenten- und Spitzelsystems

---

[68] Ibid, S. 310

kontrollierte sie Schulen, Universitäten, Presse und Justiz.

Die geistigen Anführer der Generalrevolution befanden sich aber in Wirklichkeit direkt vor der Nase des Zaren. Es waren die Abgeordneten der Rosenkreuzer, welche seit einigen Jahrhunderten schon die Monarchie bekämpften. Einer von ihnen, ein Schüler von Eliphas Lévi, tauchte erstmals 1901 auf Einladung Zar Nikolaus II in Zarskoje Sjelo auf: Es war der französische Arzt und bekannte Okkultist Papus, der sowohl den Freimaurern als auch den Rosenkreuzern angehörte. Aus der „Theosophischen Gesellschaft" Frankreichs, die er 1887 mitbegründet hatte, trat er 1890 wieder aus, um sich einem Zirkel namens „Groupe indépendant d'étude ésoterique" zu widmen. Der Grund für seine Anwesenheit in Sankt Petersburg in den Jahren 1901, 1905 und 1906 bestand hauptsächlich in seiner Funktion als Arzt. Daneben unterrichtete er aber auch Esoterik und stellte eine Martinistenloge auf, welcher sich auch der Zar anschloss. Papus Einfluss auf das Zarenpaar scheint so groß gewesen zu sein, dass sie ihn sogar bei wichtigen Regierungsentscheiden hinzuzogen. So wurde er unter anderem nach Sankt Peterburg gerufen, nachdem 1905 ein Aufstand in Moskau stattgefunden hatte. Papus beschwor in einer spiritistischen Séance den Geist des toten Alexander III, um diesen um Rat zu bitten. Der Geist antwortete, dass die Freiheitsbewegung unterdrückt werden solle, dass jedoch in naher Zukunft eine große Revolution auf Russland zukäme. Aber Papus sollte noch mehr wahre Voraussagen machen.

So warnte er die Zarenfamilie unter anderem auch vor dem unheilvollen Einfluss Rasputins.

Rasputin war sicher nicht der einzige Grund dafür, dass der Zar gestürzt wurde, aber er war Teil des Illuminaten Netzes, welches geschickt um die Zarenfamilie geknüpft worden war. Als der Zar und die Zarin 1901 Frankreich besuchten, wurde ihnen ein Geistheiler namens Philippe Vachod vorgestellt. Als der Franzose die Geburt des lange gewünschten Thronfolgers prophezeite und diese dann auch eintraf, gewann er großes Vertrauen bei der Zarenfamilie. Doch Ratschkowski, der Chef der Ochrana, fand heraus, dass Philippe ein Werkzeug der Freimaurer war und konnte damit seinen Einfluss am Hof empfindlich herabmindern. In seine Fußstapfen sollte ein viel gefährlicherer Gesundbeter treten: Der geheimnisvolle und zugleich anrüchige Wanderprediger Grigori Jefimowitsch Rasputin (1869-1916). Laut E. R. Carmin war der fromme Mönch mit der seltsam suggestiven Kraft in ein internationales Komplott verwickelt gewesen. Er und Papus standen in enger Verbindung zum gleichen Sufi-Orden im Nahen Osten wie der OTO Gründer Theodor Reuss und der damalige Chef des serbischen Geheimdienstes, Dragutin Dimitrijevic.[69] Dass dem sibirischen Wunderheiler Rasputin Einlass in den Zarenpalast geboten wurde, hatte sicher mit dem Umstand zu tun, dass der Thronfolger Alexej an Hämophilie, einer schweren Erbkrankheit aus der Familie seiner Großmutter litt.

---

[69] Anmerkung 53 in DsR, S. 643

Bei der Hämophilie oder Bluterkrankheit ist die Gerinnungsfähigkeit des Blutes herabgesetzt, so dass die kleinste Verletzung einen gefährlichen Blutsturz bewirkt. *„Als sich der Junge im Laufe des Jahres 1907 verletzte und hohes Fieber bekam, flüsterte jemand der Zarin zu, es gäbe einen Wundertäter namens Rasputin, der vielleicht zu helfen wisse. Man ließ Rasputin kommen; er betete inbrünstig neben dem Bett, und noch bevor er den Raum verließ, atmete der Junge wieder normal und friedlich."*[70] Von nun an wuchs Rasputins Einfluss am Zarenhof von Jahr zu Jahr. So heilsam seine therapeutischen Fähigkeiten für den Zarewitsch auch sein sollten, so fatal zerstörerisch wirkte sich die Anwesenheit Rasputins am Hofe auf das Ansehen der Zarenfamilie aus. Vielleicht trug noch ein andrer Umstand dazu bei, dass Rasputin so viel Einfluss am Hofe gewinnen konnte. Über dem Zarengeschlecht herrschte seit Peter der Große seinen Sohn Alexej hinrichten ließ der berühmte Fluch der Romanows. Von Zar Alexander I erzählt man sich, er habe seinen Tod vorgetäuscht und sei als Strannik (Heiliger) nach Sibirien gegangen, wo er das Mönchsgelübde abgelegt habe, um als Einsiedler den Rest seines Lebens den besagten Fluch zu sühnen. Diese Mystifikation hat sicher dazu beigetragen, dass ein einfacher Bauer aus Sibirien namens Rasputin einen so gewaltigen Einfluss auf die Zarenfamilie gewann. In der Öffentlichkeit wurden aber immer mehr Gerüchte laut über den unzüchtigen Lebenswandel des sibirischen Gottesmannes. Dabei war lange un-

---

[70] C. Wilson, Das Okkulte, S.546

klar, ob es sich bei diesen Anschuldigungen um die Wahrheit oder nur um bewusste Verleumdungen handelte. Eine lange verschollene Ermittlungsakte über den Fall Rasputin tauchte 1995 an einer Sotheby's Auktion auf und bewies: „Viele der Anschuldigungen gegen Rasputin entsprachen der Wahrheit!"[71] Die Geheimakte belegt, dass Rasputin zeitweise überaus viel Alkohol konsumierte und täglich Prostituierte aufsuchte. Er missbrauchte seinen Einfluss auf die Zarin auf zwei Arten: Einerseits nahm er aus der Bevölkerung gegen Geld Gesuche entgegen, welche er der Zarin vorlegte. Andererseits beeinflusste er viele innenpolitische Entscheide, indem er seine Meinung kundtat. In den Zeitungen wurden alle diese Vorkommnisse breit geschlagen. Gerüchte wurden laut, wonach Rasputin ein Mitglied der Geissler-Sekte sei, von deren Mitgliedern man behauptete, sie würden bei ihren Versammlungen orgiastische Riten vollführen.[72] Natürlich wurde auch gemunkelt, es bestehe eine geheime Liebesbeziehung zwischen Rasputin und der Zarin. Alle diese Gerüchte und Meldungen sollten einen weiteren wichtigen Grundstein für den Untergang der Romanow-Dynastie legen.

Während so der Hass gegen die Zarin geschürt wurde, nutzten die Kommunisten die Situation aus, um das Volk gegen das zaristische System im Allgemeinen aufzuhetzen. Als 1872 Mazzini starb, übernahm zu-

---

[71] Hierzu E. Radsinski, Die Geheimakte Rasputin, Knaurs, 2000
[72] Siehe hierzu: J. Evola: Metaphysik des Sexus, S. 189 f

nächst der Bankier und Großmeister des italienischen Großorients Adriano Lemmi die Führung der Illuminaten. Das Kommando ging nach seinem Tod an die beiden Anführer der Bolschewisten, Lenin und Trotzky, über. Wladimir Iljitsch Uljanow (1870-1924), besser bekannt unter seinem Codenamen „Lenin", hatte 1897 „den Kampfbund zur Befreiung der Arbeiterklasse" mitbegründet, aus dem sich die russische Sozialdemokratie entwickeln sollte. Lenin führte dabei von Anfang an den linken, radikalen Flügel, welcher sich 1903 als Partei der Bolschewiki von der restlichen Partei abspaltete. Da Lenin wegen seiner revolutionären Tätigkeit in Russland verfolgt wurde, lebte er von 1900 an im Exil in Paris, Wien und Zürich. Von dort aus organisierte er gemeinsam mit Trotzki die Oktoberrevolution von 1917. Woher hatten die beiden mittellosen Intellektuellen das Geld für eine so große Aktion wie die Russische Revolution besorgen können? Von verschieden Quellen wird behauptet Trotzki hätte in New York durch die Vermittlung Paul Warburgs vom US Bankier Jakob Schiff 6 Millionen US Dollar in Gold erhalten. Dabei habe er einen Vertrag unterschrieben, welcher der Rockefeller Standard Oil Company nach erfolgreich verlaufener Revolution ein Kaufrecht auf 50 % des kaukasischen Ölfeldes zugesichert habe. Dieses Gold habe Trotzky mit einem gecharterten Schiff nach Russland geschafft. Tatsächlich baute die Standard Oil 1927 die erste Raffinerie in Russland, schloss danach mit der russischen Regierung einen Vertrag, um das russische Öl in Europa zu vermarkten. 75 Millionen US Dollar flossen so in die Staatskassen der Bolschewisten.

Jene Aktion, die im eigentlichen Fokus der Geschichtsschreibung steht, der Rücktransport Lenins und seiner Anhänger nach Sankt Petersburg, wurde durch den Bruder von Paul Warburg, Max Warburg, dem Chef des deutschen Geheimdienstes koordiniert und geleitet. Als Gegenleistung versprach Lenin nach erfolgtem Umsturz, einen Separatfrieden mit Deutschland zu schließen, damit dieses seine militärischen Kräfte ganz auf Frankreich konzentrieren konnte. Zuvor hatte Lenin vom Ausland aus immer wieder Russlands Eintritt in den Ersten Weltkrieg kritisiert und sich so bei den Massen als Pazifist beliebt gemacht. Wie hätte das Volk wissen können, dass er in Wirklichkeit mit dem Bürgerkrieg und der grausamen Diktatur Stalins eine viel schlimmere Plage nach Russland bringen sollte. Im April konnten Lenin und seine Männer mit der Zustimmung der Obersten Heeresleitung und des Auswärtigen Amtes in seine Heimat zurückkehren. In Petersburg verkündete er in seinen „Aprilthesen", dass die Möglichkeit und Mittel die Revolution durchzuführen vorhanden seien. Dabei musste er wohl an seinen Illuminatenbruder Trotzki gedacht haben, der im Mai mit dem amerikanischen Gold im Gepäck die Hauptstadt erreichte. Nun wurden die subversiven Umtriebe verstärkt. Die provisorische bürgerliche Regierung, welche seit dem 21. Juli 1917 an der Macht war, wurde durch die „Oktoberrevolution" gestürzt, weil sie den Krieg nicht beendet und das Land nicht an die Bevölkerung verteilt hatte. Ministerpräsident Kerenski, ein Freimaurer, konnte noch rechtzeitig ins Ausland fliehen, die andern Mitglieder der Regierung wurden verhaftet. Aber Lenin saß noch nicht genug fest im Sattel. Zuerst erlitt seine Bolschewistische Partei bei der „Konstituierenden Versammlung" am 26. Oktober 1917 noch eine schwere Niederlage. Doch als sich die gewählte Versammlung im Januar 1918 bilden wollte, ließ Lenin sie mit Hilfe der roten Truppen auflösen. An seine Stelle trat der Rat der Volkskommissare, der unter dem Vorsitz Lenins tagte. Seine ersten beiden Entscheidungen waren die Beendigung des Krieges und die Verteilung des Grund und Bodens an die Bauern. Trotzki wurde mit der Bildung und der Leitung der „Roten Armee" beauftragt. Es folgte ein vierjähriger Bürgerkrieg, welcher 1921 mit dem Sieg der Kommunisten endete. Lenin gehörte nun die uneingeschränkte Macht und er regierte bis zu seinem Tode im Jahre 1924 diktatorisch mit Terrormethoden und mit Hilfe der wiedererweckten Ochrana, dem russischen Geheimdienst.

Illuminaten als treibende Kraft hinter dem Ersten Weltkrieg

Seit jeher versuchten Herrscher ihr Reich durch militärische Bündnisse zu festigen. Dies war auch im Europa der Jahrhundertwende nicht anders. Zwischen 1870 und 1890 hatte Bismarck ein Allianzsystem aufgebaut, welches Deutschland mit Österreich, Italien und Russland verband und dadurch Frankreich in die Isolation gedrängt. Der wirtschaftliche Aufschwung, den Deutschland bis zum Beginn des 1. Weltkrieges erlebte, basierte sicher auch auf dieser erfolgreichen Bündnispolitik. Aus diesem Grunde wurde der Dreibund zwischen Deutschland, Österreich und Italien auch nach der Demission Bismarcks als Bundeskanzler 1891 erneuert. Allerdings gelang es Frankreich 1892 Russland, den ehemaligen Alliierten Deutschlands, durch ein erstes russisch-französisches Abkommen an sich zu binden. Darüber hinaus konnte sich Frankreich mit Großbritannien mit der „Entente Cordiale" verbünden. 1907 wurde dieser Zusammenschluss durch die Partnerschaft mit Russland zur „Triple Entente" erweitert. Nun gab es also in Europa zwei Machtblöcke: Die Tripleentente und den Dreibund. Gleichzeitig verlor die ehemals mächtige Türkei, deren Osmanisches Reich am zerbröckeln war, ihren Einfluss im Balkangebiet, so dass sich Albanien, Bulgarien, Serbien, Griechenland und Montenegro 1912 zum Balkanbund zusammenschlossen und sich erfolgreich von der Türkei lossagten. 1913 wurde der Balkanbund durch Rumänien und Bulgarien erweitert. Da Rumänien mit Deutschland und Serbien mit Russland assoziiert waren, bestand nun innerhalb Balkanbund ein Interessenkonflikt. Welchem europäischen Partner sollte der Balkanbund die Treue halten? Das europäische Bündnissystem wurde dadurch unkontrollierbar, denn der Balkanbund war zu einem unberechenbaren Machtfaktor geworden.

In dieser brenzligen Lage hatte der Vielvölkerstaat Österreich mit den Autonomiebestrebungen der Tschechen zu kämpfen. Nachdem Österreich die Kriege gegen Italien und Deutschland verloren hatte, versuchte es Südosteuropa als neues Einflussgebiet für seine übernationale Monarchie zu gewinnen. Allerdings kam es hier Russland in die Quere, das die südslawischen Autonomiebestrebungen unterstützte. Keine Freude an Österreichs Gelüsten hatten natürlich auch die serbischen Nationalisten, welche ihre politischen Pläne durch die Habsburger durchkreuzt sahen. Gleichzeitig erhöhte Russland sein Engagement auf dem Balkan, denn das Zarenregime befürchtete, dass ein neuer außenpolitischer Misserfolg, zu einer Revolution im Innern führen könnte. Das Balkangebiet glich folglich einem Pulverfass, welches durch ein gezieltes Ereignis zum Brandherd gemacht werden konnte. Einer der Nationalisten, der sich an den beiden Balkankriegen beteiligter, war der Chef des serbischen Geheimdienstes Dragutin Dimitrijevic (1876-1917). Er gehörte zu den Mitbegründern der nationalistischen Organisation „Vereinigung oder Tod", welche von den Gegnern die „Schwarze Hand" genannt wurde. Dimitrijevic hatte bereits 1903 mit einer Verschwörergruppe König Alexander I Obrenovic und dessen ganze Familie ermorden lassen, um damit den russischen Einfluss in Serbien zu ebnen. Das Ergebnis war eine konstitutionelle Monarchie unter König Peter I Karadordevic, der gemeinsam mit der russischfreundlichen „Radikalen Volkspartei" das Land regierte. Mit dieser Lösung war Dimitrijevic aber nicht zufrieden, weshalb er gegen die Regierung Widerstand leistete. Als er später an einem Putsch gegen den König teilnahm, wurde er verhaftet, verurteilt und hingerichtet. Zuvor hatte er aber noch einen wichtigen Einsatz als Verbindungsmann für die Illuminaten, welche den Ausbruch des 1. Weltkrieges beabsichtigten. Hierbei spielte die Verbindung des serbischen Geheimdienstchefs zu einem geheimen Sufi Orden im Nahen Osten eine wichtige Rolle. Wie Robert Anton Wilson schreibt, pflegten auch Theodor Reuss (OTO) und Grigori Rasputin Kontakte zu den Derwischen dieser Bruderschaft.[73] Es handelt sich dabei um die Erben der ismailitischen Sekte der Assassinen, die 1090 n. Chr. durch Hassan i Sabbah gestiftet wurde und mit der sich die Templer während den mittelalterlichen Kreuzzügen verbündet hatten. Die Assassinen oder Haschischim wie man sie auch nannte, waren im Mittelalter berüchtigt, weil sie die islamische Welt mit Dolch- und Giftmorden an hochrangigen Persönlichkeiten in Angst und Schrecken versetzten. Jener Sufi-Orden, den Dimitrijevic frequentierte, gehörte mit Bestimmtheit zum Netzwerk der Illuminaten. Die „Schwarze Hand", welche das Attentat von Sarajewo ausführte, war im Grunde der verlängerte Arm der Illuminaten.

Doch dies war nicht der einzige Bezug der „Schwarzen Hand" zu den Illuminaten. Ihre örtlichen Ausschüsse hatten nämlich Geheimabteilungen, welche mit der Belgrader Freimaurerloge „Probratin" korrespondierten.[74] Die Loge „Probatin" war 1890 unter dem Schutz der „Symbolischen Großloge von Ungarn" entstanden, machte sich aber nach der Annexionskrise selbständig. Im Mai 1912 vereinigte sich „Probatin" mit den beiden anderen Belgrader Logen

---

[73] R. A. Wilson, Die Masken der Illuminaten, S. 321
[74] Berliner Monatshefte für Internationale Aufklärung, (a.a.O.) April 1928

„Sumadija" und „Udjedinjenje" zum „Suprême Conseil von Serbien".[75] Mit dem ehemaligen Minister und Universitätsprofessor Swetomir Nikalaijewitsch stand „Probratin" ein Hochgrad Meister vor, der über gute Kontakte verfügte. Sein Beziehungsnetz setzte er ein, als er im Jahre 1908 einen Appell an alle Freimaurerlogen Europas richtete, in dem er seine Brüder aufforderte, ihn im Kampf gegen Österreich zu unterstützen. Dies war sicher kein wirkungsloser Ruf, denn im Allgemeinen setzten sich die Freimaurer für die nationalistischen und liberalen Werte ein. Ihre politischen Bestrebungen verliefen folglich konträr zu denjenigen von Österreich. Von Nikalaijewitsch und der „Probratin" hatte die „Schwarze Hand" auch schon Aufträge bekommen. Die führenden Freimaurer Belgrads mussten demnach mindestens über wichtige Pläne der „Schwarzen Hand" informiert gewesen sein, wenn sie nicht sogar deren Urheber waren. Ob die europäische Hochgrad-Freimaurerei das Attentat von Sarajewo nur billigte, oder ob sie auch aktiv daran beteiligt war, kann nicht abschließend gesagt werden. Tatsache ist, dass seit 1871 ein Plan existierte, der von Giuseppe Mazzini und Albert Pike ausgearbeitet worden war, um durch drei Weltkriege den Weltstaat der Illuminaten zur errichten. Der 1. Weltkrieg war folglich der erste Schritt auf dem Weg zur neuen Weltordnung.[76] Wie schon erwähnt, wollten sie dieses Unterfangen mit Hilfe eines maurerischen Super-Ritus erreichen, zu dem nur bestimmte

---

[75] IFL, S. 778
[76] DsR, S. 276

Hochgrad-Maurer zugelassen werden sollten, während die anderen Brüder über die wahren Absichten ihrer Führung völlig im Dunkeln gehalten werden sollten.[77] So gesehen kann nur die Elite der Hochgrad-Freimaurerei, also jene im 31-33 Grade überhaupt wissen, was wirklich gespielt wird. Und so erstaunt es nicht, dass neben der politisch rechts stehenden „Schwarzen Hand", eine Anarchistengruppe namens „Junges Bosnien" am Attentat von Sarajewo beteiligt war. Sie wollten Bosnien und Herzegowina aus der Hand der österreichisch-ungarischen Besatzung befreien und einen Zusammenschluss mit Serbien und Montenegro. Dass diese revolutionäre Vereinigung durch Giuseppe Mazzinis „Junges Italien" beeinflusst wurde, lässt sich nicht von der Hand weisen. Ihre anarchistischen Ideen hatte sie unter anderem beim Illuminaten Michael Bakunin ausgeliehen. Auch Schriftsteller wie Ivo Andri (1892-1975), der spätere Nobelpreisträger für Literatur, standen dem „Jungen Bosnien" nahe. Von großer Bedeutung ist Andris persönlicher Kontakt zu Gavrilo Princip, dem Attentäter von Sarajewo. Obwohl das „Junge Bosnien" am Attentat auf Erzherzog Franz Ferdinand beteiligt war, operierte es unabhängig von der „Schwarzen Hand".

Als unmittelbar vor dem Anschlag der Erzherzog von Österreich mit seiner Frau auf dem Weg nach Bosnien war, um dort Manövern des 15. und 16. Armeekorps beizuwohnen und er keine Anstalten machte dies geheim zu halten, hatte sich seine Anwesenheit

---

[77] Ibid, S. 275

sehr schnell herumgesprochen. Die Mitglieder des „Jungen Bosniens" kamen augenblicklich von Serbien nach Bosnien hinüber, um den Thronfolger zu ermorden. Mag sein, dass die Studenten und Lehrlinge durch ihren jugendlichen Idealismus zur Tat angetrieben wurden. Sie waren vermutlich völlig ahnungslos gegenüber den Absichten Mazzinis und Pikes, einen Weltkrieg zu entfachen. Trotzdem ließen sie sich durch die Illuminaten instrumentalisieren. Verstärkung bekamen sie von der anti-österreichischen Terroristen-Gruppe „Verteidigung des Volkes", welche eine enge Arbeitsgemeinschaft mit der „Schwarzen Hand" unterhielt. Zwei ihrer Mitglieder, welche im unmittelbaren Attentäterkreis standen waren die beiden Freimaurer Ciganovic und Tancosic. Das war wohl kein Zufall, denn der Hauptsitz der „Verteidigung des Volkes" befand sich im gleichen Haus wie die Belgrader Loge. Das wäre vielleicht noch wenig bedeutsam, wenn nicht der Umstand dazu käme, dass der Großorient von Frankreich, der 1870 den deutschen Kaiser mit einem Logenfluch belegte, in Serbien einen Logenableger mit dem Namen „Ujedinjenje" hatte. Nun hat aber genau dieser „Grand Orient" zu Paris den österreichischen Thronfolger zum Tode verurteilt.[78] Am 28. Juni 1914 war das österreichische Thronfolgerpaar zu einem offiziellen Besuch in Sarajewo. Einer der Attentäter des „Jungen Bosniens" namens Nedelijko Cabrinovic warf eine Bombe auf den Wagen des Erzherzogs, verfehlte aber sein

---

[78] Paris Midi, 1. Januar 1914, zitiert in „Berner Tagblatt" vom 28. Mai 1915

Ziel und traf eines der nachfolgenden Autos. Das ausgerechnet Gavrilo Princip die Ausführung des Attentats gelang, war ein Zufall:
„Franz Ferdinand und Sophie setzten zunächst [nach dem Bombenanschlag] ihre Fahrt zum Rathaus fort, entschlossen sich dann aber, die verletzten Offiziere aufzusuchen. Daher wurde die vorher festgelegte Fahrtroute verändert. Der Fahrer bog an der Kreuzung Apfelkai – Franz-Joseph-Straße falsch ab. Der spätere Mörder, der neunzehnjährige, an Schwindsucht leidende Gavrilo Princip, stand unentschlossen an einer Straßenecke, weil er der Meinung war, das Attentat sei fehlgeschlagen. Völlig entgeistert wurde er plötzlich des Wagens des Erzherzogs ansichtig, der in seiner Nähe bremste. Er trat vor und feuerte aus kürzester Entfernung auf den Erzherzog und dessen Frau. Minuten später waren beide tot."[79]

Natürlich reagierte die Bevölkerung Österreich-Ungarns auf diesen Mordanschlag mit Trauer und Bestürzung. Niemand hätte sich zu diesem Zeitpunkt aber vorstellen können, dass sich diese Affäre zu einer internationalen Krise ausweiten würde. Man hielt es für einen lokal begrenzten Konflikt. Für die österreichisch-ungarische Monarchie ging es aber um mehr als nur um den Tod eines Kronprinzen. Mit ihrer künftigen Glaubwürdigkeit stand auch ihr Überleben auf dem Spiel. Es hieß, sich in Serbien Respekt zu verschaffen. Das Heer der Doppelmonarchie war aber nicht in der Lage, eine solche Aufgabe erfolgreich zu

---
[79] Hew Strachan, Der Erste Weltkrieg, S. 26

bewältigen. Deshalb wurde der Chef des Kabinetts des Außenministers, Alexander Graf von Hoyos, mit dem Auftrag nach Berlin geschickt, dort Unterstützung beim deutschen Kaiser holen. Daraufhin beschloss der vom Kaiser einberufene Kronrat Wien vorbehaltlos in der Balkanfrage zu unterstützen. Diese „Blankovollmacht" für Österreich sollte es sein, der die Eskalation des Konflikts zu einem europäischen Krieg verursachen sollte. Serbien konnte mit der sicheren Unterstützung der Tripelentente rechnen und antwortete deshalb auf das Ultimatum von Österreich-Ungarn, seinen Vertreter Zugang zur Untersuchung des Mordanschlags zu gewährleisten, mit der Generalmobilmachung. Zuvor hatte sich der Kronprinz Alexander von Serbien noch an den russischen Zaren mit der Bitte um militärische Hilfe gewandt, falls Österreich-Ungarn seinem Land den Krieg erklären würde. Am nächsten Tag entschied der russische Ministerrat Serbien Schützenhilfe zu leisten. Noch am 23. Juli war der französische Präsident Poincaré mit dem Ministerpräsidenten Viviani in Petersburg zu Besuch gewesen. Zweifellos versicherten sich die beiden Großmächte ihre gegenseitige Bündnistreue. Beide, sowohl Poincaré als auch Viviani waren Hochgradfreimaurer. Bei der Begegnung war auch der britische Gesandte Buchanen, seines Zeichens Großlogenmeister, zugegen. Am 28. Juli, nachdem das Ultimatum erfolglos verstrichen war, erklärte Österreich-Ungarn Serbien den Krieg. Am nächsten Tag folgte die Teilmobilmachung und einen Tag später die Generalmobilmachung in Russland.

Auf Wunsch Kaiser Wilhelm II wurde 1906 der Neffe des legendären Generalfeldmarschalls Moltke, der im preußisch-österreichischen und im deutsch-französischen Krieg siegreich gewesen war, zum Chef des Großen Generalstabes in Berlin ernannt. Bei seiner Beförderung fragten sich viele Offiziere, was dies für eine Schnapsidee des Kaisers gewesen sei, denn es war allgemein bekannt, dass Moltke unter dem Einfluss der Theosophischen Gesellschaft stand. Dem Kaiser war bekannt, dass sich der Nachkomme des genialen Generals in seiner Freizeit nur für die Suche nach dem Gral interessierte, hatte aber nichts dagegen einzuwenden. Anders sahen es dessen Kollegen im Generalstab. Vor allem beunruhigten sie die regelmäßigen Besuche eines gewissen Dr. Rudolf Steiners in Moltkes Heim, die das Vertrauen der höheren Offiziere in die Heeresleitung untergruben. Als Vorsitzender des deutschen Ablegers der Theosophischen Gesellschaft war er ihnen ihm höchsten Masse suspekt. Schließlich war Steiner ein Schützling der Britin Annie Besant, welche Blavatsky an die Spitze der Theosophischen Gesellschaft nachgefolgt war und von der es hieß, sie habe direkten Kontakt zum englischen König Eduard VII. 1907 kam es zum Bruch zwischen Steiner und dem Weltverband der Adyar-Theosophen, so dass die deutsche Sektion ausgeschlossen wurde. 90 Prozent der deutschen Theosophen standen aber treu hinter ihrem Vorsitzenden und traten der von ihm 1913 gegründeten Anthroposophischen Gesellschaft bei. Steiner hatte auch Kontakte zum deutschen Ableger der SRIA-Rosenkreuzer und wurde 1906 von Theodor Reuss zum „Rex Summus", d.h. Großmeister des OTO ernannt.[80] Wie bereits erwähnt steht die Theosophie in der Tradition der Strikten Observanz des Freiherrn von Hundt und der Rosenkreuzer. Sie orientiert sich an den Botschaften von „geheimen Meistern". Indem der Chef des deutschen Generalstabes im Bann des theosophischen Adepten Steiners stand, machte er sich zum Instrument jener Geheimorden, welche sich schon seit einiger Zeit für eine neue Weltordnung einsetzten. Viele Beobachter glaubten bei seiner Einsetzung, dass Moltke im Kriegsfalle durch den Kriegsminister von Falkenhayn ausgewechselt würde. Sie hatten sich aber getäuscht. Offensichtlich lag Moltke mit seiner Theorie eines Präventivschlags gegen Russland auf der Linie des Kaisers. Er meinte, man müsse Russland angreifen bevor es so aufgerüstet habe, dass man es nicht mehr besiegen könne. Aus diesem Grunde stellte sich die deutsche Politik auf die baldige Herbeiführung eines Krieges ein. Insofern kam Deutschland der Konflikt auf dem Balkan gelegen, denn dadurch konnte der Krieg gegen Russland entfacht werden.

Auch wenn der deutschen Kaiser mit der russischen Zarin verwandt war, so wird er die Kriegserklärung vom 1. August gegen Russland kaum bedauert haben, denn sie war aus politischem Kalkül entstanden. Zwei Tage später folgten die Kriegserklärung Deutschlands an Frankreich und der Einmarsch in Belgien. Von Moltke wollte den Schlieffenplan in die Tat umsetzen. Paris sollte durch einen Blitzkrieg eingenommen wer-

---

[80] Horst E. Miers, Lexikon des Geheimwissens, S.386

den, indem die französische Armee überflügelt und zur Kapitulation gezwungen würde. Obwohl der Plan narrensicher war, scheiterte er durch eine merkwürdige Serie von Missverständnissen. Sobald aber die deutschen Truppen Richtung Paris in Bewegung gesetzt hatten, marschierte die russische Armee gegen Berlin vor. Da der deutsche Vorstoß an der Westfront gestoppt wurde, stand Deutschland nun vor einem Zweifrontenkrieg. Unterstützt wurde Frankreich und Russland zudem noch von Großbritannien, das bereits eine Mobilmachung seiner Flotte durchgeführt hatte und dies obwohl dem englischen Volk 1913 und 1914 vier Mal versprochen wurde, dass es nicht gebunden sei an einem Krieg auf dem Kontinent teilzunehmen. Wie Sir Edward Grey am 3. August enthüllte, bestanden aber bereits seit der Marokkokrise von 1906 geheime Kriegspläne zwischen der englischen und der französischen Heeres- und Flottenleitung gegen die Deutschen. Sicher spielte beim Engagement der Briten der Wille zur Verteidigung der Seemacht eine wichtige Rolle. Allerdings hatte die von Großadmiral von Tirpitz aufgebaute deutsche Schlachtflotte nur die halbe Stärke der britischen. Die Initiative, England in den Krieg zu verwickeln, geht wohl vielmehr auf das Vorpreschen des Ersten Lords der Admiralität Winston Churchill (1874-1965) zurück. Dieser hatte bereits nach der Mobilmachung der Flotte eigenmächtig den Befehl gegeben, das deutsche Kriegsschiff „Goeben" anzugreifen.

Churchill war ein Opportunist, der von einem hemmungslosen persönlichen Ehrgeiz angetrieben wurde.

Das hatte er 1904 mit seinem Parteiwechsel von der konservativen zu der liberalen Partei allen Engländern deutlich vor Augen geführt. Offensichtlich war ihm jedes Mittel recht, um auf der Karriereleiter aufzusteigen. Es schien, als handle er nach der Maxime: „Tu was du willst, soll sein das ganze Gesetz!" Der Okkultist Crowley (1875-1947), der auf den Fußstapfen von John Dee wandelte, hatte dieses erste Gebot des neuen Zeitalters 1904 bei einer spiritistischen Sitzung in Kairo empfangenen. Zuvor war er im Jahre 1900 in Mexiko von Don Jesus Medina in den 33. Grad des Alten und Angenommenen Schottischen Ritus der Freimaurerei eingeweiht worden. 1904 trat er zudem der „Anglo-Saxon Lodge No. 343" bei, einem Ableger der „Grande Loge de France", in welcher er im gleichen Jahr zum Meister erhoben wurde. 1910 wurde er durch Theodor Reuss in den OTO und den Memphis-Misraim Ritus eingeführt. Einem Gerücht zufolge, soll Crowley während des 2. Weltkrieges Churchill die Verwendung des Victory-Zeichens als Mittel gegen den Hitlergruss und das Hakenkreuz angeraten haben. Nach Kriegsende behauptete er, er habe in den USA im Auftrag Großbritanniens für die deutsche Propaganda gearbeitet, obwohl der britische Geheimdienst dies dementierte. Wie dem auch sei, Crowley frequentierte die gleichen maurerischen Kreise wie Churchill, der seit 1901 Mitglied in die „United Studholme Lodge No. 1591" in London und später in „Rosemary Lodge No. 2851" war. Darüber hinaus waren beide Briten Hochgrad Freimaurer des 33 Grades, was heißt, dass sie zum Rat der 300, einem Exekutivausschuss der Illuminaten gehörten.

Im September sollte Churchill noch einmal ungestüm in den Kriegsverlauf eingreifen. Nachdem der deutsche Vormarsch in der Marne-Schlacht gestoppt wurde, sah er voraus, dass Antwerpen zum entscheidenden strategischen Punkt geworden war. Er hatte zwar die Einsicht, nicht aber die Befehlsgewalt, um englische Reserven über den Kanal an die Antwerpen-Front zu kommandieren. In dieser Situation tat er folgendes:

„*Er ließ sich selbst nach Antwerpen schicken, um nach dem Rechten zu sehen; übernahm dort, ohne Legitimation das Kommando, wobei er mit der bevorstehenden Ankunft großer englischer Verstärkungen blufte; und schickte ein Telegramm an den Premierminister, worin er bat, ihn von seinem Amt als Chef der Admiralität zu entbinden, ihn als General zu reaktivieren (..) und ihm das Kommando über die Antwerpen-Front zu übertragen. Zugleich forderte er Truppen an und befahl selbst – noch in der Eigenschaft als Chef der Admiralität – zwei Marinebrigaden nach Antwerpen.*"[81]

Seine Aktion misslang, weil seine Landtruppen fast nur aus Rekruten zusammengesetzt waren. Das ganze Manöver erwies sich als vorübergehender Karriereknicks für den strebsamen Politiker. Die Armeeführung der Alliierten erkannte erst viel später die Bedeutung des „Wettlaufs zum Meere", als die deutschen und französischen Heere einander in der offe-

---
[81] S. Haffner, Winston Churchill, S. 67

nen Richtung zur Nordsee zu überflügeln versuchten, was aber misslang und zum Erstarren der Westfront führte. Das Resultat war der Stellungskrieg, der vier Jahre andauern sollte. Churchill wurde am 18. Mai 1915 als „Erster Lord der Admiralität" entlassen. Er sollte erst ein Jahr später wieder ins Unterhaus zurückkehren. Die geschilderte Episode enthüllt aber den unverfrorenen Charakter Churchills und seine überhebliche Art, sich über alles hinweg zu setzen. Es sind jene Persönlichkeitsmerkmale, die einen Illuminaten ausmachen.

Was vom deutschen Generalstab als Blitzkrieg geplant worden war, sollte erst 1918 wieder zu Ende gehen. Als Sündenbock für den misslungenen Schlieffenplan musste General von Moltke über die Klinge springen. Er wurde bereits 1914 von seinem Oberbefehl entbunden und starb 1916 als gebrochener Mann an einem Schlaganfall. Zwei Jahre später musste Deutschland kapitulieren. Die Siegesmächte machten das Deutsche Reich für den gesamten Krieg verantwortlich und bürdeten ihm im Vertrag von Versailles die Reparationszahlungen für sämtliche Verluste und Schäden des Ersten Weltkrieges auf. Im November des gleichen Jahres verzichtete Wilhelm II auf seinen Thron und die Republik wurde ausgerufen. Ein ähnliches Szenario spielte sich auch in Österreich-Ungarn ab, wo der Habsburger Kaiser Karl I und seine Familie des Landes verwiesen wurden, nachdem man die Doppelmonarchie in zwei Republiken umfunktioniert hatte. Im Jahr zuvor war auch der russische Zar vom Thron gestürzt worden. Damit hatte der 1. Weltkrieg den drei kontinentalen Kaiserreichen Europas das Ende beschieden. Gleichzeitig wurde mit der Gründung des Völkerbundes 1920 das Fundament für die UNO gelegt, aus welcher dereinst der Weltstaat entstehen soll. Der Plan von Mazzini und Pike zur Vorbereitung des Weltstaates sah noch zwei weitere Weltkriege vor. Fast könnte man glauben, die Friedensbedingungen der Versailler Verträge wären absichtlich so hart diktiert worden, weil man damit den Grundstein für den nächsten Weltkrieg legen wollte. Sie lieferten den Konfliktstoff dafür, dass die Vertrags-Revisionisten die deutsche Schuld am Krieg bestritten und im Gegenzug das Weltjudentum und die Freimaurer dafür verantwortlich machten. Eine Argumentation, die beim deutschen Volk verfing und mit der ein begabter Redner namens Hitler an die Macht kommen sollte.

Der Thule Orden und die Vril Gesellschaft als Keimzelle der NSDAP

Nach dem verlorenen Krieg kehrte im November ein einfacher Gefreiter nach München zurück, der an der Westfront gekämpft hatte. Der drahtige Mann galt bei seinen Kameraden als Sonderling. Sein ganzer Stolz war das Eiserne Kreuz erster Klasse für den Mut vor dem Feind, das er bei einem Kriegseinsatz erhalten hatte. Den anderen Soldaten in seinem Bataillon war er vor allem durch seinen überschäumenden Antisemitismus und seine unkritische Haltung gegenüber den Offizieren aufgefallen. Auch jetzt sah er die Ursache für die Niederlage Deutschlands in einem

Verrat durch die Juden und Kommunisten. Nichts an diesem Mann schien darauf hinzuweisen, dass ihm durch die Vorsehung dereinst eine so bedeutende Rolle in der Weltgeschichte beschieden sein würde. Sein Name war Adolf Hitler.

Kurz vor Kriegsende, am 13. Oktober 1918, waren Hitler und seine Kameraden noch in ein mehrstündiges Trommelfeuer von Gasgranaten gekommen. Dabei waren alle erblindet, so dass man sie in verschiedene Feldlazarette verteilte. Hitler brachte man in das preußische Reservelazarett Pasewalk in der Nähe des pommerschen Stettin. Einen Monat später wurde er mit einem Marschbefehl zu Ersatzbataillon seines Regiments und einem Freifahrschein der Reichsbahn wieder aus der Pflege entlassen. Zuerst fuhr er nach Berlin zu seinem Ersatzbataillon, wo bürgerkriegsähnliche Zustände herrschten. In München war die Situation nicht anders. Seit die Wittelsbacher am 13. November auf den Thron verzichtet hatten, regierte hier ein sozialdemokratischer Soldatenrat unter dem Vorsitz von Kurt Eisner. Am 23. November traf Hitler in München ein und wurde der 7. Kompanie des I. Ersatzbataillons des 2. Infanterieregiments zugeteilt. Seine größte Sorge galt jetzt der Existenzsicherung, die er durch den Verbleib in der Armee verwirklicht sah. Ein halbes Jahr konnte er sich so mit rudimentären Bewachungsaufgaben über Wasser halten, bis er am 9. Mai 1919 zum ersten Mal als politischer Spitzel eingesetzt wurde. Hier entfaltete er eine rege Wühl- und Denunzierungstätigkeit. Schon bald wurde er zu einem Kurs in die Münchner Universität abkommandiert, wo man sorgfältig ausgewählte Armeeangehörige als zukünftige Propagandaleute ausbildete. Als er 1919 in die von Anton Drexler und Karl Harrer gegründete „Deutsche Arbeiterpartei" (DAP) eintrat, tat er es in seiner Funktion als politischer Agitator. Hitler fiel den Parteivorsitzenden sofort durch seine Redebegabung auf, was sie dazu bewog den Mann noch am gleichen Abend anzuwerben. Nun war er an einem wichtigen Wendepunkt seines Lebens angelangt, denn sowohl die Partei, als auch die Leute, die er hier kennen lernte, sollten sehr wichtig für seine Karriere werden. Von den fünfundfünfzig Mitgliedern der DAP gehörten zwanzig dem Thule-Orden an: Unter ihnen Rudolf Hess, Dietrich Eckart, Alfred Rosenberg, Anton Drexler, Karl Harrer, Max Amann, Hans Frank, Heinrich Jost und Gottfried Feder.[82] Wie man erkennt, befanden sich einige Männer darunter, die später zu den ranghöchsten Nationalsozialisten zählen sollten. Der Thule Orden war vom türkischen Freimaurer und Rosenkreuzer Rudolf Freiherr von Sebottendorf gegründet worden. Seine Identität war äußerst Geheimnis umwoben, wie auch die Herkunft seiner beträchtlichen finanziellen Mittel, mit denen er ausgestattet war. René Freund schreibt dazu:

„Die Geldmittel haben jedenfalls in der Krisenzeit zu Ende des Ersten Weltkriegs gereicht, um eine Organisation mit zeitweise 1500 Mitgliedern, mehrere Zeitungen und paramilitärische bewaffnete Verbände zu erhalten – darunter das Freikorps Oberland, das Sebottendorf aufstellte, um gegen die Münchner Räte-

---

[82] René Freund, Braune Magie, S.45

regierung vorzugehen. Auch Hitler wurde unterstützt und gefördert."[83]

Sebottendorf war ein Abenteurer aus dem gleichen Schrot und Korn wie Crowley, Cagliostro, Saint Germain, Blavatsky und John Dee. Ein würdiger Nachfolger in der Ahnengalerie der rosenkreuzerischen Politagitatoren. Geboren wurde er 1875 als Adam Alfred Rudolf Glauer im sächsischen Dorf Hoyerswerda. Sein Studium am Polytechnikum in Berlin-Charlottenburg brach er bereits nach drei Semestern wieder ab, um in die große weite Welt zu ziehen. Als Heizer heuerte er auf einem Meereskreuzer an und reiste nach Australien und Ägypten. Durch eine Bekanntschaft mit dem Türken Hussein Pasha verschlug es ihn in die Türkei, wo er dessen anatolische Besitztümer verwalten sollte. In dieser Zeit zwischen 1900 und 1907 begann er seine Studien in Okkultismus. Ein Jude aus Bursa führte ihn in die Lehren der Kabbala, Alchemie und Rosenkreuzer ein. 1901 wurde er zudem in eine Freimaurerloge aufgenommen, die nach dem Ritus von Memphis arbeitete. Detlev Rose vermutet, dass diese Loge *"ein lokaler Kader der vorrevolutionären Geheimgesellschaft war, die während der Sultanherrschaft liberales Gedankengut propagierte."*[84] Sie soll auch bei der Revolution der Jungtürken 1908 eine gewisse Rolle gespielt haben. Im Jahre 1911 wurde er türkischer Staatsbürger und anschließend von einem Baron Heinrich von Sebottendorf adoptiert. Aus die-

---

[83] Ibid, S. 44
[84] Detlev Rose, Die Thule-Gesellschaft, S. 30

sem Grunde durfte er später den Titel Freiherr von Sebottendorf tragen. Im Jahre 1915 heiratete er in Berta Anna Iffland, die Tochter eines vermögenden Kaufmanns und ließ sich mit ihr 1916 in Bad Aibling (Oberbayern) nieder. Hier nun kreuzte seine Bahn sich mit Hermann Pohl, dem Begründer des Germanenordens, auf den er durch eine Zeitungsannonce aufmerksam geworden war. Er traf sich mit Pohl in Berlin und erklärte, dass er dem germanischen Wissen um die Macht der Runen wieder Geltung verschaffen wolle. Bald wurde er in den Orden aufgenommen und offiziell zum Meister der bayrischen Ordensprovinz gewählt. Im Jahr 1918 bezog er mit seinem Orden neue Räumlichkeiten im noblen Hotel „Vier Jahreszeiten", in denen bis zu 300 Menschen Platz hatten. Da man durch die größeren Umtriebe mehr Aufmerksamkeit erregen würde, entschied sich Sebottendorf einen Tarnnamen für den Orden anzunehmen. Der Kunststudent Walter Nauhaus schlug dafür den Namen „Thule" vor, was dem Meister gut gefiel und so wurde aus dem bayrischen Zweig des Germanenordens die Thule-Gesellschaft zur Erforschung deutscher Geschichte. Als Emblem für Thule wurde ein Hakenkreuz mit Schwert geführt. Das Hakenkreuz ist ein altes germanisches Symbol für die Sonne. Beim Thule-Emblem waren die abgewinkelten Arme noch rund gestaltet, so dass man darin ebenso ein stark stilisiertes Rosenkreuz erkennen konnte. Gemeinsam mit dem Schwert, welches vor dem Hakenkreuz prangte, das in anderen Zusammenhängen als Symbol der Templer galt, deutete das Emblem auf eine Urheberschaft der alt bekannten Geheimgesellschaften hin. Vom Thule-Orden gingen nicht nur kulturelle sondern auch politische Umtriebe aus. So versuchten Mitglieder des Ordens beispielsweise den Führer der Räterepublik Kurt Eisner zu entführen, was misslang, oder sie hoben eine Bürgerwehr aus. Ob der Mord an Eisner ein Komplott von Thule oder die Tat eines Einzelnen war, ist unklar. War der Germanenorden noch ein Liebhaberverein des Deutschtums, in dem sich ein buntes Gemisch aus Offizieren, Hausfrauen, Eisenbahnern, Freikorpsleuten und Adligen tummelten, so begann Sebottendorf im Thule-Orden den Spreu vom Weizen zu trennen und tat zunächst, was in ähnlichen Gesellschaften allgemein üblich war:

"Er weihte etliche Auserlesene in die tieferen Geheimnisse der Thule Gesellschaft ein, in den ersten Grad, den sogenannten Freundschaftsgrad.(...) Einige der ersten wichtigen Mitglieder des Thule-Ordens waren die Wiener Guido von List und Lanz von Liebenfels, denen man fürwahr nicht abstreiten konnte, dass sie bereits ausreichend okkult-politische Arbeit geleistet hätten. Sie hatten anfänglich sogar die Funktion von Ordensgroßmeister und Ordensmeister inne."[85]

Vor Hitlers Machtergreifung gab es in Deutschland eine Unzahl von Vereinigungen mit germanisch-okkultem Hintergrund wie z. B. die Armanenschaft, der Deutschbund, der Germanenbund, der Germanenorden, der Jungborn, der Jungdeutsche Orden, die Lichtfreunde, der Lumen-Klub, die Neutempler,

---

[85] DsR, S. 63

die Wodan-Gesellschaft und viele mehr. Eine wichtige Vorreiterrolle spielte dabei die ariosophische Ideologie, die durch Guido von List (1848-1919) und Lanz von Liebenfels (1874-1954) verbreitet wurde. Ersterer war ein einflussreicher Autor der völkischen Bewegung, der durch die Schriften von Arthur Gobineau, Helena Blavatsky und Houston Stewart Chamberlain beeinflusst worden war. Daraus mixte er seine eigene Philosophie, welche theosophische, rassentheoretische und altgermanische Elemente miteinander verband. Im Zentrum seiner Lehre standen die arische Rasse und ihr Erbe der nordischen Runen. Sich selbst betrachtete er als den letzten Magier der Armanen, einen Priester des Ariertums. In seinen Fußstapfen wandelte der ehemalige Zisterziensermönch Lanz von Liebenfels, der lange Zeit als geistiger Wegbereiter Adolf Hitlers angesehen wurde. Von Liebenfels eigentliche Faszination galt dem mittelalterlichen Gralsmythos und dem Tempelritterorden. 1907 gründete er aus dieser Motivation heraus den Neutemplerorden (Ordo Novi Templi)[86], einen Männerbund mit einer stark rassisch gefärbten Gesinnung. Hitler kam mit den ariosophischen Ideen als Zwanzigjähriger in Berührung, als er sich in Wien aufhielt. Der junge Aspirant auf einen Platz an der Kunstakademie sog die antisemitischen, neureligiösen und alldeutschen Anschauungen von Lanz von Liebenfels und Georg Ritter von Schönern in sich auf wie ein Schwamm. Josef Greiner kannte Adolf Hitler in dieser Zeit persönlich. In seinem Buch „Das Ende des

---

[86] Ibid., S. 637, Anm. 44

Hitler-Mythos", erzählte er, dass der spätere Führer mehrere Vorträge über Okkultismus besucht und sich allgemein für grenzwissenschaftliche Themen wie Astrologie, Fakir -und Yogatum interessiert habe.[87] Wie sein damaliger Freund August Kubizek verriet, machte sich der junge Hitler nicht viel aus der Politik, sondern schwärmte für die Opern von Richard Wagner, insbesondere für Wagners letzte Oper den „Parsifal", welche die Grallegende thematisiert. Trevor Ravenscroft malt uns ein Bild von Hitler, wie er im Jahre 1912 in der weltlichen Schatzkammer der Hofburg den Speer des Longinus – jene Lanze, die der Legionär Gaius Cassius dem gekreuzigten Jesus in die Seite stieß – betrachtet und in ihm den Talisman der Weltherrschaft erkennt.[88] Er führt auch den Augenzeugenbericht des Theosophen Walter Johannes Stein an, der gesehen haben soll, „wie Hitler mit Hilfe von Drogen zu höheren Bewusstseinsebenen gelangte und tief greifende Studien über mittelalterlichen Okkultismus und rituelle Magie betrieb.[89] Dr. Stein konnte nach dem Ersten Weltkrieg Hitlers Schicksal weiterverfolgen. Er war zugegen als die NSDAP gegründet wurde und beobachtete den unheilvollen Einfluss den Dietrich Eckart, Houston Stuart Chamberlain und Professor Karl Haushofer auf den begnadeten Redner und frischgebackenen Führer ausübten. 1933, als seine Verhaftung durch die SS ange-

---

[87] J. Greiner, Das Ende des Hitler-Mythos, S. 27 f
[88] T. Ravenscroft, Der Speer des Schicksals, Vorwort, S. III
[89] Ibid, S. 19

ordnet wurde, floh er aber nach London und wurde dort ein wichtiger Berater von Winston Churchill.[90]

Das Hakenkreuz, welches im Emblem der Thule-Gesellschaft integriert war, jenes Symbol, das wir heute als Inbegriff für den Nationalsozialismus verstehen, wurde erstmals 1920 bei der Verkündung des Parteiprogramms der NSDAP der Öffentlichkeit als Parteibanner vorgestellt. Damit wurde es aber auch zum Sinnbild für einen ariosophischen Führerkult, in dem das das Hakenkreuz das christliche Kreuz ersetzte und die von Nietzsche proklamierte „Umwertung aller Werte" zum Leitgedanken gemacht wurde. Friedrich Nietzsche, der wie Hitler und Chamberlain ein Anhänger von Richard Wagners Musik war, verstand das Christentum als eine Religion der Schwachen und Abhängigen und verurteilte es als Religion, die den Lebenswillen verneint. An dessen Stelle verkündete er den kommenden Übermenschen, der an die Stelle des christlichen Gottes treten sollte. Für Nietzsche war Gott tot. Der Mensch aber konnte und musste die dadurch entstandene metaphysische Lücke füllen. Den Übermenschen begriffen die ariosophischen Ideologen von List und von Liebenfels als Neuzüchtung des Ur-Ariers, der vor langer Zeit wegen der Durchmischung mit anderen Rassen ausgerottet wurde. Das Wissen von diesen arischen Wurzelrassen hatten sie der theosophischen Lehre von H. P. Blavatsky entlehnt. Ihre Lehre der Wurzelrassen besagt, dass es sieben aufeinander folgende Menschheitsras-

---

[90] Ibid, S. 19

sen gäbe, welche sich nach planetarischen Zyklen auf der Erde entwickeln würden.

„Die erste dieser Rassen lebte in Nordpolnähe und war unsichtbar, denn sie bestand nur aus einem Feuerhauch; die zweite, die im nördlichen Teil Asiens lebte, war sichtbar – und hat den Geschlechtsverkehr erfunden; die dritte der Rassen bestand aus den affenartigen Riesen Lemuriens, die auf telepathischem Weg miteinander verkehrten und nicht in unserem Sinne vernunftbegabt waren. Die vierte bildeten die Atlantier, die durch schwarze Magie vernichtet wurden; wir sind die fünfte Rasse (...); die sechste wird aus dem heutigen Geschlecht hervorgehen und wieder wie Lemurien in Lemurien (im Pazifik) leben; nach der siebten Rasse wird es auf der Erde kein Leben mehr geben, sondern auf dem Merkur neu beginnen."[91]

H.P. Blavatsky zählte die Hindus, die Europäer und die neueren amerikanischen Rassen zur arischen Wurzelrasse. Der Begriff des Ariers wurde vollumfänglich im Vokabular der Ariosophen, der Thule-Gesellschaft und in der Terminologie der Nazis integriert. Er wurde zu einem Synonym für den neuen Herrenmenschen, der durch eine strenge rassische Zucht wiederbelebt werden sollte. Die Idee von der arischen Wurzelrasse war nicht das Einzige, was die Nationalsozialisten von den Theosophen übernommen haben. Auch das Hakenkreuz führte sie schon seit ihrer Gründung 1875 integriert im esoterischen Siegel für

---

[91] C. Wilson, Das Okkulte, S. 476

ihre Gesellschaft, das eine Schlange zeigt, die sich in den eigenen Schwanz beißt. Das Hakenkreuz ist zwischen dem Kopf und dem Schwanz des Reptils in einem Kreis platziert.

Adolf Hitler und die NSDAP waren indirekt aus dem Geiste der okkulten Lehre der Theosophen hervorgegangen. Um den jungen Führer der NSDAP herum formierte sich ein Kreis von hohen Eingeweihten, welche aus nächster Nähe Einfluss auf seine Karriere nahmen. Einer dieser Männer war Dietrich Eckart (1868-1923) ein morphiumsüchtiger Publizist mit schriftstellerischen Ambitionen. Hitler hat Eckart über seinen Ausbildner Hauptmann Mayer kennen gelernt und im Verlaufe der Ausarbeitung des Parteiprogramms 1919 soll sich eine engere Zusammenarbeit zwischen den beiden ergeben haben. Ravenscroft berichtet, dass Eckart und der innere Kreis von „Thule" spiritistische Séancen durchgeführt hätte, bei denen eine einfache und unwissende Bauersfrau als Medium fungierte. Eckart soll bei diesen Sitzungen den Part des Zeremonienmeisters übernommen haben. Ihm sekundierte Alfred Rosenberg dabei, die ständig wechselnden Geister zu befragen.[92] Eine Praxis, die uns schon von Dee und Cagliostro her bekannt ist. Bei einer dieser Séancen soll der neue „Messias" der Germanen verkündet worden sein. Er wurde als ein Mann beschrieben, *„der mit der Beredsamkeit und mystischen Kraft des Propheten Mohamed die Politik und Religion zu einem unheiligen Kreuzzug*

---

[92] T. Ravenscroft, Der Speer des Schicksals, S. 118

gegen die Ideale der christlichen Welt miteinander verbinden würde."[93]. Bald schon sollte dem inneren Kreis von Thule klar sein, dass dieser „Messias" niemand anderes als Hitler sein konnte. Nun übernahm wie gesagt Eckart die Aufgabe Hitler zu schulen. Das fing damit an, dass er ihm bessere Manieren beibrachte und ihm zeigte, wie man sich vorteilhafter kleidete. Er führte ihn auch in die besseren Kreise der Gesellschaft ein und machte ihn mit finanzkräftigen Leuten bekannt, die später zu wichtigen Geldgebern der NSDAP werden sollten. Sogar an der Grammatik und der Aussprache des zukünftigen Führers feilte er herum. Immer wieder stellte er Hitler bei gesellschaftlichen Anlässen, als den Mann vor, der Deutschland befreien würde. Eckart propagierte bei der Reorganisation der Partei einen regelrechten „Hitler-Kult"[94] Parallel dazu wurde Hitler durch ihn geistig geschult. Dies geschah einerseits durch den Gebrauch von Narkotika, um damit ein transzendentes Bewusstsein zu erlangen. Andererseits wurde er in die Praxis der rituellen Magie und des Yogas eingeführt, wobei es auch hier vordringlich darum ging ein übersinnliches Bewusstsein zu erlangen. Im östlichen Yoga konnte man dieses Bewusstsein erlangen, wenn man es schaffte, die „Chakras" – das sind verborgenen Energiezentren des menschlichen Organismuszu erwecken. Eines dieser Chakras befindet sich in der Mitte der Stirn und wird das „Dritte Auge" genannt. Wem es gelingt dieses Energiezentrum zu

---

[93] Ibid, S. 118
[94] D. Rose, Die Thule-Gesellschaft, S.117

öffnen, der vermag die feinstofflichen Bereiche der Wirklichkeit zu erblicken und kann in die Zukunft und die Vergangenheit sehen. Genau dies war auch Eckarts Aufgabe. Er sollte Hitlers okkulte Sinne ausbilden. Im Jahre 1922 erlangte Hitler einen immer höheren Bekanntheitsgrad, so dass sein Selbstbewusstsein ständig stieg. Gleichzeitig begann Eckarts Einfluss auf ihn zu schwinden. Dafür wurden Göring und Ludendorff wichtiger. Im darauf folgenden Jahr starb Eckart an einem Herzversagen. Eineinhalb Monate zuvor war der Hitler-Putsch in München fehlgeschlagen.

Als Eckart 1923 starb übernahm Professor Karl Haushofer (1869-1946) die okkultistische Schulung Hitlers. In der gängigen Geschichtsschreibung wird Haushofers Einfluss auf die Nationalsozialisten vor allem im Zusammenhang mit seinem Studenten Rudolf Hess gesehen. Ravenscroft behauptet aber, dass er in Wirklichkeit ein hoher Eingeweihter der Geheimwissenschaften gewesen sei, der diese Seite mit allen nur denkbaren Mitteln vor der Öffentlichkeit verborgen hielt. In dieser Funktion habe er Hitler 1923 direkt unter seine Fittiche genommen, um dessen okkulte Schulung zu vollenden. Dazu habe er Hitler regelmäßig während seiner Gefangenschaft in der Festung Landsberg besucht und ihn dort unterrichtet. Im Sommer 1924 habe er ihn dann in Gegenwart von Rudolf Hess in die „Heimliche Lehre" eingeweiht.[95] Dies war ein großer Erfolg, denn dadurch, dass er

---

[95] Ibid, S. 241

Hitler für sich gewinnen konnte, sei Haushofer zum Oberhaupt der „Vril" aufgestiegen. Diese Gesellschaft, welche die „Heimliche Lehre" hütete, setzte sich aus den führenden Mitgliedern aller europäischen Geheimgesellschaften zusammen. Darüber hinaus gehörten ihr auch tibetische Lamas, japanische Buddhisten, Sufi-Derwische und Gurdjieff-Adepten an. Die „Vril" wurde auch „Leuchtende Loge" genannt, womit den Hellhörigen sofort klar sein sollte, dass es sich hierbei um eine interkontinentale Kongregation der Illuminaten handeln musste. Der Hauptsitz der „Vril" war in Berlin.[96] Dort widmeten sich die Vertreter sämtlicher okkulten Fraktionen, wie sollte es anders sein, der Generalreformation der ganzen Welt. Wie eine Gruppe von Doktor Frankensteins arbeiteten sie daran im Laboratorium „Deutschland" einen „Übermenschen" zu kreieren. Sie wollten den ausgestorbenen Ur-Arier durch Zucht und genetische Mutation wieder zum Leben erwecken. Nebst Haushofer gehörten viele der wichtigsten Nazi-Größen der „Vril-Gesellschaft" an. So auch Rosenberg, Himmler, Göring und Hitler. Viele Autoren sahen im Vorsitzenden der „Vril-Gesellschaft" den Drahtzieher der NSDAP und Königsmacher Hitlers. In der Tat war Haushofer eine überragende Persönlichkeit. Schon während seinen jungen Jahren als Geograph reiste er viel in der Welt umher, besuchte Indien und den Fernen Osten. Um 1903 herum machte er Bekanntschaft mit dem bemerkenswerten griechisch-armenischen Esoteriker Georg Iwanowitsch Gurdjieff

---

[96] Ibid, S. 252

(1872-1949). Ihn soll er 1903, 1905, 1906, 1907 und 1908 unter anderem auch nach Tibet begleitet haben.[97] In den Jahren 1909 und 1910 war er darüber hinaus mit seiner Frau als Militärattaché nach Japan beordert worden. Sein Auftrag war es die japanische Armee zu studieren. Er erhielt auch zwei Audienzen beim japanischen Kaiser. Insgesamt hinterließ der Aufenthalt in Japan einen prägenden Eindruck auf ihn. Es heißt, Haushofer sei in Japan einer Geheimgesellschaft namens „Grüner Drache" beigetreten und dass Gesandte dieses Ordens später auch Einsitz in der „Vril-Gesellschaft" in Berlin gehabt hätten. Wieder in München promovierte er 1913 in Geologie, Geographie und Geschichte und wurde im Ersten Weltkrieg an der Westfront eingesetzt. 1919 lernte er Rudolf Hess kennen, mit dem ihn eine langjährige Freundschaft verbinden sollte.

Der dritte Adept der Geheimlehre im Dunstkreis des Führers war der NSDAP Chef Ideologe Alfred Rosenberg (1893-1946). Er war der Hauptverfasser des Parteiprogramms von 1922 und ab 1923 Chefredakteur des Völkischen Beobachters. Der „dichtende Balte", wie er von seinen Intimfeinden lächelnd betitelt wurde, hatte eine Vorliebe für die Geschichte der Katharer und stand dem Gedankengut der Gnostiker und Gralssucher sehr nahe.[98] Sein Ideal fand er in der Legende des untergegangenen Atlantis und den Atlantern, die für ihn die reine nordisch-arische Rasse

---

[97] DsR, S. 45 f.
[98] R. Freund, Braune Magie, S. 61

repräsentierten. In seiner Fantasie sah er die gewaltigen Bauten und die mächtigen Könige des verschollenen Kontinents und malte sich das utopische Bild eines vollendeten faschistischen Staates aus. Der Ur-Arier, den die Adepten der „Vril" wieder beleben wollten, lag dort in Atlantis unter den Wellen des Meeres begraben. Aus dieser Fantasterei heraus entwarf Rosenberg eine für die Nazis richtungweisende Philosophie der Rasse, welche Blut, Seele, Nation und Rasse auf eine einzige Achse stellte. Zweifellos entwickelte er seine Rassenlehre auf der Grundlage von Houston Stewart Chamberlains antisemitischer Schriften. In seinem 1930 veröffentlichtem Werk „Der Mythos des zwanzigsten Jahrhunderts" verlangte Rosenberg nach einer neuen „Religion des Blutes", die an Stelle des Christentums treten solle.
„Der Gott, den wir verehren, wäre nicht, wenn unsere Seele und unser Blut nicht wären, so würde das Bekenntnis eines Meister Eckehardt für unsere Zeit lauten."[99]

Rosenberg hegte eine große Bewunderung für den mittelalterlichen Mystiker Eckhart von Hochheim, der von der „Gottesgeburt in der Seele" sprach, die der Mensch durch ein Loslassen von allen weltlichen Dingen erreichen konnte. Eckhart hatte in sich eine rein seelische Macht entdeckt und wusste, dass seine Seele ein Zentrum an Kraft darstellte. Diese Kraft war für ihn, wie die göttliche Dreifaltigkeit, dreigeteilt in

---

[99] A. Rosenberg, Der Mythos des zwanzigsten Jahrhunderts, S. 685, München 1932

Willen, Vernunft und Gedächtnis. Da Rosenberg die Rasse als Außenseite der Seele betrachtete, sah er in ihr diese drei Qualitäten, wobei er dem Willen die höchste Bedeutung zumaß. Die „Rassenseele" aber setzte er gleich mit dem „Geist des Blutes". Mit anderen Worten musste Eckharts „Gottesgeburt" im Blut des Menschen stattfinden. Der Übermensch der „Vril-Gesellschaft" aber sollte aus deutschem Blut geboren werden, denn im Volk der Germanen hatte sich das arische Blut am reinsten erhalten. Da für den Chefideologen der Nazis die beiden Begriffe Blut und Rasse nahezu identisch waren, verstand er den arischen „Übermenschen" als ein Kollektiv. Es genügte folglich nicht, nur einzelne Individuen mit übermenschlichen Eigenschaften heranzuzüchten. Vielmehr sollte eine neue Rasse von Herrenmenschen geschaffen werden. Dieser Plan konnte aber nur verwirklicht werden, indem ein ganzer Staat dafür in Beschlag genommen würde. Zum Erzfeind des Ariers erklärte er in Anlehnung an Houston Chamberlain und die Ariosophen den Juden. Dieser war für ihn der Inbegriff des Bösen. Wie in den „Protokollen von Zion" beschrieben, glaubte er an eine jüdische Weltverschwörung. Das Judentum, so hieß es in den „Protokollen", habe vor die Weltherrschaft an sich zu reißen und sämtliche Völker der Erde zu unterjochen. Nichts anderes hatten in Wirklichkeit auch die Eingeweihten des „Vril" vor. In manichäischer Weise kämpften Arier und Juden, wie Licht und Finsternis gegeneinander, um Vorherrschaft über die Erde. Dabei sah er den Arier als heldenhaften Lichtmenschen und den Juden als Herrn der Finsternis.

Im Februar 1934 gab Hitler Rosenberg den Auftrag die gesamte geistige und weltanschauliche Schulung und Erziehung der NSDAP zu überwachen. Diese Bevollmächtigung ging auf einen Vorschlag von Robert Ley zurück. Rosenberg schwebte die Idee einer nationalsozialistischen Universität vor, die zum Zentrum der ideologischen und erzieherischen Forschung werden sollte. Das Projekt konnte jedoch nicht umgesetzt werden. Der Einfluss des „Amtes Rosenberg" auf die Bildung und Erziehung der Parteimitglieder blieb unbedeutend. Nach wie vor war dies die Domäne des bestehenden Schul- und Hochschulwesens. Der Parteiideologe wurde von den anderen Nazi-Größen geschnitten, wo es nur ging. Er war der Intimfeind von SS-Führer Himmler, Göring, Hess, Goebbels und Bormann. Die Macht Hitlers basierte auf den Animositäten seiner Gefolgsleute. Damit wurden umstürzlerische Allianzen von vornherein unterbunden. Erst als der Zweite Weltkrieg ausbrach, stieg die Bedeutung Rosenbergs innerhalb der Partei. Ab 1939 wurde er zur Plünderung jüdischer Archive und Bibliotheken ermächtigt, um sie für ein „Institut zur Erforschung der Judenfrage" zu verwenden. Ein Jahr später leitete er auf Befehl des Führers die umfangreichen Beschlagnahmungen von Kunstschätzen in den besetzten Gebieten. Nach dem Zweiten Weltkrieg wurde er als einer der Hauptverantwortlichen der Nazi-Gräuel zum Tode verurteilt und hingerichtet.

Wie lichtvoll die Geburt des arischen Gottmenschen von statten gehen sollte, wird am Beispiel von Heinrich Himmler und seiner SS deutlich. Der Sohn eines Oberstudiendirektors, der sich vor seiner Politkarriere als Diplom-Landwirt und Geflügelzüchter betätigte, wurde 1929 zum Reichsführer der SS erhoben. Die Schutzstaffel (SS) der NSDAP war ursprünglich als Leibwache zum persönlichen Schutz Adolf Hitlers gedacht. Nach der Übernahme des Amtes gestaltete Himmler die SS aber so um, dass sie zur Zuchtstätte des neuen Herrenmenschen werden sollte. Sie sollte zur Keimzelle der nordischen Rassendominanz werden. Die SS wurde nach dem Vorbild des katholischen Jesuitenordens gleichzeitig in eine Elite- und eine Massenorganisation ausgebaut, so dass sie einen sowohl geheimbundartigen als auch ordensstaatlichen Charakter besaß. Himmler sah seine Organisation als Bewahrerin der Blutreinheit. Deshalb wurden die Anwärter hinsichtlich ihrer Rassenreinheit genau unter die Lupe genommen. Diese Überprüfung wurde auch auf ihre Ehefrauen ausgedehnt. Himmler überwachte die Mitglieder seiner SS minutiös, wie auch deren Fortpflanzung. Dabei ging er eher wie der Geflügelzüchter vor, der er ehemals war, als der Ordensmeister eines mittelalterlichen Ritterordens, den er wohl verkörpern wollte. In der Ausbildung der SS-Leute spielten mystische Einweihungsrituale, bei denen Totenkopfringe und Ehrendolche verliehen wurden, eine wichtige Rolle. Auf dem Ehrendolch war die Schwurformel der SS „Deine Ehre heißt Treue" eingraviert. Als Weihestätte ließ Himmler die Wewelsburg in der Nähe von Paderborn in Westfalen in ein SS-Kloster umfunktionieren. Hinter dessen Mauern wurden nicht nur Konferenzen sondern auch Meditationen und spiritistische Zusammenkünfte abgehalten. Dort versammelte sich die "Tafelrunde des schwarzen Ordens" und führte mystische Rituale durch, um den "Übermenschen" der Nazi-Ideologie zu beschwören. Ob zur Sommersonnenwende, zu SS-Hochzeiten, zu Totenfeiern oder zu Hitlers Geburtstag immer versammelte der SS-Reichsführer seine Truppe auf der Wewelsburg, um die Feiertage am kultischen Zentrum zu begehen. Ausgewählt hatte den Ort Karl Maria Wiligut (1866-1946), genannt Weisthor. Der ehemalige k.u.k. Oberst verkehrte in Wien nach dem Ersten Weltkrieg unter anderem auch in Lanz von Liebenfels neuen Templerorden ONT. Nachdem er fast drei Jahre in einer Nervenheilanstalt verbracht hatte, wurde er 1927 als „bedingt geschäftsfähig" entlassen und tauchte in Deutschland bei Freunden unter. Dort verkehrte er im Milieu der Runenokkultisten, bevor er 1933 der SS beitrat. Himmler, dem er erzählte, dass er fähig sei, sich an das Wissen längst vergangener Generationen zu erinnern, hielt ihn allerdings nicht für wahnsinnig, sondern für den letzten Abkömmling einer langen Reihe germanischer Weisen und beförderte ihn zum Chef der Abteilung für vor- und frühgeschichtliche Forschung im Rasse- und Siedlungshauptamt. Wegen seines großen Interesses für okkulte und esoterische Themen und seines Einflusses wurde er auch oft als Rasputin Himmlers verschrien. Wiligut war auch für das Design des Totenkopfrings verantwortlich und hatte die Federführung bei etlichen Ritualen und Zeremonien des SS. Außerdem hat er die christliche Bibel so umgedichtet, dass sie mit der arischen Auffassung übereinstimmte.

Viele Nazi-Okkultisten befassten sich damals mit den Überlieferungen der Grallegende, welche sie als wichtigen Bestandteil ihres germanischen Erbes betrachteten. Allerdings galt das nicht für den gesamten Gralskomplex, der aus keltischen, christlich-jüdischen und alchemistisch-orientalischen Elementen zusammengesetzt war, sondern nur für jene Bestandteile, welche mit der ariosophischen Auffassung übereinstimmten. Damals maßen sie dem Heiligen Gral und dem Speer des Schicksals eine machtpolitische Bedeutung bei. Ravenscroft schreibt, dass Hitler um jeden Preis in den Besitz dieser beiden Reliquien gelangen wollte, weil er glaubte, dass sie ihn zum Herrscher über die Welt machen würden.[100] Den Speer konnte er 1938 beim Anschluss Österreichs ans Deutsche Reich in seinen Besitz überführen. Nun fehlte Hitler aber noch der Heilige Gral als zweiter Talisman, um aus okkulter Sicht die Weltmacht zu erringen. Deshalb gab er Heinrich Himmler den Auftrag das Gefäß des Schicksals mit allen Mitteln zu finden. Im Gegensatz zum Speer des Longinus kannte jedoch niemand den Aufenthaltsort des Heiligen Grals. Es gab zwar einige Theorien darüber, wo er sich befinden könnte, aber keine davon war sicher. In dieser verzwickten Situation legte der Reichsführer SS große Hoffnungen in den Gralsforscher Otto Rahn (1904-1939), den Wiligut entdeckt und 1936 Himmler vorgestellt hatte. Noch im gleichen Jahr wurde er in den persönlichen Stab Himmlers in der SS aufgenommen,

---

[100] Siehe T. Ravenscroft, Der Speer des Schicksals.

um an einer Expedition nach Südfrankreich teilzunehmen, welche im Rahmen des Forschungsamtes „Ahnenerbe" stattfinden sollte. Rahn hatte in seinem 1933 veröffentlichten Buch „Kreuzzug gegen den Heiligen Gral" die Vermutung geäußert, der Gral befinde sich in einer der vielen Höhlen in der Nähe der Burgruine von Montségur versteckt, die er als Burg Munsalvasch aus Wolfram von Eschenbachs Epos Parzival identifizierte. Dort hatten sich im Mittelalter die berühmten Albigenserkriege abgespielt und Rahn war überzeugt, dass die Katharer auf Montségur den Gral gehütete hatten. In den Jahren 1243 und 1244 war die Burg von den Soldaten des Seneschalls von Carcasonne und etwa 10'000 Kreuzrittern zehn Monate lang belagert worden. Obschon die Belagerer die Festung mit einem Ring hermetisch abriegelten, gelang es zwei „parfaits" im Januar 1244, knapp drei Monate vor der Kapitulation, mit dem materiellen Schatz der Katharer zu entkommen, ihn zuerst in eine befestigte Berghöhle und anschließend in eine Burg zu schaffen.[101] Danach verflüchtigte sich die Spur des Katharerschatzes. Rahns Suche in Südfrankreich verlief trotz ihrem viel versprechenden Ansatz erfolglos. Das gleiche Resultat war auch seinen Forschungsreisen in Italien und Island beschieden. Über Rahns Austritt aus der SS im Jahre 1939 und seinen anschließenden Selbstmord wird viel spekuliert. Einige meinen, er habe sich wegen seiner Homosexualität umgebracht. Andere wiederum vermuten, dass er in den

---

[101] Lincoln, Baigent, Leigh, Der Heilige Gral und seine Erben, S. 41 f

KZs den Schrecken des Regimes gesehen habe und diesen Schock nicht mehr verarbeiten konnte. Weil sein erster Verleger Vogelsang ihn nur wenige Tage vor seinem Tod in „gelöster und zukunftsfreudiger" Laune angetroffen hatte, wird auch angenommen, er sei von der SS, ja von Himmler selbst, exekutiert worden, weil er den Gral nicht in nützlicher Frist gefunden hatte.

Den Gral ließ Himmler aber nicht nur in den französischen Pyrenäen sondern auch im Kaukasusgebiet und in Tibet suchen. Himmlers okkultistischer Mentor Wiligut Weisthor gehörte zu einer Gruppe von Neuheiden, die glaubten, Tibet sei vor vielen Jahrtausenden der Zufluchtsort der arischen Ur-Rasse aus Atlantis gewesen. Dieser Theorie sollte die Forschungsgemeinschaft Deutsches Ahnenerbe" nachgehen, die von Wolfram von Sievers als Geschäftsführer und Walther Wüst als Präsident geleitet wurde. Im April 1938 finanzierte das „Ahnenerbe" eine deutsche Forschergruppe unter dem Namen „SS-Expedition Schäfer", welche in Tibet nach Spuren der Arier und des Grals suchen sollte. Die Expeditionsteilnehmer Ernst Schäfer und Bruno Berger erfreuten sich vor allem an den vielen Hakenkreuz-Fahnen, denen sie hier auf Schritt und Tritt begegneten. In Tibet gilt das Hakenkreuz als ein Glücks- und Heilssymbol. Als die Forschungsgruppe 1939 nach Deutschland zurückkehrte, hatten sie zwar eine Schädelsammlung von innerasiatischen Rassetypen nicht aber den Gral im Gepäck. Suchten sie ihn jetzt im Kaukasusgebiet? Jedenfalls erteilte Ernst Schäfer 1942, mitten im

Krieg, den rätselhaften Befehl zur „Totalerforschung des Kaukasus".[102] Geplant war ein Kriegseinsatz der Geisteswissenschaften, an dem sich Volkskundler, Religionswissenschaftler und Sprachforscher beteiligen sollten. Wegen der deutschen Kapitulation bei Stalingrad musste der Plan 1943 auf Eis gelegt werden.

Das Geld der Illuminaten und der Zweite Weltkrieg

Seit die Rosenkreuzermanifeste mit ihrer Aufforderung zu einer „Generalreformation der ganzen Welt" auftauchten, wurde dieses Ziel von der „Unsichtbaren Bruderschaft" beharrlich und unbeirrt verfolgt. In mehreren Etappen haben sie die europäischen Staaten durch Revolutionen und Kriege verändert, so dass die alten feudalistischen Regimes in moderne Republiken umgewandelt wurden. Max Weber hat in seinem Werk „Die protestantische Ethik und der ‚Geist' des Kapitalismus" nachgewiesen, dass die religiösen Vorstellungen Luthers und Calvins den Boden für die moderne rationale Wirtschaftsform des Kapitalismus vorbereitet haben. Die treibenden Kräfte der Rosenkreuzer- und Illuminatenrevolutionen waren vorzugsweise Deutsche oder Deutschstämmige. Daraus lässt sich schließen, dass das Zentrum der „geheimen Bruderschaft" auf deutschem Boden liegen musste. Von hier aus wirkten die Nachfolger Andreaes und Weishaupts über ein weltweites Netz von assoziierten Gesellschaften, Orden und Strohmännern. Dies

---

[102] René Freud, Braune Magie, S. 107,

zeigt sich auch daran, dass die beiden Weltkriege von Deutschland ausgingen. Adolf Hitler war nicht aus einer Laune der Geschichte heraus zum Führer des Deutschen Reiches geworden, sondern aus lange vorbereiteten Erwägungen und Plänen. Auf der einen Seite waren die Thule Brüder mit der Formung und Ausbildung des zukünftigen Staatschefs betraut worden. Allen voran Dietrich und Haushofer. Auf der andern Seite wurden er und seine Partei durch eine Gruppe von illuminierten Hintermännern aus England und den USA finanziell unterstützt. Auch sein Weg an die Macht wurde ihm durch eine Gruppe von „eingeweihten" Nationalkonservativen, den „Herrenklubs", gebahnt. Als er Schließlich das Amt des Reichskanzlers innehatte, stand ihm mit Hjalmar Schacht, ein Vertreter der Freimaurer, zur Seite, um Deutschland wieder aus dem wirtschaftlichen Desaster herauszuführen. Dass Hitlers NSDAP von Anbeginn an kriegerische Absichten verfolgte, konnte schon allein am Grad der Militarisierung der Volksmassen erkannt werden. Paramilitärische Organisationen wie die SA, die SS, die HJ und die Gestapo waren das Rückgrat der Nazi-Herrschaft. Wie konnte ein objektiver Beobachter je daran zweifeln, dass Hitler früher oder später einen Krieg eröffnen würde. Dass Hitler vor nichts zurückschreckte hatte er bereits 1923 bei seinem missglückten Münchner-Putschversuch zusammen mit Ludendorff bewiesen. Darüber hinaus machte er in seinem Buch „Mein Kampf"(1924) keinen Hehl daraus, dass er ein Großdeutschland anstrebte. Die Naivität, mit der Neville Chamberlain seine Appeasement-Politik betrieb und Hjalmar Schacht das Naziregime unterstützte, kann in diesem Kontext nur als Komplott gedeutet werden. Nicht nur Hitler und seine Mentoren wollten den Krieg, sondern auch die Hintermänner im Ausland.

In diesem Zusammenhang dürfte als erstes interessieren, welche Persönlichkeiten und Gruppierungen die NSDAP finanziell unterstützt haben. Als Hitler am 20. Dezember 1924 aus der Festung Landsberg entlassen wurde, war er zwar ein bekannter Mann, seine Partei, die NSDAP, litt aber unter großem Geldmangel. Bis zu seiner Machtübernahme im Jahre 1933 sollte es noch lange gehen. Wie haben die Nazis diese Zeit finanziell überbrückt? Mathilde Ludendorff schreibt im Band 6 ihrer Lebenserinnerungen, dass ein Abgesandter einer Gruppe amerikanischer Finanziers Ende der 20er Jahre ihren Mann mit einem astronomischen Spendenangebot ködern wollte. Er bot ihm sozusagen an, die Macht in Deutschland zu übernehmen. Nachdem der ehemalige General das Angebot abgelehnt hatte, sagte er zu seiner Frau: *„Der geht jetzt schnurstracks zu Hitler, und der wird ihn nicht ablehnen. Jetzt kann man nur auf das Wahlergebnis im Herbst gespannt sein."*[103] Und wirklich im Herbst des Jahres 1930 war den Nationalsozialisten ein landesweiter Erdrutschsieg beschieden. Hinter der Finanzierung der Nazis sollen aber hochkarätige

---

[103] O. R. Braun, Hinter den Kulissen des 3. Reiches, 1987, S. 96 f

Bankiers der Wallstreet gestanden haben.[104] Ein niederländischer Wirtschaftsjournalist namens J. G. Schoup veröffentlichte kurz nach der Machtübernahme der Nazis ein Buch, das auf Gesprächsnotizen von James P. Warburgs basierte. Dieser habe als Mittelsmann der Wallstreet Hitler drei Mal getroffen, um über die Finanzierung der NSDAP zu verhandeln. Er hatte sich dabei Aufzeichnungen gemacht, welche er später dem Journalisten zur Übersetzung weitergab. Schoups Buch wurde sofort nach seiner Veröffentlichung vom Verlag, ohne dass gegen Herausgeber, Verfasser oder Übersetzer ein Zivil- oder Strafprozess drohte, wieder aus dem Verkehr gezogen. Über den österreichischen Gesandten von Alexich gelangte der Warburg-Bericht von Den Haag nach Wien. Auch dem Münchner Institut für Zeitgeschichte wurde die Kopie eines Exemplars vorgelegt. Wegen den darin vorkommenden geringfügigen Namensverwechslungen entbrannte bald eine Kontroverse über den Wahrheitsgehalt des Berichtes. Allerdings sprach das Insiderwissen, welches in den beschriebenen Einzelheiten zum Ausdruck kam, auch wieder für die Echtheit. Schenkt man dem Warburg-Bericht Glauben, so sollen die Direktoren der fünf Federal Reservebanken und als Vertreter der Ölinteressen John D. Rockefeller III sowie Mc Glean von der Royal Dutch Shell an der Finanzierung des Hitlerregimes beteiligt gewesen sein. Zu den amerikanischen Geldbaronen, die Hitler

---

[104] Die Geldquellen des Nationalsozialismus – Drei Gespräche mit Hitler, Verlag Van Holkema & Warendorf, 1933

damals unterstützten, soll auch George W. Bushs Großvater, der spätere US Senator Prescott Bush, gehört haben. Insgesamt seien so 128 Millionen Dollar von der Wallstreet nach Deutschland geflossen.

Dass gerade die Federal Reservebanken und die Rockefellers an der Unterstützung der Nazis beteiligt gewesen sein soll, dürfte wohl nur die wenigsten Geschichtskundigen erstaunen, denn beide Namen tauchen immer wieder in der einschlägigen Literatur auf. Die Aktien der 1913 gegründeten Federal Reserve Bank (Fed) sind in den Händen von Privatanlegern. Zwölf regionale „Fed"-Banken, eine Vielzahl von Mitgliedsbanken und andere Einrichtungen bilden zusammen das Zentralbankensystems der USA, welches das Geld- und Kreditgeschäft der Vereinigten Staaten kontrollieren. Aus diesem Grunde wird der „Fed" wohl zu Recht nachgesagt, dass sie als unsichtbare Regierung fungiere. Wer immer also die Aktienmehrheit der „Fed" in den Händen hält, kann ein kräftiges Wörtchen in der amerikanischen Politik mitreden. Wen wundert es, wenn unter den Inhabern der Fed"-Aktien auch der Name der Rockefellers Chase Manhattan Bank aus New York aufgelistet ist? Das wichtigste Machtinstrument des „Fed" ist gegenwärtig das „Open Market Committee", welches durch seine Möglichkeit den Diskontsatz anzupassen und die Mindestreserve zu ändern, entscheidenden Einfluss auf die Geld- und Währungspolitik der USA ausübt. Bis 2006 war der Vorsitzende dieses Komitees Alan Greenspan, auf den Ben Bernanke folgte. Nun wird von verschiedenen Seiten behauptet, dass die „Fed" von Anfang an durch die Illuminaten unterwandert worden sei, so dass diese nun die Weltwirtschaft manipulierten. Durch den „Federal Reserve Act" von 1913 ist die Zentralbank berechtigt, Papiergeld ohne Gegenwert zu drucken und der US Regierung gegen Zinsen zu leihen. Das bedeutet im Grunde aber nichts anderes, als dass die „Fed" als private Staatsbank „Falschgeld" drucken darf, denn die Verfassung verbietet Geld, das keinen Gold- oder Silberstandard besitzt. Oder anders ausgedrückt, sie kann, wann immer sie will, eine Inflation schaffen. Auf dem neuen Ein-Dollar-Schein, den die „Fed" erstmals 1932 in Umlauf brachte, stand jetzt auch das rosenkreuzerische Motto „novus ordo seclorum". Darüber prangte die Pyramide von Cagliostros ägyptischer Freimaurerei, dessen Spitze das Auge der Illuminaten zierte. Neben der Rockefeller Chase Bank hielt noch die Londoner Rothschild Bank einen Löwenanteil an den Federal Reserve Aktien. Die beiden Familien, welche hinter diesen Bankenimperien stehen, bestimmen deren Firmenpolitik schon seit mehreren Generationen. Die Rockefellers und Rothschilds gehören zur internationalen Elite der Hochfinanz und haben in mehreren Exekutiv-Organisationen der Illuminaten Einsitz, wie z.B. dem Council on Foreign Relations (CFR), der Trilateralen Kommission und den Bilderbergern. Außerdem spielen die Rockefellers eine führende Rolle innerhalb des „Skull & Bones" Ordens, jener Studenten Vereinigung, mit der auch George W. Bush treu verbunden ist. Die Dynastie der Rothschilds andererseits ist mit dem französischen und englischen Freimaurertum verbunden. So waren beispielsweise im 19. Jahrhundert Baron James und sein Bruder Baron Anselm von Rothschild Mitglieder der maurerischen Großkörperschaft des Suprême Conseil de France.[105]

Kehren wir aber nach Deutschland zurück zum Zeitraum kurz vor der Machtübernahme durch die NSDAP. Zwischen 1924 und 1928 war sie zu einer von mehreren antisemitisch-völkischen Parteien herabgesunken. Es war die Zeit der „Goldenen Zwanzigerjahre" und den meisten Menschen ging es gut. Das war sicher nicht das Klima, in dem eine konservative Partei wie die NSDAP Zulauf bekommen hätte. Die Situation veränderte sich komplett nach dem „Schwarzen Freitag" im Jahre 1929. Die Federal Reserve Bank hatte im August 1929 den Diskontsatz mit der Begründung, sie wolle das Spekulationsfieber in den USA drosseln, hinaufgeschraubt. Dadurch fiel das ganze Kartenhaus der Wertpapiere ineinander, so dass am 24. Oktober 1929 die Börsenkurse ins Bodenlose fielen. Der Börsencrash traf viele wie ein Blitz aus heiterem Himmel. Die Aktien verloren insgesamt 160 Milliarden Dollar an Wert. Damit brach die Existenz viele Unternehmer zusammen. Doch dieses Ereignis wirkte nicht nur auf die USA, fast die ganze restliche Welt wurde durch die Wirtschaftskrise getroffen. Auch Deutschland, wo eine panische Kapitalflucht einsetzte. Bald lag die deutsche Wirtschaft am Boden und das Land wurde von einem Heer von Arbeitslosen überflutet. Größter politischer Nutznießer dieser

---

[105] IFL, S. 722

Misere wurde Hitlers braune Partei, die in den Reichstagswahlen von vom September 1930 18,2 % der Stimmen bekommen hatte und damit in Deutschland zur zweitstärksten Partei hinter der SPD geworden war. Das genügte allerdings noch nicht um regieren zu können und auch die Koalitionsverhandlungen mit anderen Parteien scheiterten.

Als nächster Mann aus dem Dunstkreis der Illuminaten betrat der vormalige Reichsbankpräsident Hjalmar Schacht das Parkett, um dem Hitler-Regime zur Seite zu stehen. Im März 1930 hatte er sein Amt aus Protest gegen den Young-Plan niedergelegt, durch den die Höhe der Reparationszahlungen Deutschlands endgültig festgelegt worden waren. Schacht war 1906 in die Berliner Freimaurerloge „Urania zur Unsterblichkeit" aufgenommen worden.[106] Innerhalb der preußischen Großlogen, zu der auch die „Urania" gehörte, bestand seit 1915 das „christliche Prinzip", was de facto jüdischen Aspiranten den Eintritt in die Logen verwehrte. Diese christlich-nationale Tendenz innerhalb der preußischen Logen gipfelte im Jahre 1931, als die Großlogen „Drei Weltkugeln" und „Zur Freundschaft" ihren Verkehr mit der Großloge von Wien abbrachen, weil diese zu pazifistisch und international eingestellt war.[107] Da Schacht den preußischen Großlogen angehörte, stand seine Unterstützung der Nazis nicht im Widerspruch zu seinen maurerischen Ansichten. Den Kontakt zu

---

[106] Ibid, S.743
[107] IFL, S. 673

Hitler knüpfte er im Dezember 1930 als er im Haus eines Freundes Herman Göring kennen lernte. Bereits im Januar des folgenden Jahres stellte ihn Göring bei einem gemeinsamen Essen Adolf Hitler und Joseph Goebbels vor. Schacht erwarb sich in seiner Funktion als Präsident der Reichsbank von 1923 bis 1930 den Ruf eines Finanzmagiers, weil es ihm gelungen war mit der Rentenmark die rasende Inflation der deutschen Währung zu stoppen. Genau diese „propagandistische Kraft" des Reichbankpräsidenten außer Dienst wollten die Nazis für ihre politischen Ziele nutzen. Demgegenüber meinte Schacht, er könne „als Zauberer im Hintergrund" die Geschicke Deutschlands steuern und die Akteure in der Politarena kontrollieren.[108] In Tat und Wahrheit sollte Schacht vermutlich eher die Nazi-Clique für die Wall-Street-Gang im Auge behalten. Dafür spricht nicht nur, dass sein Vater für die von J. P. Morgan kontrollierte Equitable Trust Company of New York in Berlin arbeitete[109], sondern auch sein Kontakt zur New Yorker Hochfinanz. Im Oktober 1930 soll er mehrere Bankiers, darunter Felix Warburg, in New York aufgesucht haben, um für Hitler zu bürgen.[110] Den ersten Annäherungsschritt an die Nazis in der Öffentlichkeit machte er, als er im Oktober 1931 an einem Treffen der rechtsnationalistischen Parteien in Bad Harzburg eine Rede hielt und dabei, die Geldpolitik der Reichsbank aufs schärfste kritisierte. Ab 1932 unterstützte er die

---

[108] G. Knopp, Hitlers Manager, S.354
[109] DsR, S. 231
[110] Siehe hierzu in: J. Attali, Un homme d'influance, Librarie Artème Fayard 1985

NSDAP offiziell, ohne jedoch der Partei beizutreten. Unter anderem unterzeichnete er eine Petition von Industriellen und Bankiers an Paul von Hindenburg, um Hitler als Reichskanzler einzusetzen. Schützenhilfe erhielten die Nazis auch vom konservativen Deutschen Herrenklub (DHK), einer Vereinigung von Großgrundbesitzern, Großindustriellen, Bankiers und Ministerialbeamten. Der DHK war maßgeblich am Rücktritt von Heinrich Brünigs Kabinett der Zentrumsparteien am 30. Mai 1932 beteiligt. An seine Stelle trat einen Tag später das „Kabinett der nationalen Konzentration" von Franz von Papen. Ein entscheidender Schritt zur zukünftigen Machtübernahme durch die NSDAP, wie sich zeigen sollte. Die bekanntesten Mitglieder des „Herrenklubs", welche mit Hitler eine Koalition eingingen waren Herbert Dirksen, Ulrich von Hassell, Dr. Eduard Freiherr von der Heydt, Freiherr Fedinand von Lüninck, Dr. Walter von Keudel, Erich Milch, Dr. Eduard Milch, Dr. Werner von Henting, Admiral Magus v. Lewetzow, Franz Seldte und Franz von Papen. Die meisten dieser Männer gehörten nicht nur dem DHK sondern auch dem Rotary-Klub an, der vom Amerikaner Paul Percy Harris 1905 gegründet worden war.[111] Am 4. Januar 1933 wurden die Weichen für die Zukunft der deutschen Politik gestellt. An diesem Tag traf Hitler in Begleitung von Hess und Himmler in der Villa des Barons von Schröder ein. Dort wurde er ohne seine Entourage in

---

[111] Siehe hierzu in: H. Frank, Geheimnisvolle Querverbindungen in Deutschland – Der deutsche Herrenklub und andere Klubs, Verlag f. ganzheitliche Forschung, Viöl 2000

den ersten Stock hinauf gebeten, wo der Reichspräsident von Hindenburg und Franz von Papen auf ihn warteten. Dann einigte man sich auf eine Koalition zwischen den Deutschnationalen und den Nationalsozialisten mit Hitler als Kanzler und von Papen mit großen Machtbefugnissen. Auch von Papen glaubte, er könne Hitler im Zaum halten. Rund drei Wochen später am 30. Januar 1933 war es soweit, der Reichspräsident von Hindenburg stimmte einer Regierung mit Hitler als Reichskanzler zu. Der Machtwechsel war vollzogen.

Zur Einrichtung der Nazi-Diktatur in Deutschland fehlten nur noch zwei Maßnahmen: Die Ausschaltung jeglicher Opposition und die Verabschiedung des Ermächtigungsgesetzes durch eine Zwei-Drittel-Mehrheit im Parlament. Der erste Schritt wurde möglich durch den Reichstagsbrand in der Nacht vom 27. auf den 28. Februar 1933. Obwohl die Nazis den Brand mit höchster Wahrscheinlichkeit selber gelegt hatten, konnte der holländische Kommunist Marinus van der Lubbe dafür verantwortlich gemacht werden. Er wurde, wies es hieß, auf frischer Tat ertappt. Diesen Umstand nutzten die Nazis aus um gegen die Kommunisten vorzugehen. Noch am Tag nach der Brandkatastrophe legten Hitler und Papen dem Reichstagspräsidenten die Verordnung zum Schutz von Volk und Staat vor, welche dieser bereitwillig unterzeichnete. Damit wurden die Grundrechte der Weimarer Republik außer Kraft gesetzt, was in der Praxis bedeutete, dass die NSDAP, die Polizei und die SA ungehindert Kommunisten verfolgen und verhaften konnten. An den Reichstagswahlen vom 5. März 1933 holten sich die Nazis 44 % der Stimmen oder 340 von 647 Sitzen im deutschen Parlament. Nun tat Hitler alles, um die bürgerlichen Parteien für das Ermächtigungsgesetz zu gewinnen. Am 23. März 1933 nahm der Reichstag das Ermächtigungsgesetz mit 444 zu 91 Stimmen an. Ohne die Unterstützung der katholischen Zentrumsparteien hätte Hitler die nötige Zwei-Drittel-Mehrheit nicht geholt. Hatten die Christdemokraten und die Christsozialen diese Entscheidung ohne Zutun Roms fällen können?

Nun konnte Hitler und seine Thulebrüder jenes Projekt in Angriff nehmen, das ihnen schon seit geraumer Zeit vor Augen schwebte: Großdeutschland. Für dieses ehrgeizige Vorhaben benötigte Hitler eine schlagkräftige Armee, denn es ließ sich nur durch einen Krieg verwirklichen. Die Aufrüstung musste aber schlau eingefädelt werden, damit die Alliierten nicht Wind davon bekommen würden. Kein Mann war für diese Aufgabe besser geeignet als Hjalmar Schacht, der über die nötige nationale und internationale Anerkennung verfügte. Hitler ernannte ihn am 17. März 1933 zum Präsidenten der Reichsbank. Ob sich Schacht bewusst war, dass er für die Kriegsvorbereitungen vor den Karren gespannt wurde, bleibt dahin gestellt. Er hatte wohl vor allem den wirtschaftlichen Wiederaufstieg Deutschlands vor Augen. Um der hier herrschenden prekären Wirtschaftslage möglichst wirkungsvoll entgegen zu treten, wurde er in verschiedenen Bereichen aktiv. Zuerst stellte er über die Reichsbank eine Milliarde Mark für ein gewaltiges

Arbeitsbeschaffungsprogramm zur Verfügung. Dann gewährte er einen Kredit zum Bau von Autobahnen. Durch den Papen-Plan wurden überdies deutschen Unternehmen Steuervorteile gewährt, sofern sie Arbeitslose einstellten. Auf diese Weise gelang der Hitlerregierung das Husarenstück bis zum Jahresende, die Arbeitslosigkeit um zwei Millionen zu senken und Mitte der Dreißigerjahre herrschte in Deutschland Vollbeschäftigung. Knopp erklärt Schachts wirtschaftlichen Erfolg folgendermaßen:

"Das eigentliche Geheimnis des Erfolgs von Hjalmar Schacht. Er setzte auf Psychologie. Die Finanzwelt vertraute dem ehemaligen Privatbankier – und stellte Kredite zur Verfügung. Die Industrie vertraute dem Reichsbankpräsidenten – und nahm die Kredite in Anspruch. Und auch die ausländischen Regierungen zählten auf den Mann, der schon einmal die deutsche Währung gerettet hatte – und akzeptierten die Vorschläge Schachts, auch wenn sie den Verzicht auf einen Großteil ihrer Ansprüche bedeutete."[112]

Der wahre Grund für die Beseitigung der Arbeitslosigkeit muss aber letztlich in der angekurbelten Aufrüstung Deutschlands gesehen werden. Auch daran war Schacht wesentlich beteiligt, indem er 1934 den berühmten Mefo-Wechsel einführte. Statt Banknoten sollten die Rüstungsausgaben des Reichs durch Wechsel finanziert werden. Dazu gründete Schacht eine Scheinfirma, die „Metallurgische Forschungs GmbH" (Mefo), deren Anteile zu je 25 Prozent die

---

[112] G. Knopp, Hitlers Manager, S. 364

vier Großkonzernen Krupp, Siemens; Rheinstahl und Gutehoffnungshütte übernahmen. Mit den von der Mefa herausgegeben Wechseln, welche mit vier Prozent verzinst wurden, bezahlten die Rüstungsbetriebe ihre Zulieferfirmen. Diese wiederum konnten den Mefa-Wechsel als Zahlungsmittel einsetzen. Das half den Nazis insofern, als sie durch die Wechsel die Kredite, welche in die Aufrüstung der deutschen Wehrmacht flossen, verschleiern konnten. Der Effekt, der dadurch entstand, war, dass die gesamte deutsche Industrie nun dazu neigte, für die deutsche Armee zu produzieren. Diese gewaltige Aufrüstung konnte aber zu nichts Gutem führen, denn Schließlich war es ja Kriegsgerät, das hier hergestellt wurde. Mit anderen Worten; der Krieg wurde vorbereitet.

Innerhalb der Reichsbank war Schacht nicht der einzige Freimaurer. Natürlich waren die Schlüsselpositionen seines Amtes mit maurerischen Brüdern besetzt. Das geht aus einer Aufforderung von Innenminister Wilhelm Frick an Schacht hervor, er solle Freimaurer aus öffentlichen Ämtern entfernen, denn seit dem 17. August 1935 war die Freimaurerei per Erlass verboten worden. Je besser die deutsche Kriegsmaschinerie aufgerüstet wurde, desto mehr verlor Schacht an Einfluss. Schließlich entband ihn Hitler am 26. November 1937 von seinen Ämtern als Wirtschaftsminister und Generalbevollmächtigten und ernannte ihn zum Minister ohne Geschäftsbereich im Kabinett. Im Jahr darauf beorderte der Führer Schacht in die Reichskanzlei, um ihm seine Abberufungsurkunde zu überreichen. Für den weiteren Verlauf des Geschehens wurde er nicht mehr gebraucht. Die Kriegsmaschinerie, die Hitler für seine Expansionspläne benötigte, stand schon beinahe bereit. Inzwischen hatten die Nazis 1935 die allgemeine Wehrpflicht wieder eingeführt und waren 1936 in das entmilitarisierte Rheinland einmarschiert. Auf dem Reichsparteitag von Nürnberg 1936 hatte Hitler die „Eroberung von neuem Lebensraum" zum vordringlichsten Ziel seiner Außenpolitik erklärt und an der Führerkonferenz im November 1937 seine Kriegspläne enthüllt. Im Jahr als Schacht aus seiner Verantwortung entlassen wurde, fand der „Anschluss" Österreichs an das Reich statt.

Bei all diesen Ereignissen verhielten sich die europäischen Großmächte außergewöhnlich ruhig. Es herrschte eine veritable Wegschaumentalität. Am auffälligsten war diese Tendenz in der Appeasement-Politik der Regierung Baldwin 1935 bis 1937 und dem Kabinett von Neville Chamberlain 1937 bis 1939. Auch auf dem Thron des Vereinigten Königreiches saß mit George V ein deutschfreundlicher König. Seit 1714 hielt das Haus Hannover, eine Seitenlinie des deutschen Adelsgeschlecht der Welfen, den britischen Thron inne. Wegen des innenpolitischen Drucks während des Ersten Weltkrieges änderte George V den deutschen Namen Sachsen-Coburg-Gotha in Haus „Windsor" um. Als er starb folgte ihm im Januar 1936 sein Sohn Edward VIII auf den Thron. Im gleichen Jahr wurde dieser Großmeister der Großloge von England. Noch vor Ende seines ersten Herrschaftsjahres dankte er aber wieder ab, um die zwei

Mal geschiedene Wallis Simpson heiraten zu können. An seiner Stelle übernahm sein jüngerer Bruder George VI den Königsthron. Ihm wurden darauf auch die Ämter „Grand Master Mason of Scottland" und im Jahre 1938 „Past Grand Master of the United Grand Lodge of England" anvertraut.

An seinem 50. Geburtstag, am 20. April 1939, also kurz vor dem Ausbruch des Zweiten Weltkrieges, empfing Hitler den englischen Militärhistoriker und Strategen John F. C. Fuller, einen Sympathisanten des britischen Faschisten Sir Oswald Mosley, als Ehrengast an der Militärparade. Das wäre nicht weiter erwähnenswert, wenn dieser nicht einer der ersten Schüler des einflussreichen Magiers und hochrangigen Illuminaten Aleister Crowleys gewesen wäre. So muss seine Begegnung mit Hitler aus einer anderen Perspektive betrachtet werden, denn Fuller kam als Abgesandter des Geheimordens „Silver Star", den Crowley gegründet hatte. Einer der Hauptzwecke des Ordens war die Verbreitung der Offenbarungsschrift des neuen Äons, des „Liber al vel legis" und der thelemitischen Gesetze. Manche meinen, der „Silver Star" wäre nichts anderes als ein höherer Grad des „Golden Dawn", mit dem die VRIL-Loge in engstem Kontakt stand. Tatsache ist, dass Crowley zumindest einige Zeit hindurch auch dem „Golden Dawn" angehört hatte. Die Worte, welche zwischen Hitler und Fuller nach der Parade gewechselt wurden, waren allerdings lapidar. Hitler fragte: *„Ich hoffe, sie sind zufrieden mit ihren Kindern?"*, und Fuller antwortete: *„Exzellenz, sie sind so schnell gewachsen, dass ich sie* *nicht wieder erkenne."*[113] Was können wir aus diesem kurzen Dialog herauslesen? Obwohl Fuller offiziell seit 1919 den Kontakt zu Crowley abgebrochen hatte, blieb er weiterhin der okkulten Lehre erhalten. Zweifellos prägte die Zusammenarbeit mit Crowley sein weiteres Denken. 1933 zog er sich im Rang eines Generals in den Ruhestand zurück und engagierte sich in der britischen Faschistenbewegung unter Oswald Mosley. Da die NSDAP (1920) viele Jahre vor Mosleys New Party (1931) gegründet wurde, kann damit nicht eine politische oder ideologische Vater-Kind Beziehung gemeint sein. Vielmehr impliziert der Dialog ein okkultes Verhältnis. Adolf Hitler war nebst anderen Nazi Größen ein Mitglied des Thuleordens, wo er von Dietrich Eckart, Karl Haushofer und Alfred Rosenberg in Belangen der Geheimlehre beraten wurde. Meister des Tempels im Thule Orden war Dietrich Eckart, der auf seinem Totenbett im Dezember 1923 folgende berühmte Äußerung gemacht haben soll:

„Folgt Hitler! Er wird nach meinem Lied tanzen. Ich habe ihn in die Geheimlehre eingeweiht, seine Zentren in einer Vision geöffnet und ihm die Mittel gegeben, um mit den Mächten zu verkehren. Ich habe die deutsche Geschichte mehr als jeder andere Deutsche beeinflusst."

Detlev Rose weist auf einen weiteren Punkt hin, der im Zusammenhang mit der Thule Gesellschaft oft erwähnt wird. Er nennt es die Haushofer-Legende, welche ihren Ursprung bei Pauwels und Bergier habe.

---

[113] DsR, S. 43 und S. 650 Anmerk. 66

Sie beinhaltet, dass Haushofer zu der Gruppe der „Wahrheitssucher" um den griechisch-armenischen Esoteriker George Ivanowitsch Gurdjieff gehört habe. Dieser sei unter anderem ein Lehrer des jungen Dalai Lamas gewesen und habe Haushofer in den Jahren 1903, 1905, 1906, 1907 und 1908 auf eine Reise nach Tibet mitgenommen.[114] Der rätselhafte Mann aus Alexandropol soll nicht nur Stalin in den Martinisten Orden eingeweiht, sondern auch Kontakte zu Adolf Hitler gehabt haben. Ob ein direkter Draht zwischen dem Magier und dem Politiker bestanden habe, lässt sich nicht beweisen. Tatsache ist, dass Hitler Kontakte zu Lady Rothenmere, einer begeisterten Gurdjieff Anhängerin gepflegt hatte.[115]

Hitler hatte aber wie gesagt auch einflussreiche Freunde jenseits des Atlantiks. Eine Tatsache, die lange von der offiziellen Geschichtsschreibung ignoriert wurde, waren die Beziehungen der Nazis zu den US-Finanzkreisen. Anthony C. Sutton hat diesen Sachverhalt eingehend beleuchtet. Eine wichtige Vermittlerrolle zwischen den Amerikanern und den Deutschen misst er dem Hitler-Freund Ernst Sedgewick Hanfstaengel bei. Der Vater von Heinrich Himmler war dessen Klassenlehrer am bayrischen Wilhelms-Gymnasium. Später, als er an der Universität in Harvard studierte, lernte er den damaligen Senator Franklin D. Roosevelt kennen, mit dem er Zeit seines Le-

---

[114] Detlev Rose: Die Thule Gesellschaft, S. 173
[115] DsR, S. 659, Anmerk. 71

bens befreundet blieb.[116] Roosevelt, der 1932 zum Präsidenten der Vereinigten Staaten gewählt wurde, war ein Mitglied der „Holland Lodge Nr. 8" in New York.[117] Als Hochgrad-Freimaurer gehörte er zum engsten Kreis der Illuminaten. Hanfstängel hatte regen Kontakt zum amerikanischen Botschafter in Berlin. Es kann folglich davon ausgegangen werden, dass er amerikanische Interessen vertrat. Sutton sieht es als bewiesen an, dass er zur *„Finanzierung der ersten Tageszeitung der Nationalsozialisten, des Völkischen Beobachters"*[118] beitrug.

An vorderster Front bei der ausländischen Finanzierung von Hitlers Staatsstreich stand der amerikanische Ableger der IG Farben. Unter den Direktoren der US Tochterfirma finden wir Walter Teagle, einen Verbündeten und Geldgeber Roosevelts sowie Paul Warburg, dessen Bruder im Vorstand des deutschen Zweigs war und Edsel Ford. Letzterer führte die Tradition seines Vaters, Henry Ford weiter, dem die unrühmliche Ehre gebührt als erster Ausländer Hitler Geld gegeben zu haben. Ungewöhnlich viele Direktoren der deutschen IG Farben waren Mitglieder des Keppler-Kreises, einer Gruppe von Geschäftsleuten, die Hitler zur Macht verhalf. Später rückte dieser Interesseverband in die Nähe des Reichsführers SS Heinrich Himmler. Der Keppler Kreis stand unter der

---

[116] Anthony Sutton: Wallstreet und der Aufstieg Hitlers, S. 115
[117] IFL, S. 714
[118] Anthony Sutton: Wallstreet und der Aufstieg Hitlers, S. 116

organisatorischen Kontrolle des Kölner Bankiers Kurt von Schröder, der Verbindungen zur J. Henry Schröder Banking Cooperation in New York hatte. Nebst Wilhelm Keppler, dem Vorsitzenden der IG-Farben-Tochter BRABAG, vertrat auch Friedrich Flick, der Begründer des Stahlkartells Vereinigte Stahlwerke, IG Farben. Zur Schröder Clique gehörten auch Direktoren der AEG, der deutschen General Electric, der Dresdner Bank und der Allianz Versicherung AG. Sowohl Schröder und Keppler als auch Flick hatten Verbindungen zu amerikanischen Firmen wie der ITT, der AEG und der Standard Oil in New Jersey. Sutton kann zwar keine direkte finanzielle Beteiligung der Standard Oil of New Jersey bei Hitlers Machtergreifung beweisen, er zeigt aber auf, dass Standard Oil *„Zahlungen für die Entwicklung synthetischen Benzins zu Kriegszwecken zugunsten der Nazis geleistet"*[119] hat.

Stalin oder die kommunistische Diktatur der Illuminaten

Josef Stalin ging als einer der grausamsten Diktatoren und einer der schlimmsten Verbrecher der Menschheit in die Geschichtsbücher ein. Seine Herrschaft in der Sowjetunion war geprägt durch das Repressionssystem des Gulags. Dazu gehörten Zwangsarbeitslager, Straflager, Gefängnisse und Verbannungen, die hauptsächlich der Unterdrückung politischer Gegner dienten. In den Lagern waren zeitweise bis 2,5 Mio. Gefangene interniert. Wie viele Menschen unter den

---

[119] Ibid, S. 162

harten Bedingungen gestorben sind, kann nicht genau ermittelt werden, man spricht für die gesamte sowjetische Ära von 1918 bis 1991 von insgesamt 39 Millionen Toten. Ein großer Teil davon geht auf das Konto Stalins. Der russische Schriftsteller Alexander Solschenizyn, der selber in einem Arbeitslager eingesperrt wurde, nannte für die 30-jährige Zeit der Gewaltherrschaft eine weitaus höhere Zahl:

„Die Zahl der Häftlinge, die im Laufe von 35 Jahren (bis 1953) den Archipel passierten oder dort starben, beträgt schätzungsweise vierzig bis fünfzig Millionen (eine vorsichtige Schätzung, denn das ist nur das Drei- oder Vierfache der durchschnittlichen Bevölkerung des GULAG, im Krieg starben jedoch täglich ein Prozent weg)."[120]

Während der Ära Stalin war die Sowjetunion im Klammergriff der Angst. Die Bürger lebten in der ständigen Sorge, denunziert und deportiert zu werden. Es war eine Schreckensherrschaft, die mit jener der Jakobiner verglichen werden kann. Andererseits ließ er einen unglaublichen Personenkult um sich herum errichten, der seinen Landsleuten gebot ihn voll und ganz zu lieben. Eine Atmosphäre, in der vor allem auch Heuchelei und Falschheit gediehen. Im Grunde bediente sich der Diktator des uralten Führungsrezepts von Zuckerbrot und Peitsche. Entweder man liebte ihn, dann bekam man die angenehmen Seiten des Regimes zu spüren, oder man äußerte sich

---

[120] Alexander Solschenizyn Der Archipel Gulag, Fischer, Frankfurt am Main 2010

kritisch über ihn, dann wurde man deswegen denunziert und in ein Lager gesteckt. Bei der Suche nach den Ursachen für Stalins Regierungsstil, dürfen wir einen Mann nicht außer Acht lassen, nämlich den Mystiker Gurdjieff. Dieser war im Grunde ein Agent der Illuminaten und hatte maßgeblichen Einfluss auf die Persönlichkeitsentwicklung Stalins.

Josef Stalin wurde 1878 in Gori in der Nähe der georgischen Hauptstadt Tiflis geboren. Aufgewachsen in trostlosen Verhältnissen, Sohn eines Schumachers und einer streng religiösen Mutter, drängt es ihn schon früh ins Priesteramt, weshalb er 1894 in das orthodoxe Priesterseminar in Tiflis eintrat. Die Mönche und Lehrmeister führten ein strenges Regime, hielten die Anwärter mit eiserner Härte nieder. In dieser Einrichtung lernte er nebst der Bildung, auch wie man Menschen auf der psychologischen Ebene unterdrückt und einschüchtert. Nun wird verschiedentlich behauptet, Stalin habe an dieser Einrichtung auch Gurdjieff getroffen, der ebenfalls das Priesterseminar besucht haben soll. Da man seinen Namen nirgends in den schriftlichen Unterlagen des Seminars fand, muss man davon ausgehen, dass es sich dabei um ein Gerücht handelt. Auch der Altersunterschied zwischen den beiden spricht gegen eine solche Annahme, denn Gurdjieff war zwölf Jahre älter als Stalin. Anders verhält es sich mit der Aussage, dass Gurdjieffs Nichte Luba angeblich im selben Haus zur Welt kam wie Stalin. Sie erzählt in ihrer Biographie, dass sie sogar als Kind mit ihm im Hof gespielt habe.[121] Gemäß Carmin soll der junge Stalin zwischen 1894-1899 im Umfeld der Gurdjieff Familie verkehrt haben.[122] Vor allem aber deutet ein Name, den Gurdjieff selbst erwähnt, auf einen Kontakt zwischen den beiden. Einer seiner Gefährten, der ein Mitglied der Gruppe der „Wahrheitssucher" war, hatte den Namen Prinz Nijeradse. Dieser sei niemand geringeres als Stalin gewesen, der in jungen Jahren das Pseudonym "Gaioz Nizharadze" benutzt hatte. Auf den mysteriösen Prinzen deutet auch ein Kapitel aus Gurdjieffs „Begegnung mit bemerkenswerten Menschen" hin, welches rätselhafterweise vor der Herausgabe aus dem Buch gestrichen wurde.

Auch wenn heute noch keine restlose Aufklärung der Beziehung zwischen dem Mystiker und dem Politiker möglich ist, so muss in Hinblick auf Gurdjieffs Lehre zweifellos eine Parallele zu Stalins Politik der Arbeitslager festgestellt werden. Colin Wilson sagt, dass der Schlüssel zu den Lehren des russischen Magiers im Begriff „Arbeit" liege.[123] Was er damit meinte, wird angesichts der Erzählungen über das Leben von Gurdjieffs Schülern im Institut zur harmonischen Entwicklung des Menschen in Fontainebleau deutlich. *„Jeder neue Student in der Prieuré wurde als erstes angewiesen, einer Arbeitskolonne beizutreten. Die eine baute eine Straße, die andere beschnitt Bäume*

---

[121] Luba Gurdjieff Everitt, A Memoir with Recipes, SLG books, 1997
[122] DsR, S. 253
[123] Collin Wilson, das Okkulte, S. 554

oder arbeitete im Steinbruch, leitete einen Fluss um oder melkte Kühe."[124]

Bei dieser Schilderung werden Assoziationen wach zu den Arbeitskolonnen der Scientologen, aber auch zu Osho, einem Guru, der von Hitler geradezu fasziniert war, und der seine Anhänger im Ashram von Oregon unter ähnlichen Bedingungen arbeiten ließ. Es herrschte ein geradezu faschistisches Regime unter den Sanyasins. Wen wundert's, dass sich Osho stark an Gurdjieff orientierte, was seine Behandlung von Westeuropäern betraf, um ihre Anhänglichkeit zu gewinnen. Gurdjieffs Methode zur Erlangung eines höheren Bewusstseins war extrem autoritär. Er verlangte von seinen Schülern nicht weniger als den absoluten Gehorsam.

„Gurdjieff erklärte seinen Schülern, dass sie schliefen, dass sie ihr Leben mechanisch lebten und Automaten seien. Sie könnten aber in einer neuen Welt erwachen, wenn sie diese Mechanik bekämpften und sich alle ihre Gedanken und Motive durch ‚Selbsterinnerung' bewusst machten. Wenige Menschen seien stark genug, dies aus eigener Kraft zu schaffen; sie müssten deshalb in Gruppen arbeiten und einem Meister absoluten Gehorsam leisten. Gewohnheiten müssten gebrochen, eingefahrenes Betragen aus dem Gleise gerissen werden."

„In dem Institut mussten verzärtelte Damen und zerbrechliche Intellektuelle harte und schmutzige Arbeit tun (...)"

---

[124] Ibid, S. 563

„Des Meisters Verhalten war völlig unvorhersehbar; die Jünger wurden in ständiger Unsicherheit und Verwirrung gehalten. Aber all dies war ein Teil des Systems."[125]

Der Kern von Gurdjieffs Lehre besagt, dass der Mensch die Wahrnehmung verborgener Realität erlangen könne, wenn er denjenigen Teil in ihm, der automatisch und gewohnheitsmäßig ablaufe, sozusagen der Roboter im Unterbewusstsein, durch neuartige Tätigkeiten stimuliere. Am besten geschähe dies durch etwas Unbequemes, auf das man mit Schmerz und Leid reagiere. Deshalb verschrieb Gurdjieff seinen Schülern, von denen die meisten Intellektuelle waren, harte physische Arbeit. Sie mussten sozusagen Dinge machen, die ihren Vorlieben und Bedürfnissen entgegen liefen.

Wenn wir diesen einfachen Grundgedanken aus der Lehre Gurdjieffs in der Diktatur Stalins suchen, so lässt sich nicht leugnen, dass man ihn in den Arbeitslagern wiederfinden könnte. Fast scheint es, als ob Stalin Russland in ein gigantisches „Institut zur harmonischen Entwicklung der Menschheit" umgewandelt hätte. Neben dem Gulag gab es ja auch noch Stalins Wirtschaftsprogramm, in dem er aus dem Agrarstaat im Raketentempo einen Industriestaat erschaffen wollte. Stalin verwirklichte gewissermaßen

---

[125] Graham Hough über Gurdjieff, zitiert aus: Von Bittorf, Wilhelm: Die liebende Gabe, die mich durchdringt, der Spiegel, Nr. 11, 1981

in seiner Diktatur die utopischen Ideen der Rosenkreuzer des sechzehnten Jahrhunderts. In seinen Sozialutopien über Christianopolis hat sich Johann Valentin Andrea an den Staatsutopien angelehnt, wie sie von Thomas Morus in Utopia, Francis Bacon in Nova Atlantis, oder Tommaso Campanella in Civitas Solis beschrieben wurden. Sichtbar wurde dieses Streben nach einer vollkommenen Gesellschaft in ehrgeizigen Bauprojekten wie des monumentalen Palasts der Revolution, der unter der Herrschaft Stalins geplant wurde. Es war das Konzept einer klassenlosen Gesellschaft, in der das eigene Ich unbedeutend und der Staat alles ist.

An einigen Stellen wird darauf hingewiesen, dass Gurdjieff Stalin in den Martinisten-Orden eingeweiht hätte, jenem Freimaurerorden, den der französische Arzt Gérard Encausse, gemeinhin bekannt als Papus, nach Sankt Petersburg importiert hatte. Encausse war mit dem Zarenpaar befreundet. *„Zar Nikolaus II. war Mitglied in der Loge des Martinistenordens und wurde von Papus in Esoterik unterrichtet."*[126] Der Martinismus ist ein System, welches dem menschlichen Wesen helfen soll, seinen göttlichen Ursprung wiederzufinden. Als Methode dazu wurde die bewusste Gestaltung des Alltags verkündet. Ein Ansatz, der den Grundgedanken der Lehre Gurdjieffs miteinschließt, nämlich denjenigen, die alltägliche Arbeit bewusst, d.h. nicht wie ein Roboter, auszuführen. Dass Stalin indirekt mit dem Zaren in Verbindung stand, davon

---

[126] DsR, S. 369

zeugen die vielen Verdachtsmomente gegen ihn, er sei ein Spitzel der Ochrana, der russischen Geheimpolizei gewesen. Das ist eine Erklärung dafür, wieso Stalin nach 1904 so viele Male (acht Mal) verhaftet wurde, wobei ihm danach immer wieder die Flucht aus der Verbannung gelang. Während der Haft hätte er ohne Verdacht zu erwecken, der Geheimpolizei Bericht erstatten können. Insofern galt er als wichtiges Bindeglied zwischen dem Zaren und den marxistischen Revolutionären.

Welche Rolle Stalin bei der Verbreitung der „Protokolle der Weisen von Zion" gespielt hat, ist unbekannt. Tatsache ist, dass die Protokolle eine Fälschung waren, welche auf der Grundlage der anonym erschienen französischen Satire „Dialogue aux Enfers" erarbeitet worden waren. Dieser Text wurde in Paris fabriziert und durch das Büro der Ochrana, welche in Frankreich ein Agentennetz unterhielt, nach Russland übermittelt. Einer dieser russischen Agenten namens Henri Bint erzählte 1917 Sergej Swatikow, einem Abgesandten der Bolschewisten, dass die Protokolle auf Anweisung des Auslandchefs der Ochara, Pjotr Iwanowitsch Ratschkowski, hergestellt worden seien. Für die Richtigkeit dieser Behauptung bürgt auch der Journalist Wladimir Burzew, der am Berner Prozess als Zeuge ausgesagt hatte.[127] Zur Hauptaufgabe Ratschkowskis gehörte die Bekämpfung der russischen Revolutionäre, die ins Ausland

---

[127] Norman Cohn: Die Protokolle der Weisen von Zion, S. 80

geflüchtet waren. Verbreitung fanden die Protokolle 1905 durch das Werk „Das Große im Kleinen", welches durch den russischen Schriftsteller Sergei Alexandrowitsch Nilus veröffentlicht wurde, wo sie als Anhang der zweiten Auflage erstmals in Buchform erschienen. Carmin schreibt, dass Nilus letztlich nur als Strohmann der Ochrana fungierte, um Papus durch die Aufdeckung einer angeblichen Verschwörung in Misskredit gegenüber dem Zaren zu bringen.[128] Die Auswirkungen, welche durch die Publizierung der „Protokolle" entstanden, waren verheerend. In Russland führten sie zu blutigen Pogromen gegen die Juden und in Deutschland zum Holocaust.

Kleiner Exkurs Mao

Die politische Verbreitung der kommunistischen Idee in China nahm ihren Anfang mit der Gründung der chinesischen KPD an einem Kongress in Shanghai im Jahre 1921. Unter den fünfzehn Delegierten, welche die insgesamt dreiundfünfzig Kommunisten Chinas repräsentierten befand sich nebst den beiden Parteigründern Li Dazhao und Chen Duxiu auch der achtundzwanzigjährige Mao Tse-Tung. Der Kongress war aber keineswegs auf Eigeninitiative der Chinesen einberufen worden, sondern durch den Anstoß zweier Agenten des Komintern. Die Drahtzieher hinter der Gründung befanden sich in Moskau.

„Etwa zu der Zeit verstärkte man in Moskau die Bemühungen, den Umsturz in China voranzutreiben. Heimlich wurde eine chinesische Armee in Sibirien

---

[128] DsR, S. 371 f

ausgebildet und man erwog eine bewaffnete Intervention in China, (...). Gleichzeitig baute Moskau eines seiner größten Geheimdienst-Netzwerke der Welt auf. In Shanghai gab es bereits eine KGB-Niederlassung, in den anderen wichtigen Städten wie Kanton und natürlich Peking waren zahlreiche Agenten des zivilen und des militärischen Geheimdienstes (des GRU) am Werk."[129]

„Am 3. Juni 1921 trafen zwei neue hochrangige Vertreter Moskaus in China ein. (...). Die beiden Agenten wiesen die KPC –Mitglieder an, einen Kongress zur formalen Organisation der Partei zu veranstalten. In die sieben Regionen, in denen es Ortsgruppen gab, wurden Briefe entsandt. (...) Ein Posten mit Einladung und Geld erreichte auch Mao in Changsha. 200 Yuan waren fast so viel wie Mao mit seiner Lehrstelle in zwei Jahren verdiente, und weitaus mehr als die Reise kostete."[130]

Noch im Jahre 1920 hatte Mao an einer Vorlesung des britischen Philosophen Bertrand Russel in Changsha Bekanntschaft mit der Idee einer unblutigen Revolution gemacht. Russel war ein prominentes Mitglied der Fabian Society, einer einflussreichen britischen Gesellschaft, welche den sozialdemokratischen Gedanken verbreiten wollte. Mao verwarf die Idee als zu blauäugig und liebäugelte stattdessen mit

---

[129] Dokumente in WKP, Bd. 1, zitiert aus Chang, Jung, Halliday Jon: Mao, S. 44

[130] Jung Chang, Jon Halliday: Mao, S. 44

einem Umsturz nach bolschewistischem Vorbild. Angesichts der finanziellen Zuwendungen durch die Russen, die Mao entgegen nahm, lässt sich nicht leugnen, dass er im Grunde ein Agent Provocateur der Bolschewiken war. Im Jahre 1926 brach Gewalt unter den Bauern in Hunan aus. Mao musste gemeinsam mit einem russischen Agitator namens Boris Freyer eine Rede halten, bei der er seine Zuhörer entgegen der russischen Interessen noch zur Mäßigung aufforderte. Sein Faible für Gewalt entdeckte Mao erst kurze Zeit später während einer 32-tägigen Inspektionsreise durch die ländlichen Gegenden von Hunan.

„Genauer gesagt entdeckte Mao damals seine Begeisterung für den brutalen Terror. Diese Lust an der Brutalität, die an Sadismus grenzte, ging Hand in Hand mit seiner Neigung für leninistische Gewalt, (...)".[131]

Die Folge dieser Zuwendung zur Härte war, dass er die Anführer der Bauernbewegung, die meisten von ihnen waren primitive Schläger, bei ihren Gewaltexzessen gewähren ließ. Er hatte vor, in jedem Bezirk eine Schreckensherrschaft zu errichten. Diese von den Sowjets befürwortete Agitation verursachte den Widerstand der Nationalistischen Armee und führte Schließlich zum Bruch zwischen Chiang Kai-shek und den Kommunisten. Im gleichen Jahr erklomm Stalin die höchste Stufe der Macht im Kreml. Er kümmerte sich nun persönlich um die Belange in China.

---

[131] Ibid, S. 63

„Als Reaktion auf Chiangs Verhalten befahl er, dass die KPC umgehend ihre eigene Armee aufstellen und Gebiete mit dem langfristigen Ziel besetzen sollte, China mit Waffengewalt zu erobern."[132]

Von diesem Augenblick an bis zu seinem Tode im Jahr 1954 tanzten die chinesischen Kommunisten mehr oder weniger nach der Musik Stalins. Als Mao am 1. Oktober 1949 umgeben von seinen Gefährten des langen Marsches vor dem Tor des Himmlischen Friedens der jubelnden Menge die Volksrepublik China verkündete, hatte dieser die stalinistischen Prinzipien des Terrors und des Personenkultes längstens verinnerlicht. Bereits am 31. Januar des gleichen Jahres hatte er euphemistisch einen „Hausputz" Chinas angekündigt. Freilich meinte er damit nichts anderes als landesweite blutige Säuberungen nach dem Vorbild von Stalins Tschiska. Damit die Gräueltaten vor der Weltöffentlichkeit verborgen blieben, mussten sämtliche Ausländer zuvor das Land verlassen. Gleichzeitig begann er mit der *„Einrichtung eines hermetischen und landesweit wirksamen Kontrollsystems, mit dem die ganze Nation abgeriegelt wurde".*[133] Nichtsdestotrotz war er weiterhin von Stalin abhängig, denn der Kremlchef sollte ihm beim Aufbau einer modernen Kriegsmaschinerie behilflich sein. Eine Episode aus dieser Zeit veranschaulicht die langjährige Beziehung zwischen dem Kremlchef und dem großen Vorsitzen-

---

[132] Ibid, S, 73
[133] Ibid, S. 452

den. Als Mao merkte, dass Stalin nicht im Sinne hatte, seine militärpolitischen Bestrebungen zu unterstützen, nahm er Verhandlungen mit den westlichen Mächten auf, um ihn zum Handeln zu bewegen. 1950 bezichtigte Dean Acheson, der Außenminister der USA, Stalin „der Loslösung der nördlichen Provinzen Chinas". *„Anstatt die Rede des Amerikaners zu dementieren, sagte Mao, dass ‚China die De-Facto-Annexion der Mongolei durch die Sowjetunion nicht akzeptierte.'"*[134] Daraufhin zitierte Stalin Mao nach Moskau, wo er ihn vor den Augen Chou En-lais zusammenpfiff. Der Umstand, dass Mao dazu gezwungen werden konnte, sein Gesicht vor einem seiner Untergebenen zu verlieren, verdeutlicht das Machtgefälle, welches zwischen Stalin und Mao bestanden hatte.

---

[134] Ibid, S. 460

VII Die Macht-Pyramide und das Blut der Illuminaten

Unter der Herrschaft der Pyramide

Die Herrschaft der Illuminaten basiert auf der Grundlage einer autoritären Struktur, welche man als Machtpyramide bezeichnen könnte. In ihr sind ihre Geheimorganisationen, Geheimdienste, Logen und Gesellschaftszirkel in einem weltweit umspannenden Netzwerk organisiert. Innerhalb der jeweiligen Verbände herrschen trotz der gegenseitigen Anrede als Brüder oder Schwestern strikt vertikale Befehlsstrukturen, genauso wie wir es von der katholischen Kirche her kennen. Es ist eine perfekt durchorganisierte internationale Machtmaschinerie. Und das ist der Grund dafür, wieso die Illuminaten den Rest des Erdballs manipulieren können. Der größte Teil der Menschheit ist entweder schlecht oder gar nicht organisiert. Die Illuminaten hingegen haben in ihren Reihen die klügsten, intelligentesten und einflussreichsten Persönlichkeiten. Während die Urheber hinter den Befehlsketten wegen der Globalisierung für den Einzelnen immer schwieriger zu erkennen sind, wird der Erwerbstätige und Konsument immer transparenter. Im Supermarkt werden seine Einkäufe mit Hilfe einer Bonuskarte registriert, seine Telefonanrufe sowie seine Surfspuren auf dem Internet werden auf einem Superrechner kontrolliert und nach Gefahrenpotential klassifiziert. Nirgends im öffentlichen Raum kann man sich mehr bewegen ohne, dass man von irgendeiner Überwachungskameras aufgenommen wird. Wir leben in jenem Überwachungsstaat, den George Orwell in seinem Roman „1984" vorausgesagt hatte.

Wie 2,6 Millionen Illuminaten den Rest der Welt regieren

In der Pyramidenstruktur der Illuminaten sind schätzungsweise 2,6 Millionen[135] Menschen integriert. Zum heutigen Zeitpunkt leben ungefähr 7,16 Milliarden Menschen auf unserem Planeten. Wenn wir die Proportion zwischen den beiden Zahlen ausrechnen, erkennen wir, dass auf einen Illuminaten 3580 Menschen kommen, die ohne ihr Wissen beobachtet, kontrolliert und beeinflusst werden. Diese Größe entspricht ungefähr einer kleinen Gemeinde. Anders herum können wir sagen, dass 0,028 Prozent der Weltbevölkerung über den Rest der Menschheit gebietet, wobei man berücksichtigen muss, dass die Illuminaten-Organisationen streng hierarchisch aufgebaut sind. Das bedeutet aber nichts anderes, als dass die Verhältnisse zwischen Befehlsgebern und Ausführenden noch weit krasser sind. Im Jahre 1961 hielt John F. Kennedy eine historische Rede vor der American Newspaper Publishers Association über den zunehmenden Einfluss von Geheimgesellschaften auf die Freiheit der Bürger.

---

[135] Geschätzte Zahl der Freimaurer weltweit laut:
de.wikipedia.org/wiki/Geschichte_der_Freimaurerei:

„Denn wir werden weltweit angegriffen von einer monolithischen und ruchlosen Verschwörung, die sich vor allem auf verdeckte Operationen stützt, um ihren Einfluss auszudehnen – sie stützt sich auf Infiltration anstatt Invasion; auf Unterwanderung anstatt Wahlen; auf Einschüchterung anstatt freier Wahl; auf nächtliche Guerillaangriffe anstatt auf Armeen bei Tag. Es ist ein System, das sich riesiger menschlicher und materieller Ressourcen verpflichtet hat und zu einem festen Knoten verband, zu einer hoch effizienten Maschine, die Operationen militärischer, diplomatischer, geheimdienstlicher, wirtschaftlicher, wissenschaftlicher und politischer Art verbindet. Ihre Pläne werden nicht veröffentlicht sondern verborgen."[136]

Es ist mittlerweile dank vieler Fernsehdokumentationen über das Thema „Geheimorganisationen" kein Geheimnis mehr, dass die Verschwörung der Illuminaten, von der Kennedy hier spricht, auf jedem Ein-Dollar-Schein in Form der darauf abgebildeten Pyramide zu sehen ist. Bereits im 17. Jahrhundert verbreiteten die Rosenkreuzer, sie seien „sichtbar und unsichtbar" in Paris präsent. Das gleiche Prinzip wird mit der Darstellung auf der Dollarnote angewendet. Auf der ganzen Welt kursiert das Geld der Vereinigten Staaten und verbreitet die Botschaft, dass die Illuminaten über den Dollar herrschen. Sie markieren ihre Präsenz und verbergen sich dennoch hinter einer Armee von Strohmännern, so dass die wahren Draht-

---

[136] John F. Kennedy am 27. April 1961 im Waldorf-Astoria

zieher im Verborgenen bleiben. Tatsächlich ist die Federal Reserve, welche die Dollarscheine herausgibt, ein Verbund von Privatbanken, die in den Händen einiger weniger mächtiger Männer ist.

Obwohl die weltweite Verschwörung der Freimaurerei von den Logenbrüdern selbst immer wieder dementiert wird, spricht sie auf ihren eigenen Websites von der „Brudertreue und Bruderkette", welche die Verbindung zur ganzen Menschheit herstellt.[137] Allerdings betonen die Freimaurerei immer wieder, dass sie *„lediglich bestrebt sei, eine weltweite ‚Bruderkette' zu sein und keines falls eine ‚Weltloge' unter einheitlicher Logenleitung oder gar eine revolutionäre überstaatliche Macht, die die bestehende Gesellschaftsordnung stürzen will."*[138] Natürlich, was sollten sie denn sonst sagen? Kein aktiver Freimaurer würde je öffentlich bekannt geben, dass ein Teil ihrer Brüder genau dies schon seit ihrer Gründung im Jahre 1717 tut. Nein, lieber geben sie sich nach aussen hin sozial und wiegen sich im Gefühl zu einer privilegierten Sorte von Menschen zu gehören. Zugegeben, es hat noch keinem Geschäftsmann geschadet, wenn er durch die Freimaurerei in ein weltweit kooperierendes Netz von Brüdern aufgenommen wurde. Allein schon der Gedanke, dass sich die Mitglieder dieser

---

[137] Zum Beispiel im Artikel Brudertreue - Bruderkette der Schweizerischen Großloge Alpina auf: www.freimaurerei.ch/d/alpina/artikel/artikel-2004-1-01.php

[138] Guido Grandt: Schwarzbuch Freimaurerei, S. 75

Geheimgesellschaft gegenseitig unterstützen, spricht gegen den Grundgedanken einer freien Wirtschaftsordnung. Es ist eine versteckte Form des Nepotismus und der Günstlingswirtschaft. Vom ehemaligen US Präsident Woodrow Wilson stammt folgender Ausspruch:

"Seitdem ich Politiker bin, haben mir Männer ihre Ansichten hauptsächlich im privaten Rahmen anvertraut. Einige der größten Männer der USA auf den Gebieten des Handels und der Industrie haben vor jemandem, vor etwas Angst. Sie wissen, dass es irgendwo eine Macht gibt, die so gut organisiert ist, so geheimnisvoll, so wachsam, so ineinander verzahnt, dass sie ihre Anschuldigungen besser im Flüsterton ausgesprochen haben."[139]

Wen anders als die Illuminaten kann Präsident Wilson bloß gemeint haben? Wenn ein hochrangiger Freimaurer in der Öffentlichkeit verkündet, die Freimaurerei sei nur eine weltweit verbundene Gemeinschaft von Brüdern, welche weder eine Dachorganisation habe, noch sich in politische Belange einmische, so tönt das etwa gleich überzeugend, wie als Hitler vor dem Zweiten Weltkrieg den Frieden beschwor. Nur die wirklich naiven Menschen kauften es ihm ab.

---

[139] US-Präsident Woodrow Wilson, in The New Freedom (1913)

Die Freimaurerei ist nicht die einzige weltweit agierende Geheimgesellschaft, letztlich ist sie aber mit den anderen Gruppierungen stark vernetzt. Das kann zum Beispiel durch eine doppelte Mitgliedschaft in zwei verschiedenen Organisationen bewerkstelligt werden, oder wenn Brüder aus einem nahe stehenden Verein rekrutiert werden. Dies geschieht, indem die Freimaurer neue Mitglieder aus den Reihen des Rotary oder Lions Clubs anwerben. Kommt dazu, dass verschiedene Gesellschaften ihre Versammlungen in den gleichen Räumlichkeiten aber an verschiedenen Tagen abhalten. So treffen sich zum Beispiel die Anhänger des Druidenordens oder der Old Fellows im gleichen Saal wie zwei Tage später die Freimaurerbrüder. Einen wesentlichen Unterschied zwischen den Orden und den Clubs gibt es. Die Freimaurer zelebrieren zu Beginn jeder Veranstaltung ein Ritual, während z.B. die Rotarier ihre Zusammenkünfte dafür nutzen ihr Freundschaftsnetz zu vergrössern. Insofern muss hier auch die Frage aufgestellt werden, was für eine Wirkung ein Ritual auf die Gehorsamspflicht innerhalb der Befehlskette auszuüben vermag. Bei der Aufnahme in eine Freimaurerloge muss man einen Eid in Form eines Gelöbnisses ablegen, ähnlich wie ein Soldat, welcher einer Armee beitritt.

Nebst diesen Verflechtungen auf Regionalebene gibt es auch eine Reihe von international agierenden Gruppen, welche wiederum eine Vielzahl ihrer Mitglieder aus den Reihen der Freimaurer ausheben. Dazu gehören an erster, weil an grundlegender Stelle, die Gruppen der Round Table (RT), die von Cecil Rhodes als Geheimorganisation in Südafrika gegründet wurden, um den Diamantenabbau und -handel zu kontrollieren. Später übertrug er die Verantwortung dafür seinem Vertrauten Lord Millner. Weitere Organisationen aus dem Netzwerk der Illuminaten sind: das „Royal Institut of International Affairs" (RIIA), die „Fabian Society", der „Council on Foreign Relation" (CFR), die „Trilaterale Kommission", das „Komitee der 300" (K 300), die „Bilderberger", der „Rat der 33", der „Rat der 13" und das „Rothschild Tribunal" (RT).

Ferner existieren eine Unmenge von Stiftungen wie z.B. der 1865 gegründete „Peabody Educational Fund", dessen Ziel die Einflussnahme auf das amerikanische Bildungssystem ist. Ein anderes Beispiel ist die „Stiftung für internationalen Frieden", die ironischerweise mit dem Geld aus dem Verkauf des Stahl-Imperiums von Andrew Carnegie ins Leben gerufen wurde. Zum Netz der Illuminatenorganisationen gehört auch der „Skull & Bones" Orden, eine Studentenverbindung an der Elite Universität von Yale. Unter seinen Mitgliedern finden sich so prominente Namen wie George Bush Junior und Senior, sowie der größte Teil der damaligen Bush Administration. Aber auch der gegenwärtige US Außenminister unter Präsident Barak Obama, John Kerry, ist einer von ihnen.

Alle diese halbgeheimen und geheimen Organisationen sind unter einer einzigen Holding Struktur miteinander verbunden. Das Beziehungsgeflecht indessen ist derart komplex, dass ein Außenstehender höchstens über die internen Abläufe spekulieren kann. Einig sind sich viele Autoren, was die Spitze der Pyramide betrifft. Dort sollen das „Komitee der 300", der „Rat der 33", der „Rat der 13", das „Rothschild Tribunal" und die „Unbekannten Oberen" regieren. Das Wissen über den inneren Aufbau der Machtzentrale stützt sich hauptsächlich auf die Aussagen von John Todd, einem ehemaligen Mitglied des Druidenrates, der 1972 aus der Organisation ausgestiegen ist und die Erfahrungen, die er bei den Illuminaten gesammelt hatte, in Vorträgen einer breiten Öffentlichkeit zugänglich machte.

Im Folgenden geben wir eine kleine Übersicht über die hierarchische Gliederung der Illuminaten-Instanzen:

Die höchste Machtzentrale wird durch das allsehende Auge auf der Spitze der Pyramide symbolisiert, welches für die „Unbekannten Oberen" und das „Rothschild Tribunal" steht. Gleichzeitig ist es ein Sinnbild für den totalen Überwachungsstaat, wie ihn George Orwell, ein Mitglied der „Fabian Society", in seinem Roman „1984" detailliert beschrieben hat. Die völlige Kontrolle der Bürger erfolgt durch Überwachungskameras, Bespitzelung auf dem Internet, den PCs und den Handys. Dabei wird über jede und jeden eine Unmenge von Daten gesammelt, die in den Großrechnern des Geheimdienstes, z.B. im Spionagenetzwerk Echelon in Menwith Hill im englischen Yorkshire, gespeichert werden. Mit der Begründung, man wolle Kindsentführungen vereiteln, wird sogar ernsthaft darüber debattiert, jedem Menschen von Geburt an einen Mikrochip zu implantieren.

Nach dem Vorbild von Arthus Tafelrunde amten auf der nächsten Stufe die dreizehn Großdruiden. Alle anderen Round Table sind sozusagen von ihr abgeleitet. Es gibt solche Machtzirkel auf jeder Ebene der Pyramide bis hinunter zu den profanen Round Table, wie sie sich heutzutage in den Service-Clubs der gleichnamigen Organisation präsentieren, die von Louis Marchesi, mit der Absicht ein Forum für junge Geschäftsleute zu bilden, gegründet wurden. An das Netz der geheimen „Round Table" Gesellschaft sind eine Reihe einflussreicher Think Tanks angeschlossen. Dazu gehören: das „Institut of International Affairs" in London, das „Council on Foreign Affairs" in den USA, die „Bilderberger Group", der „Club of Rome" und die „Trilaterale Kommission". Aus den „Round Table" ist u.a. das „Institute for Advanced Study" (IAS) hervorgegangen, welches Robert Oppenheimer und Albert Einstein beschäftigte. Beide waren wesentlich an der Entwicklung der ersten Atombombe beteiligt. Außerdem gehören die Vereinten Nationen und die Europäische Union zu ihren Kreationen. Natürlich sind diese Organisationen infiltriert von Mitgliedern der geheimen „Round Table". Die Großdruiden entstammen den folgenden dreizehn Illuminaten-Blutlinien: Astor, Bundy, Collins, Dupont,

Freeman, Kennedy, Li, Onassis, Reynolds, Rockefeller, Russell, Warburg und Rothschild.[140]

Eine Stufe tiefer folgt der „Rat der 33", in dem sich die dreizehn Großdruiden und ein Ausschuss aus dem „Komitee der 300" bestehend aus den höchsten Vertretern der Freimaurerei, alles hochrangige Vertreter aus Politik, Wirtschaft und Kirche, versammeln. Der „Rat der 33" setzt sich aus den reichsten Familien der Welt und ihren Verbündeten zusammen. Zu diesen Familien gehören nach Ländern unterteilt in England und Frankreich die Rothschilds, in den USA die Rockefellers und Schiffs, in Deutschland die Warburgs, in Russland die Ginsbergs und in Japan die Mitsuis.

Die vierthöchste Instanz der Illuminaten ist gemäß Todd der „Rat der 500", welcher von vielen Autoren mit dem „Komitee der 300" (K300) gleichgesetzt wird. John Coleman[141], ein ehemaliger CIA Agent, hat ein Buch über dieses Komitee geschrieben. Gemäß seinen Angaben soll es 1723 durch die British East India Merchant Company (BEIMC) ins Leben gerufen worden sein, um ein internationales Handels- und Bankensystem auf die Beine zu stellen. Es diente letztlich auch dazu den Opiumhandel zu erleichtern. Heute umfasst es praktisch das gesamte System der

---

[140] Robin de Ruiter: Die 13 satanischen Blutlinien, Verlag Anton A. Schmid, Durach 2000, S. 59-81

[141] John Coleman. Die Hierarchie der Verschwörer. Das Komitee der 300, J.K. Fischer Verlag

Weltbanken und besteht aus 290 Organisationen und 125 Banken. Einer der wichtigsten Arme des K300 ist der „Club of Rome", der 1968 während eines Treffens in einer Privatvilla der Rockefellers in Italien initiiert wurde. Er ist ein wichtiges Instrument um gewisse wissenschaftliche Thesen wie jene, dass das Bevölkerungswachstum und die Klimaerwärmung die zwei größten Gefahren für die Existenz der Menschheit seien, zu verbreiten. Der „Club of Rome" veröffentlichte im Jahre 1972 den Bericht „Grenzen des Wachstums", der die Prognose aufstellt, dass die Ölvorräte bald ausgeschöpft seien. Das wichtigste Ziel des „Komitees der 300" ist es alle Nationen in einer einzigen Weltregierung zu vereinigen. Daraus resultierend soll es nur noch eine Leit-Kultur, eine Welt-Religion und ein einheitliches Geldsystem geben.

Unter der Herrschaft Sumers: Wie 500 Familien den Rest der Welt regieren

Ein altes Sprichwort sagt, das „Blut dicker als Wasser" sei. Auf keine Gruppe trifft dieser Spruch mehr zu, als auf die Machtelite der Illuminaten, denn sie sind durch lauter verwandtschaftliche Beziehungen miteinander verbunden. Die Familien der Superreichen sind darauf bedacht, dass sich ihre Kinder und Kindeskinder nur mit ihresgleichen vermählen. Ein Heiratsprinzip, welches bei den Adeligen schon seit jeher befolgt wird. Im europäischen Adel wurde praktisch jede königliche Heirat zwischen Cousinen und Cousins zweiten oder höheren Grades geschlossen. Im alten

Ägypten ging dies soweit, dass der Pharao jeweils seine Schwester heiraten musste. So war beispielsweise Kleopatra VII mit ihren Brüdern Ptolemaios XIII und Ptolemaios XIV verheiratet.

Die heutige Weltelite setzt sich nicht nur aus der Aristokratie sondern auch aus dem Geldadel zusammen. Das Vermögen der superreichen Illuminatenfamilien wird auf viele Billionen US Dollar geschätzt. Frobes Rangliste der Superreichen nennt als größtes Vermögen der Welt jenes von Carlos Slim Helù, einem mexikanischen Unternehmer in der Telekommunikationsbranche. Es beläuft sich im Jahr 2013 auf 73 Milliarden US Dollars, gefolgt von 67 Milliarden, dem Vermögen von Bill Gates. Die Liste aus dem Jahre 2005 geht bis zum Rang 518, wo eine Elisabeth Wiskemann mit 1,2 Milliarden Vermögen aufgeführt ist. Zusammen besitzen diese 518 reichsten Menschen der Welt ungefähr 1,25 Billionen US Dollar. Das wäre gerade einmal zwei Prozent vom Vermögen der Rotschilds. An dieser Zahl lässt sich die Macht dieser Bankiersfamilie ermessen. Und trotzdem kann man weder ihren Namen noch denjenigen der Warburgs, der Rockefellers oder sonst eine der vorrangigen Illuminaten-Familien bei Frobes aufgelistet finden. Widersprüchlich sind die Aussagen über die Rotschilds aber auch sonst. Bei John Todd nehmen sie auf der Spitze der Pyramiden den Rang von Gottheiten ein, während Tilman Knechtel auf der anderen Seite über sie schreibt:

„Sie wussten – und das wird in den offiziellen Biographien eingestanden -, dass Inzuchtehen nur selten gesunde und intelligente Kinder hervorbringen. Die meisten Rothschilds waren von Erbschäden geplagte, hypochondrische, schwächliche, exzentrische Freaks, die man vor der Öffentlichkeit verstecken musste."[142]

Was also sind die Rothschilds? Die mächtigsten Menschen unseres Planeten oder ein paar Geistesgestörte, die über Billionen verfügen? An dieser Stelle sei auf die zahlreichen Spekulationen hingewiesen, die über die Herkunft Adolf Hitlers angestellt wurden. Ein Gerücht besagt nämlich, dass Hitler ein illegitimer Nachkomme der Rothschilds sei. Maria Anna Schickelgruber, die Großmutter Hitlers väterlicherseits, hat nämlich in Wien im Haus des Barons Rothschild als Dienstmagd gearbeitet. Während dieser Zeit wurde sie schwanger und man schickte sie deshalb nach Braunau zurück, wo sie Alois, Hitlers Vater gebar. Der Vater des Kindes soll niemand anderes als der Baron von Rothschild gewesen sein, der mit seiner Dienstmagd ein außereheliches Verhältnis gehabt habe. Auch Hitler selbst wird ein inzestuöses Verhältnis zu seiner Nichte Geli Raubal nachgesagt. Eine Beziehung, die mit der Tragödie von Raubals Suizid endete.

Die Erfolgsgeschichte der Rothschild beginnt mit Mayer Amschel Rothschild, der 1744 im jüdischen Ar-

---

[142] Tilman Knechtel: Die Rotschilds, S. 19

menviertel Frankfurts geboren wurde. Sein Vater war ein Geldwechsler und besaß einen Kleinwarenladen. Er stammte aus einer Rabbinerfamilie, die mit der geheimen Tradition der Kabbala verbunden war. Auch Mayer Amschel Rothschild war ein fleißiger Student der Kabbala. Nach seiner Ausbildung im Bankhaus Oppenheim in Hannover, gelang es ihm an den Hof des Fürsten Wilhelm IX von Hessen-Kassel berufen zu werden.

„Wilhelm IX. war der führende Geldverleiher Europas mit einem Vermögen von 30 bis 40 Millionen Gulden. Die Vorfahren waren durch den Verkauf von hessischen Söldnern, zumeist armen Bauernsöhnen, an zahlungswillige Staaten reich geworden."[143]

An der Wende vom 18. zum 19. Jahrhundert erschien ein Mann auf der Bühne der europäischen Geschichte, dessen Präsenz sich besonders segensreich auf das Vermögen der Rothschilds auswirken sollte. Die Rede ist von Napoleon Bonaparte. Während sich Meyer Amschel zum wichtigsten Vertrauensmann Wilhelms mauserte, bekam dieser Probleme mit dem französischen General, weil er *„zwanzigtausend hessische Soldaten an die Preußen verkauft hatte"*.[144] Er musste nach Dänemark fliehen und legte einen großen Teil seines Vermögens in Rothschilds Hände zur sichern Verwahrung. Indessen baute Mayer Amschel mit Hilfe seiner fünf Söhne ein Netz von Finanzhäu-

---

[143] Tilman Knechtel: Die Rotschilds, S. 24
[144] Ibid, S. 25

sern über ganz Europa auf. Es gab nebst dem Mutterhaus in Frankfurt Filialen in London, Paris, Wien und Neapel. In der folgenden Periode gelang es den Rothschilds dank den napoleonischen Kriegen und dem Geld Wilhelms mit Börsenspekulationen und Schmuggelei, ein sagenhaftes Vermögen aufzubauen. Der Meistercoup gelang den Rothschilds freilich, als sie dank ihrem ausgezeichneten Informationssystem früher als alle anderen über Napoleons Niederlage bei Waterloo informiert worden waren. Da sie sowohl an die Franzosen wie auch an die Engländer Geld ausgeliehen hatten, beobachteten die anderen Investoren, die über das Nachrichtennetz der Rothschilds Bescheid wussten, genau, wie sie sich verhielten. Als diese ihre englischen Staatsanleihen verkauften, vermuteten alle, Napoleon hätte gewonnen und taten es ihnen gleich. Auf diese Weise konnten die Mitarbeiter der Rothschilds englische Papiere zu Spottpreisen aufkaufen, die später auf ein Tausendfaches ihres Wertes stiegen. Seit die Rothschilds im Geschäft mit Staatsanleihen Fuß gefasst haben, mischen sie bei jeder größeren Revolution, bei jedem Bürgerkrieg und bei jedem sonstigen Krieg mit. Während ihre Geldmittel durch ihren Erfolg ins Unermessliche wuchsen, verschleierten sie gleichzeitig immer mehr ihre wahre Macht, indem sie um sich herum ein Heer von Strohmännern aufstellten. Zur Spitze dieser Organisation gehörten viele Granden der Illuminaten, die ihren Reichtum den Rothschilds zu verdanken haben.

Zum immensen Erfolg hat nebst dem finanzwirtschaftlichen Geschick der Rothschilds die Gründung des Illuminatenordens beigetragen. Hierbei war zweifellos das Beziehungsnetz zu den Fürstenhäusern und den Offizieren von besonderer Bedeutung. Meyer Amschel war sich der Wichtigkeit eines Nachrichtennetzes bewusst. Sicher hat er ein solches durch seinen Mentor Wilhelm IX kennen gelernt und vermutlich auch nach seiner Flucht weiter betrieben. Nun wird behauptet, die Idee den Illuminatenorden zu gründen sei von Rothschild gekommen. Er hätte Adam Weishaupt, den Professor für Kirchenrecht und Philosophie, mit dem Auftrag betraut eine solche Organisation aufzubauen und zu entwickeln. Wahrscheinlicher scheint uns jedoch, dass Rothschild Weishaupt über den Freimaurer Baron von Knigge kennen lernte. Dieser stammte aus Hannover, wo Rothschild seine Ausbildung bei den Oppenheimers gemacht hatte. Bekanntlich erfolgte der Eintritt Knigges erst im Jahre 1780, also vier Jahre nach der Gründung des Perfektibilisten-Ordens. 1778 wurde der Orden von Franz Xaver von Zwack, einem Schüler Weishaupts, erstmals reorganisiert und in den „Bund der Illuminaten" umgetauft. Als Knigge dem Geheimbund beitrat, hatte er gerade einmal 60 Mitglieder. Dies änderte sich schlagartig, nachdem er den Orden reformierte, indem er ihn nach dem Vorbild der Freimaurerei mit einem hierarchischen Gradsystem sowie Initiationsriten versah. Weishaupt war ein Anhänger des Rationalismus. Die Umwandlung seines Ordens in eine freimaurerische Organisation mit viel Brimborium, lief seinen grundlegenden Bestrebungen entgegen. Was blieb, war der Kadavergehorsam der Mitglieder, den Weishaupt von seinen jesuitischen Gegnern an der Universität Ingolstadt kopiert hatte. Ein drittes Element des Geheimordens, jenes der „geheimen Oberen", kam mit dem Beitritt von Christoph Bode hinzu. Bode war ein führendes Mitglied der Strikten Observanz gewesen, jenes Hochgrad-Freimaurerordens, der nach 1776 in eine Krise geriet und Schließlich zusammenbrach.

Wann genau Mayer Amschel Rothschild anfing den Illuminatenorden für seine Zwecke zu instrumentalisieren, sei dahin gestellt. Wir gehen aber davon aus, dass es erst zum Zeitpunkt war, als der Freiherr von Knigge dem Orden beitrat. Letzterer war nämlich bekannt als ein *„abenteuernder armer Schlucker, halb Schwärmer, halb Schwindler"*[145] und insofern sicher um finanzielle Unterstützung froh. Es liegt fast auf der Hand, dass er innerhalb des Ordens für Rothschild als Agent arbeitete und im Gegenzug finanzielle Unterstützung erhielt. Gleichzeitig machte Rothschild sich das Informationsnetz der Illuminaten für seine Bankgeschäfte zu nutzen. Eine Geheimorganisation, wie jene der Illuminaten war noch für weit mehr als nur für Nachrichtendienste zu gebrauchen. So konnte sie auch zu Agitationszwecken dienen, um eine Revolte oder sogar ein Volksaufstand gegen den König anzuzetteln. Alle gesellschaftlichen Gegensätze lassen sich finanzpolitisch ausschlachten. Aufstände, Bür-

---

[145] Guido Grandt: Schwarzbuch Freimaurerei, S.80

gerkriege und große Schlachten alles ließ sich durch geschicktes Taktieren an den Börsen in bare Münze verwandeln.

Während Knigge und seine Gefolgschaft die Organisation aufbaute, welche zur geheimen Hausmacht der Rothschilds wurde, machte Meyer Amschel sich sein Netz von Verwandten und Bekannten zu Nutze, um diese gezielt in das Machtgefüge seiner internationalen Finanzgeschäfte einzubauen. Zu den frühsten Verbündeten der Rothschilds gehört die Familie der Schiff, welche dem gleichen Quartier in Frankfurt entstammte.

„Da die Familien im gleichen Haus wohnten und die spärliche Anzahl Frankfurter Juden damals nur untereinander heiraten durfte, ist eine Verwandtschaftsbeziehung zwischen den Schiffs und den Rothschilds sehr wahrscheinlich."[146]

Die beiden Familien sollen im 18. Jahrhundert in Frankfurt gemeinsam eine Doppelfirma geführt haben. Jakob Schiff, der für seine geschäftlichen Aktivitäten in den USA bekannt ist, hatte noch zwei Brüder, die beide ebenfalls in der Bankgeschäft tätig waren, von denen einer in London ansässig wurde und der andere in Frankfurt blieb. Jakob Schiff machte in New York bei Kuhn, Loeb & Co. Karriere und heiratete in die Familie Loeb hinein. Dank seinen guten Ge-

---

[146] Tilman Knechtel: Die Rotschilds, S.36

schäftsbeziehungen zu Europa konnte er Kapital für Unternehmungen in die USA hinüberholen. Unter anderem finanzierte er Edward Harriman dabei, ein Monopol über das Eisenbahnnetz der USA zu gewinnen. Mit von der Partie war auch J. P. Morgan, der zudem gemeinsam mit Schiff dem Stahlmagnaten Andrew Carnegie Geld auslieh. Eine weitere Familie, welche zum innersten Zirkel der Illuminaten gehört, sind die Warburgs. Sie gründeten 1798 in Hamburg das Bankhaus M. M. Warburg. Ein Spross aus dieser Familie namens Felix Warburg wanderte in die USA aus und wurde ein Partner der Kuhn, Loeb und Co. Bank. Auch er heiratete in das Unternehmen hinein, indem er Jacob Schiffs Tochter zur Frau nahm. Zu den Strohmännern der Rothschilds in den USA gehörte auch der Bankier J. P. Morgen. Er gründete 1875 gemeinsam mit A. J. Drexel das Bankhaus Drexel, Morgan und Co., welches ab 1895 nur noch J. P. Morgan hieß. 1901 gelang es ihm durch eine Reihe von Fusionen von Stahlunternehmen, die größte Aktiengesellschaft der Welt, die United States Steel Corp. zu gründen.

„Junis Spencer Morgan, J. P. Morgans Vater, war in den 1850er-Jahren nach England gereist, wo er sich mit George Peabody angefreundet hatte, der normalerweise in Amerika für die Rothschilds arbeitete. Es war typisch für jeden Rothschild Agenten, regelmäßig zwischen London und Amerika hin- und herzureisen,

um sich in London die Befehle abzuholen und sie in Amerika umzusetzen."[147]

Ein bekannter Name unter den Rothschild-Agenten darf an dieser Stelle nicht fehlen. Jener von John D. Rockefeller. Die „National City Bank of Cleveland", die Rockefeller das Kapital zur Verfügung stellte, um seine Firma, die „Standard Oil", zu finanzieren, gehörte den Rothschilds. Rockefeller wurde Außerdem durch die „Kuhn und Loeb Bank" unterstützt, deren Vorsitzender Jakob Schiff, ein wichtiger Partner der Rothschilds war.

Wenn wir das Holding-Netz der Rothschild Banken und Wirtschaftsunternehmen, welches aus Männern aus ihrem Verwandten- und Bekanntenkreis zusammengesetzt ist, mit der Pyramidenstruktur des Illuminatenordens kombinieren, dann werden wir allmählich begreifen, wie es möglich ist, dass 500 Familien den Rest der Welt beherrschen können. Dabei funktioniert die Machtstruktur ähnlich wie bei einem Schneeball- oder Pyramidensystem. Ausgehend vom Rat der 13, den Repräsentanten der 13 mächtigsten Familien der Welt, entstehen 13 neue Machtkreise, welche sich wiederum in 13 Zirkel entfalten, usw. Auf einer zweiten, exekutiven Ebene können wir ein Kaskadenmodell der Macht erkennen, in welchem sich die Befehlsgewalt vom „Rat der 13", zum „Rat der

---

[147] Ibid, S. 43

33" und Schließlich zum „Komitee der 500" hinab entfaltet. Natürlich dient der Geheimorden der Illuminaten dazu, die Macht der Mächtigsten zu mystifizieren und zu festigen. Jeder, der in den Orden eintritt, muss seine Loyalität durch einen Schwur besiegeln. Auf verschiedenen Ebenen überschneidet sich der Illuminatenorden mit den verschiedenen Freimaurerlogen, welche durch und durch mit Rothschild-Agenten infiltriert wurden. Dort reihen sie sich ein in die hehre Bruderkette des weltweit verzweigten Maurerbundes. Mehrere Rothschilds sind sogar selbst Freimaurer. Nathan Rothschild, der dritte Sohn von Amschel Meyer, wurde 1802 in die Londoner Freimaurer Loge „Lodge of Emulation" aufgenommen.[148] Der jüngste Spross von Meyer Amschel, Baron James Rothschild brachte es soweit, dass er in den Suprême Conseil de France aufgenommen wurde, ebenso wie Baron Anselm Rothschild eines seiner Großkinder.[149] Baron Ferdinand Rothschild „*war Mitbegründer der nach ihm genannten ‚Ferdinand Rothschild Lodge No. 2420' in Waddesdon (Buckinghamshire) England*".[150]

Zieht man die Erfolgsbilanz der Rothschild Illuminaten in Betracht, so muss man unwillkürlich an den Pakt denken, den Goethes Faust mit dem Teufel einging. Anders kann man sich nicht erklären, wie sich die Nachkommen eines einfachen Bank-Lehrlings aus

---
[148] IFL, S. 722
[149] Ibid
[150] Ibid

dem Frankfurter Getto des 18. Jahrhunderts zu den Herrschern der Welt empor katapultieren konnten. Man denkt unweigerlich an Magie und an Hexerei. Meyer Amschel, so wird verschiedentlich geschrieben, hätte sich mit der Kabbala befasst, einer Geheimlehre, welche den ausgebildeten Adepten dazu befähigen soll, mit Dämonen und mit Engeln zu kommunizieren, um dadurch manch übernatürliches Phänomen erzeugen können. Ein Schriftsteller, der die Welt der jüdischen Mystik und Magie in seinen Erzählungen besonders anschaulich schildern konnte, war der österreichische Bankier und Schriftsteller Gustav Meyrink. Dieser war nicht nur unter dem Ordensnamen „Dagobert" ein Mitglied der Illuminaten[151], sondern auch eines der ersten Mitglieder der deutschen Theosophischen Gesellschaft. In seinem Roman „Der Engel vom westlichen Fenster" erzählt er, wie John Dee mit Hilfe des medial begabten Schurken Edward Kelly versucht die Engelssprache, das Henochische, zu entschlüsseln. Es sind daraus jene Botschaften hervor gegangen, welche John Dee dazu bewegten, die Generalreformation zu verkünden. Meyrinks bekannteste Erzählung „Der Golem" handelt davon, dass der berühmte Rabbi Löw 1580 nach Vorschriften der Kabbala ein künstliches Lebewesen aus Lehm, einen Golem, erschaffen haben soll, der mit seinen übernatürlichen Kräften für den Schutz der jüdischen Bevölkerung in Prag sorgen sollte.

---

[151] de.wikipedia.org/wiki/Gustav_Meyrink

Die bekannteste dichterische Ausformung eines Magiers finden wir bei Johann Wolfgang von Goethe in der Tragödie des „Faust". Goethe war ein Mitglied des Illuminatenordens. Er hatte den Geheimnamen „Abaris". Der Protagonist des Stücks „Faust", ein Professor, schließt einen Pakt mit dem Teufel, den er mit einem Tröpfchen Blut unterzeichnen muss. Als Begründung liefert der teuflische Geist Mephisto den bekannten Spruch: „Blut ist ein ganz besondrer Saft" (Vers 1740). Blut spielt in der Tat auch innerhalb der Rothschild Imperiums eine zentrale Rolle. Angefangen bei der restriktiven Heiratspolitik, welche nur Ehen zwischen Angehörigen des gleichen Bluts zulässt. In diesem Zusammenhang wird von mehreren Autoren von den 13 Blutlinien der Illuminaten gesprochen, wobei die Dreizehnte jene der Rothschilds sein soll. Diese Erb-Linien sollen weit zurück bis zu den alten Hochkulturen zurückreichen. Gemäß John Todd Collins sollen alle diese 13 Blutlinien im „Rat der 13" vertreten sein, wo ihre Vertreter als Großdruiden und Hexer fungierten.

An dieser Stelle ist es nötig kurz auf John Todd, den angeblichen „Insider aus dem „Rat der 13" einzugehen. Seinen Bericht legte er 1972 der Weltöffentlichkeit in Form eines Vortrags vor, der auf Tonband aufgenommen wurde. Als Begründung für seinen Ausstieg aus dem Illuminatenorden nannte er seine evangelische Überzeugung. Seine Aussagen wurden aber später dadurch relativiert, dass man ihn, oder vielleicht auch er sich selbst, in Misskredit brachte.

1976 wurde er wegen Missbrauch einer Minderjährigen zu sechs Monaten Gefängnis und im Jahre 1988 wegen Vergewaltigung zu dreißig Jahren Zuchthaus verurteilt. Ihm wurde Außerdem unterstellt, ein notorischer Lügner zu sein und seine Berichte aus dem Innern der Illuminaten erfunden zu haben. Als Quellen für sein Wissen hätten ihm das Buch „die Insider"[152] von Gary Allen, Tonbandaufnahmen von Myron Fagan, die in den späten Sechzigern veröffentlicht wurden und der Roman „Atlas wirft die Welt ab",[153] der die Geschichte von Dagny Taggart erzählt, der *„Erbin einer transkontinentalen Eisenbahnlinie, die das rätselhafte Verschwinden erfolgreicher Großindustrieller zu verhindern versucht"*[154]. Der Roman, so wird vermutet, soll den Entwurf für die Übernahme der Welt, in einem speziell für die Illuminaten lesbaren Kode geschrieben worden sein. Todds Bericht mag von ihm erfunden worden sein, aber das spielt im Grunde genommen keine Rolle, denn wie das Sprichwort sagt. „Wo Rauch ist, da ist auch Feuer". Der Rauch geht in diesem Fall von anderen weniger spektakulären Veröffentlichungen aus.

Kommen wir noch einmal auf die Bedeutung des Blutes im Bund der Illuminaten zurück. Da ist auf der einen Seite der tragische Blutzoll, den ganze Nationen in Kriegen dafür bezahlen müssen, damit einige Rüstungsunternehmer und skrupellose Geldverleiher

---

[152] Engl. Titel: „None Dare Call It Conspiracy", 1972
[153] Engl. Titel: „Atlas shrugged", 1957
[154] de.wikipedia.org/wiki/Atlas_wirft_die_Welt_ab

daraus riesige Profite streichen können. Man kann geradezu die Formel aufstellen, je mehr Blut vergossen wird, desto höher der Geldprofit. Die Illuminaten hatten seit dem Dreißigjährigen Krieg bis heute ihre Finger in praktisch jedem blutigen Konflikt im Spiel. Insbesondere der erste und zweite Weltkrieg wurde von ihnen geplant, finanziert und in Szene gesetzt. Das Geld, dass die Wallstreet Banker dabei in einem Fonds investiert hatten, konnten sie nach den Kriegen um ein Vielfaches vermehren. Wie Anthony Sutton belegte, hat der amerikanische Geldadel sowohl Lenin, Trotzky und die russischen Bolschewisten, als auch Adolf Hitler und der NSDAP finanziell unter die Arme gegriffen.[155] Aber Blut spielt auch eine Rolle bei der Verteilung der Macht innerhalb der Pyramide der Illuminaten. Nur die Mitglieder der 13 Blutlinien sind in den höchsten Rat überhaupt zugelassen. Die Berechtigung zur höchsten Machtausübung liegt folglich im Blut begründet. Wieso liegt dem Teufel so viel daran, dass Faust seinen Pakt mit der Hölle durch sein Blut besiegelt? Die Antwort liegt auf der Hand. Da dem Teufel am meisten an der menschlichen Seele gelegen ist, muss das Blut einen direkten Bezug zur Seele haben.

„Blut gilt vielfach als Machtträger, Sitz der Seele, Abwehrmittel und reinigende Kraft. Wo eine Gemein-

---

[155] Siehe dazu: Anthony C. Sutton: „Wallstreet und der Aufstieg Hitlers", Perseus 2008, und „Wallstreet and the Bolshevik Revolution", Buccaneer, 1974

schaft gestiftet werden soll, wird sie auf Blut gegründet."[156]

Wie wir aus der modernen Genetik-Forschung wissen, sind in unserem Blut die Erbanlagen enthalten, welche uns einerseits mit unseren Vorfahren verbinden, andererseits durch den genetischen Code zweifelsfrei identifizieren lassen. Insofern ist das menschliche Blut Träger der Identität und damit Träger des „Ichs". Fausts Bluttropfen unter dem Pakt erlaubt dem Teufel Macht über sein „Ich" zu gewinnen. Er kann sich nicht mehr durch irgendeine Täuschung aus der Vertragsbindung herausziehen. Innerhalb der Geheimbünde spielt die sogenannte „Blutmischung" eine besondere Rolle.

„Im ersten Grad der Großen Landesloge (christl. Ritus) wird zunächst symbolisch von einer Blutmischung gesprochen. Sie sei eine uralte Sitte der Tempelritter und anderer Geheimbünde. Im neunten Grad wird dann die Blutmischung auch praktisch vollzogen, denn das Blut ist das geheime Zeichen, welches in materieller Hinsicht alle auf der Erde lebenden als Brüder verbindet, welche ihr Geschlecht von demselben Stammvater ableiten, dessen erster Blutstropfen noch in ihren Adern rinnt. Bei dieser Zeremonie füllt der erste Architekt zunächst den Ordenskelch mit Wein; dann ergreift der Meister den Kelch und fordert den Suchenden auf, sich über ihm den Daumen der

---

[156] Horst E. Miers: Lexikon des Geheimwissens, Goldmann 1986, S.77

rechten Hand aufritzen zu lassen,(...) Den Knienden lässt er aus dem Kelch trinken, trinkt dann selbst aus dem Kelch und lässt ihn unter den Brüdern kreisen. Von dem im Kelch zurückbleibenden Rest gießt der Meister durch einen kleinen Trichter etwas in die Kristallflasche, so dass nun auch das Blut des Neuaufgenommenen mit dem aller derer, welche ihm im Orden vorangegangen sind, gemischt ist."[157]

Aus diesen Erläuterungen kann erahnt werden, welche Art von Ritualen im Geheimorden der Illuminaten praktiziert werden. Zweifellos werden sie sich nicht stark von der beschriebenen Zeremonie unterscheiden, da die Templer im Grunde die mittelalterlichen Vorläufer der Illuminaten waren. Beiden Geheimgesellschaften stützen ihre weltliche Macht auf einem weit verzweigten Bankensystem. Die Templer waren bekannt dafür, dass sie Geld an Könige ausliehen. Die immensen Schulden, welche der französische König Philipp IV bei ihnen hatte, sollen letztlich auch der Grund dafür gewesen sein, dass dieser mit der Unterstützung des Papstes den Orden zerschlug und fast alle ihre Mitglieder auf dem Scheiterhaufen verbrennen ließ. Im Grunde lebt die Tradition der Tempelritter innerhalb des modernen Illuminatenordens weiter, nur dass an Stelle des Tatzenkreuzes und Baphomets, das allsehende Auge und die Pyramide getreten sind. Seit dem Untergang der Templer wurde immer wieder die Frage gestellt, wohin der berühmte Schatz

---

[157] Ibid, S. 77

der Templer verschwunden sei. Wenn es jemanden gibt, der das beantworten kann, dann mit Sicherheit die Freiherrn von Rothschild. Vielleicht ist der Schatz sogar in ihrem Besitz.

Eine andere Erklärung für den plötzlichen Aufstieg des Hauses Rothschild könnte aus den mysteriösen „Handschriften von Saragossa" von Jan Potocki herausgelesen werden. Der Roman erzählt von einer unglaublich reichen Familie namens Gomélez, deren Vorfahren im Innern eines Berges in der spanischen Sierra Morena eine riesige Goldader entdeckt haben, den Fund aber vor der Außenwelt versteckt hielten und mit dem Vermögen, welches aus dem Goldhandel floss, verschiedenste Glaubenskriege unterstützten. Auffällig ähnlich sind sich die fiktive Familie und das Haus Rothschild auch wegen der restriktiven Heiratspolitik, welche von seinen Mitgliedern befolgt wird.

VIII Die Waffen der Illuminaten

Zwar haben die Illuminaten dank ihrem weitverzweigten Netz von Stiftungen und Instituten auch Zugang zu den modernsten und perfidesten Gewaltmitteln, die es gibt, aber ihre eigentlich wirksamste und schlimmste Waffe ist die Erfindung des „Geldes". In den mittelalterlichen Laboratorien der Alchemisten wurde fleißig nach dem Geheimnis der Transmutation von Blei in Gold gesucht. Immer wieder kamen Berichte in Umlauf, dass die Operation diesem oder jenem Adepten tatsächlich gelungen sei. Könige und Kaiser ließen Goldmacher an ihren Höfen herum experimentieren in der Hoffnung, dadurch die Staatskassen zu füllen. Der Ökonom Hans Christoph Binswanger hat anhand des zweiten Teiles von Goethes Faust den Zusammenhang zwischen Alchemie und Geld untersucht und in der „Geldschöpfung" am Hofe des Kaisers die Herstellung von künstlichem Gold erkannt. Indem der Kaiser seine Unterschrift auf das Papiergeld setzt, gibt er damit die Garantie, dass der Gegenwert in Gold in Zukunft aus den Bergwerken des Reichs abgebaut wird. Geld wird durch diesen Akt zu virtuellem Gold, welches nur in seiner potentiellen Form innerhalb des Bergwerks vorhanden ist. Hinter dieser Operation verbirgt sich im Grunde die alchemistische Wertschöpfung aus dem „Nichts". Mit diesem Schritt wurde aber der unaufhaltsame Aufstieg der Illuminaten-Familien eingeleitet und das Verhängnis nahm seinen Lauf. Nun ließ sich im großen Stil Geld, welches aus dem Nichts kreierte wurde, an Fürsten verleihen, die damit ihren Prunk, ihre Schlösser und ihre Kriege finanzierten. Vor allem die Investitionen in Kriege machten sich in der Folge für die immer grösser werdenden Bankhäuser bezahlt. Das bekannte Gedicht „der Zauberlehrling" von Goethe illustriert, welche Entwicklung damit in Gang gesetzt wurde. Indem durch das „Drucken von Geld" im Grunde immer mehr Schulden angehäuft wurden, denn der Gegenwert des Geldes liegt in zukünftiger Arbeit, mussten die Staaten immer neues Geld annehmen, um den Bankrott abzuwehren. „Der Krug geht zum Brunnen bis er bricht", heißt es im Zauberlehrling so schön und genau dies geschieht früher oder später mit den Staatskassen. Ein König nach dem andern, ein Staat nach dem andern ging Bankrott und wurde zum Gläubiger der Bankhäuser. Deren mächtigste Protagonisten, allen voran die Rothschilds, konnten dadurch ihre Macht ins Unermessliche steigern und wurden zu den Herrschern über die Welt. Ein Beispiel soll diese Behauptung veranschaulichen. Gegenwärtig schulden die USA der Federal Reserve Bank mehr als 10 Billionen US Dollars. Das Federal Reserve System besteht aus zwölf regionalen Fed Banken, die als Aktiengesellschaften organisiert sind. Und nun wird es interessant, denn die Aktionäre dieser Banken sind keine staatlichen sondern privaten Banken, welche in den betreffenden Regionen tätig sind. Diese Privatbanken sind Teil einer unübersichtlichen Holdingsstruktur, an deren anderen Ende die Rothschilds und ihre Strohmänner sitzen. Das bedeutet nichts anderes als, dass die USA im Grunde bei einem Staatsbankrott, und der ist nicht mehr weit entfernt, den Privatbanken und damit den Illuminaten gehört.

Der Dollar und das Federal Reserve System

Der US-amerikanische Historiker Carroll Quigley unterscheidet in seinem Werk „Katastrophe und Hoffnung" fünf Stadien der neuzeitlichen Wirtschaftsentwicklung[158], die er „Muster des Wandels" nennt. Demnach war die Zeit zwischen 1850 bis 1932, die mit dem Aufstieg der Rothschilds zusammenfällt, das dritte Stadium des Kapitalismus, das er Finanzkapitalismus nennt. Dieser Phase misst Quigley ein besonderes Augenmerk zu, da in ihr eine grundlegende Transformation der Machtverhältnisse stattfand.

„Das dritte Stadium des Kapitalismus ist von so überwältigender Bedeutung in der Geschichte des 20.Jahrhunderts und seine Verästelungen und Einflüsse waren so verdeckt und sogar okkult (...) Was es im Kern leistete, war die frühen schlecht organisierten und lokalen Formen des Umgangs mit Geld und Kredit in einem integrierten System auf internationaler Basis zu organisieren."[159]

---

[158] Caroll Quigley: Katastrophe und Hoffnung, S. 45
[159] Ibid, S. 58

Nach Quigleys Einschätzung gab es also verdeckte und *okkulte* Einflüsse beim Aufbau des internationalen Finanzsystems. Das Zentrum des Finanzkapitalismus soll in London gewesen sein, wobei Paris und New York als Nebenzentren fungierten. Die Gründe für die prominente Stellung Londons im weltweiten Geldhandel waren vierfacher Natur. Uns interessiert hier vor allem der dritte Grund, wonach die „Oberschicht zwar aristokratisch, aber kein bloßer Geburtsadel war". So war es möglich, dass auch Personen in ihre Ränge aufgenommen wurden, die sich durch ihr ansehnliches Vermögen hervortaten. Diesem Umstand war es zu verdanken, dass das Haus Rothschild in den Adelsstand aufgenommen wurde.

„Die Männer, die das vollbrachten, blickten in das Zeitalter der dynastischen Monarchien, in dem sie ihre eigenen Wurzel hatten, zurück und hatten den Ehrgeiz, Dynastien internationaler Banker zu errichten. Die größte dieser Dynastien war die der Nachkommen Meyer Amschel Roth-schilds (1743-1812) aus Frankfurt, dessen männliche Nachkommen zumindest in den nächsten zwei Generationen Kusinen ersten Grades oder sogar Nichten heirateten."[160]

Ein auffallendes Merkmal dieser internationalen Bankhäuser war, dass sie nicht als Aktiengesellschaften eingetragene Firmen waren, sondern Privatfirmen, die des Öfteren als Partnerschaften auftraten. Das machten sie, weil sie damit vermieden, dass die

---

[160] Ibid, S. 59

Öffentlichkeit Einsicht in ihre Tätigkeiten und ihren Reichtum bekam. Außerdem wurde dadurch vernebelt, wer mit wem in Geschäfte verwickelt war, was bei verdeckten Operationen von großem Nutzen war. Die Banker hatten zu wenig Vertrauen in die Politik, als dass sie ihnen die Kontrolle über das Geldsystem überlassen hätten. Deshalb untermauerten sie den Geldwert auf zwei Arten: Indem sie den Goldstandard schufen und indem sie die Geldmenge durch Zentralbanken kontrollierten ließen. Jede Münze und jeder Geldschein war durch den entsprechenden Gegenwert in Gold abgedeckt. So entsprachen z.B. in der Zeit vor 1914 20,67 US Dollar in den USA einer Feinunze Gold.

„Im Laufe des 19. Jahrhunderts entstand, im Zuge der vollen Etablierung des Goldstandards und des modernen Bankensystems, um die fluktuierende, auf der Spitze stehende Pyramide der Geldmenge, ein Strahlenkranz einer Vielzahl von Finanzinstituten, der die Konstellation eines Sonnensystems annahm; in der Mitte war eine Zentralbank, die von Finanzinstitutionen als Satelliten umkreist wurde. In den meisten Ländern war die Zentralbank eng umgeben von den fast unsichtbaren privaten Investmentbanken. Ähnlich wie der Planet Merkur waren sie wegen des blendenden Glanzes, der von der Zentralbank ausstrahlte kaum zu sehen, obwohl sie die Zentralbank in Wirklichkeit oftmals dominierten."[161]

---

[161] Ibid, S 63

Die Zentralbanken aber standen in vielen Ländern seit ihrer Gründung unter der Kontrolle der gleichen Familien. Im Verlaufe der Jahrzehnte vergrößerten diese durch ihre Stellung immer mehr ihre Macht. Auf diese Weise konnte sich eine weltweite Bankenoligarchie etablieren, welche mit Hilfe von Staatsanleihen Macht über praktisch jede Regierung der Welt bekam. Dieser im Grunde dem Verständnis der Demokratien entgegenlaufende Einfluss einiger weniger Familien über die Politik ihrer Länder wurde vor dem Volk tot geschwiegen. Sie konnten aber nicht vermeiden, dass er von Insidern immer wieder erwähnt wurde. So schrieb beispielsweise die englische Zeitung „The Financial Times" am 26. September 1921:

„Ein halbes Dutzend Männer an der Spitze der fünf großen Banken könnte die gesamte Situation der Regierungsfinanzen außer Kontrolle bringen, wenn sie davon absehen würden, die Schatzwechsel zu erneuern."[162]

1790, im selben Jahr als die „First National Bank of the United States" gegründet wurde, brachte Meyer Amschel, der Patriarch der Rothschild-Familie, seine Machtstrategie mit dem folgenden bekannten Satz auf den Punkt:

„Gib mir die Kontrolle über die Währung einer Nation, und es ist mir gleich, wer die Gesetze macht."[163]

---

[162] Ibid, S. 70
[163] Tilmann Knechtel: Die Rothschilds, S. 35

Auch von seinem Sohn Nathan ist ein ähnlicher Ausspruch überliefert:

„Es ist mir egal, welche Marionette auf Englands Thron gesetzt wird, um das Reich zu regieren, in dem die Sonne nie untergeht. (...) Der Mann, der den britischen Geldumlauf kontrolliert, kontrolliert das britische Weltreich, und ich kontrolliere den britischen Geldumlauf."[164]

Nachdem der Versuch in den USA eine Zentralbank zu installieren zwei Mal misslungen war, u. a. weil die Republikaner sie bekämpften, gelang es Präsident Wilson am 23. Dezember 1913 den „Federal Reserve Act", der auf Vorschlag der Rothschild Strohmänner Schiff und Warburg zustande kam, durch den Kongress zu bringen. Der Zeitpunkt einen Tag vor Weihnachten war bewusst ausgewählt worden, weil die meisten Senatoren bereits in den Ferien weilten. Dieser Erlass ermöglichte ein Zentralbankensystem aufzubauen, das bis heute in der Lage ist Geld ohne inneren *„Wert als Kreditgeld zu schaffen und es beispielsweise der amerikanischen Regierung gegen Zinsen zu leihen."*[165] Man stelle sich diesen Vorgang einmal konkret vor. Die „Fed" kann gesetzlich verordnet Geld aus dem Nichts erschaffen, d.h. ohne Gegenwert in Gold oder Silber, und dieses in Form von Anleihen der Regierung der Vereinigten Staaten

---

[164] Ibid, S. 177
[165] de.wikipedia.org/wiki/Federal_Reserve_System

als Kredit zur Verfügung stellen, wobei die USA dafür Zinsen bezahlen muss. Die Rechnung bezahlt in Wirklichkeit der Steuerzahler. Wohin fließen die Einnahmen, die durch die Zinsen erzielt werden? Jedem wird klar sein, dass diese Milliardeneinnahmen in die Kassen der Investmentbanken gehen, welche hinter den zwölf regionalen „Fed" Banken stehen und damit in die Taschen der anonymen Eigner, welche diese Banken besitzen. Anders ausgedrückt: Eine kleine Gruppe von Familien aus dem Geldadel bestiehlt völlig legal ein ganzes Volk, ohne dass sich die Bevölkerung dessen überhaupt bewusst ist. Das Resultat aus dieser Wertschöpfung aus dem Nichts ist ein gigantisches Staatsdefizit, welches von Jahr zu Jahr grösser wird. Die Mitgliedsbanken der regionalen „Fed"-Banken sind ebenso geheim wie die Höhe ihrer Anteile. Tilmann Knechtel nennt folgende Namen: Bank of America, J.P.Morgan Chase, Citigroup und Wells Fargo.[166]

Die skandalöse Einrichtung der Federal Reserve Bank realisiert im Grunde genommen nichts anderes als Weishaupts Prinzip des „Bienenstocks", das ihm eine Zeit lang als Symbol für seinen Geheimorden vorgeschwebte. Die fleißigen Arbeiterbienen, welche den Honig zum Bienenstock liefern, sind im übertragenen Sinne die Steuerzahler. Sie müssen nämlich die Zinsschulden bezahlen, die sich im Laufe der Dekaden angehäuft haben. Die Familien-Oligarchien, welche

---

[166] Ibid, S. 53

von dieser riesigen Geldmaschinerie profitieren, sind in Tat und Wahrheit die Illuminaten-Familien der dreizehn Blutlinien. Die Bürger und Arbeiterbienen werden aber doppelt und dreifach geschröpft, denn auch wenn sie bei einer Bank einen Kredit aufnehmen, müssen sie Zinsen bezahlen. Außerdem erlaubt die sogenannte Giralgeld Schöpfung den Geschäftsbanken zusätzliches Geld in Form von Buchgeld zu kreieren, wofür sie lediglich einen Zehntel des Kredits als Eigenkapital vorweisen muss. Beim Kauf eines Hauses muss aber nicht die Bank sondern der Kunde eine Sicherheit von 20 Prozent des Kaufpreises als Eigenkapital abliefern. Das Gleiche gilt selbstverständlich auch für sämtliche Unternehmen, welche Bankkredite aufnehmen.

Zusätzlich zu den immensen Einnahmen, welche durch das fatale System erzielt werden, können die Illuminaten durch die Höhe der Leitzinsen Druck auf die Regierung ausüben und alle privaten Kreditnehmer in Bedrängnis bringen. Eine Strategie besteht beispielsweise darin, dass die Zinsen tief gehalten werden, damit billiges Geld auf den Markt geschwemmt wird. Nach einer Weile wird eine künstliche Geldknappheit erzeugt, was zu einer Erhöhung der Zinsen führt, das Geld wird teurer. Viele Schuldner, die ein zu hohes Risiko auf sich genommen haben, können ihre Zinsen nicht mehr bezahlen. Nun fordern die Banken ihre Kreditsicherheiten ein. Im Extremfall werden Hauseigentümer enteignet und Geschäftsinhaber in den Bankrott getrieben. Das war einfach gesagt, wie es 2008 zur Subprime-Krise in den USA kommen konnte, die in der Folge eine Weltwirtschaftskrise auslöste, deren Auswirkungen bis heute zu spüren sind. Riesige Arbeitslosenzahlen in den südlichen Ländern Europas sind nur ein Beispiel dafür.

Bedingt durch die militärische und wirtschaftliche Vormachtstellung der USA hat die US Währung die Gewalt einer mächtigen Waffe, die bei Bedarf gegen die restlichen Staaten der Welt eingesetzt werden kann. Der Dollar ist eine lautlose Waffe, die aber nichtsdestotrotz mit ihrer Wucht eine riesige Verheerung anrichten kann. Ein Beispiel aus dem Jahr 1995 für den manipulativen Umgang mit der US Währung erwähnen H.-P. Martin und H. Schuhmann in die „Globalisierungsfalle":

„Die Abhängigkeit vom Dollarraum verschafft Washingtons Finanz und Währungspolitikern eine Machtstellung, die sie immer häufiger auf Kollisionskurs mit anderen Nationen bringt. Als in den ersten vier Monaten des Jahres 1995 der Wert der US-Währung gegenüber Yen und D-Mark um bis zu 20 Prozent abrutschte, stürzte dies die globale Wirtschaftsmaschine ins Chaos und provozierte in Europa und Japan eine erneute Rezession. Panikartig schichteten die Portfolio-Strategen ihre Anlagen in Mark und Yen um. In der Folge sank nicht nur der Dollar,

auch alle europäischen Währungen werteten gegenüber Franken und Mark ab."[167]

Die Aufwertung der D-Mark schlug sich negativ auf die Auslandeinnahmen aus, so dass in der Folge viele deutsche Unternehmen rote Zahlen schreiben mussten. Der Devisenmarkt hatte seine Dominanz gegenüber den Notenbanken bewiesen. Bei genauerer Betrachtung erweist sich der rapide Kurszerfall des Dollar nicht zwingend, denn seine effektive Kaufkraft ist damals viel höher. Der Vorwurf drängt sich deshalb auf, dass der schwache Dollar benutzt wurde, um die kriselnde US-Wirtschaft anzukurbeln, indem die deutschen und japanischen Unternehmen auf perfide Weise durch den Wechselkurs benachteiligt wurden. Wie man eine Währung erfolgreich abwertet, hat zuletzt die Schweizer Nationalbank demonstriert. Als wegen der Griechenlandkrise der Euro in Bedrängnis kam, flüchteten viele Anleger in den Schweizer Franken, der dadurch schlagartig aufgewertet wurde, was sich wiederum negativ auf die Schweizer Exportindustrie auswirkte. Deshalb entschied die Nationalbank in riesigen Mengen Euro zu kaufen, damit sie große Quantitäten der eigenen Währung auf den Markt werfen konnte, was bei gleich bleibender Nachfrage in einer Abwertung resultierte. Die Amerikaner freilich werten ihre Währung durch einen anderen Trick ab. Die „Fed" braucht bloß den Leitzins so

---

[167] Hans-Peter Martin, Harald Schumann: Die Globalisierungsfalle, S.106

tief festzulegen, dass die Finanzinvestoren wegen der niedrigen Rendite ihr Geld aus dem Land ziehen und die Nachfrage nach US-Dollar sinkt. Da alle Dreh- und Angelpunkte der amerikanischen Politik und Wirtschaft durch Agenten der Illuminaten Familien besetzt sind, können ihre Befehlsträger nach Belieben mit der Weltwirtschaft ihr Spiel treiben.

Gegenwehr: Lincoln, John F. Kennedy und der Greenback

Bereits vor der Einrichtung des Federal Reserve Systems hatten private Banken Geldscheine gedruckt. Im Vergleich zu den zwölf „Fed"-Banken im Jahre 1914, waren es noch im Jahre 1880 zweitausend Banken gewesen. Als Präsident Abraham Lincoln 1861 nach New York reiste, um bei den Banken Geld zur Finanzierung des Bürgerkriegs auszuleihen, verlangten diese Zinsen von 24-36 Prozent, weil das Risiko dieser Investition zu hoch wäre. Natürlich war Lincoln ob der Wucherzinsen entrüstet. Er holte sich einen Rat bei seinem alten Freund Colonel Dick Taylor aus Chicago. Der schlug ihm vor, er solle vom Kongress ein Gesetz absegnen lassen, welches ihm das Recht gab staatseigenes Geld zu drucken, den sogenannten „Greenback", was dieser auch in die Tat umsetzte, indem er Geld in der Höhe von 60 Millionen Dollar herausgab. Er betrachtete dies als den größten Segen, den das amerikanische Volk je erfahren hatte, denn es war zinsfreies Geld. Doch Lincoln hatte die Rechnung ohne den Wirt gemacht und der hieß Illuminati. Am Abend des Karfreitags wurde er 1865 beim Besuch des Ford-Theaters von einem Attentäter ermordet. Offiziell soll es sich bei diesem, um einen fanatischen Anhänger der Südstaaten gehandelt haben. Merkwürdig war allerdings nur, dass Lincolns Nachfolger Andrew Johnson die Banknotenproduktion sofort wieder einstellte. Nach plausiblen Gründen für diese Tat sucht man vergeblich.

Der zweite Präsident, der versuchte zinsfreies Geld zu schöpfen, war John F. Kennedy. Sein Vater Joseph P. Kennedy, der seine berufliche Karriere als Banker in einer kleinen Investmentbank begann, wurde durch erfolgreiche Spekulationen an der Börse zum Millionär. Während der Prohibition beteiligte er sich am Alkoholschmuggel und konnte 1923 eine eigene Bank gründen. Die Gewinne, die er durch den Alkoholschmuggel verdient hatte, investierte er äußerst profitabel an der Börse. In der Politik unterstützte er 1934 Franklin D. Roosevelt. 1937 wurde er von diesem zum US-Botschafter in London berufen. Als sein Sohn zum Präsidenten der USA gewählt wurde, wusste er mit Bestimmtheit, wie groß der Einfluss der Familie Rothschild auf die Politik seines Landes war. Überliefert ist ein Ausspruch Joseph Kennedys, der sich vermutlich auf die Absicht seines Sohnes bezogen haben soll, Geld durch den Staat drucken zu lassen. Im Oval Office des Weißen Hauses soll er vier Monate vor dessen Tod laut geworden sein und gesagt haben: *„Wenn du das tust, bringen sie dich um!"* Aber J.F.K. ließ es sich nicht nehmen, dem gesamten Finanz-Establishment die Stirn zu zeigen, indem er das Monopol der „Fed" Geld zu erzeugen, brechen wollte. Deshalb unterzeichnete er am 4. Juni 1963 die Executive Order No. 11110, die es der US-Regierung ermöglichte eigene, Silber gedeckte Ein- und Zwei-Dollar-Scheine zu drucken und herauszugeben. Einige Monate später, am 22. November 1963, wurde er durch einen Attentäter umgebracht, genau gleich wie sein Vorgänger Abraham Lincoln. Ebenso wurde seine Verordnung durch den Nachfolger Lyndon B. Johnson[168] sofort nach Amtsantritt wieder rückgängig gemacht. Die rund vier Milliarden Dollar in Kleinnoten, welche bereits im Umlauf waren, wurden sukzessive wieder eingezogen.

Der Nutzen des Terrorismus für die Illuminaten

In den letzten beiden Dekaden wurden die westlichen Länder, allen voran die Supermacht USA von mehreren blutigen Terroranschlägen heimgesucht. Die angeblichen Urheber des Terrors in den USA waren verschiedenster Provenienz. So geht das größte Attentat, jenes von 9/11, auf das Konto von Osama Bin Laden und Al Kaida, während das zweitschlimmste, jenes von Oklahoma City im Jahre 1995, durch den Golfkrieg Veteranen Thimoty McVeigh verübt wurde. Über die Motive für den Anschlag von Oklahoma tappen die Behörden bis heute im Dunkeln, wobei die Verschwörungstheorien wild ins Kraut schießen. Un-

---

[168] Man beachte die Namensgleichheit mit Andrew Johnson, dem Lincoln Nachfolger.

ter anderem ist von der Davidianer-Sekte, dem Ku-Klux-Klan und der IRA die Rede. Die Zug-Anschläge von Madrid hingegen wurden zehn islamischen Terroristen der Abu-Hafs-El-Masri-Brigaden, einer Unterorganisation der Al Kaida, zur Last gelegt. Lange Zeit wurde auch die baskische Untergrund-Organisation ETA verdächtigt an einem Komplott mit den Terroristen beteiligt gewesen zu sein. Bei den Terror-Anschlägen von London im Jahre 2005 waren islamische Selbstmord-Attentäter am Werk. Auch die Bombenanschläge von Bali 2002, Casablanca 2003 und Boston 2013 wurden durch islamischen Extremisten ausgeführt.

Auffallend bei dieser Aufzählung ist, dass praktisch für alle Terrorakte Täter aus islamischen Gruppierungen verurteilt wurden. Diese Tatsache lässt uns ans Mittelalter und an die Sekte der Ismaeliten zurück denken. Wie wir schon an früherer Stelle aufgezeigt haben, war das hauptsächliche Kampfmittel dieser Organisation der politische Mord, den sie vorzugsweise mit einem Dolch auszuführen pflegte. Tatsächlich besteht ein verborgener Zusammenhang zwischen dem modernen islamischen Terror und dem militanten Orden von Hassan i Sabbah. Seit den mittelalterlichen Kreuzzügen, als sich beide Lager kennen und schätzen lernten, besteht nämlich eine geheime Allianz zwischen den Assassinen und den Templern, die bis in die Gegenwart reicht.

„Es kann daher kaum Zweifel daran geben, dass der Templerorden nicht erst allmählich im Laufe seiner

Tätigkeiten im Orient beeinflusst worden ist, sondern dass schon Hugo von Payens und seine acht armen Ritter in den Ruinen des Salomonischen Temples Kontakt zur ismailitischen Großloge von Kairo und den sogenannten Assassinen gehabt haben."[169]

Im Zuge der Ausdehnung des Illuminatennetzes durch Adam Weishaupt, Knigge, Bode und den geheimen Oberen wurden alle wichtigen Geheimbünde mit der Organisation der Illuminaten fusioniert. Dadurch entstand das moderne, weltweit umspannende Netz der Illuminatenverbände. Unmittelbar mit den Assassinen verbunden sind die Sufis, die türkischen Freimaurer, die Anhänger Gurdjieffs sowie der syrische, irakische, pakistanische und afghanische Geheimdienst. In neuster Zeit wurde Außerdem die Al Kaida dazu assoziiert. Alle aufgezählten Terror-Anschläge wurden durch diese Kreise verübt.

Ohne die Mitwirkung einzelner amerikanischer Geheimdienste hätte freilich der Anschlag auf das World Trade Center in New York niemals verübt werden können. Zweifellos hatten die Terroristen die Unterstützung der CIA, NSA und sogar der Mafia. Letztere soll für die Installation der Explosiva innerhalb der beiden Türme verantwortlich gewesen sein, denn die Türme wurden durch zusätzliche Sprengungen zum

---

[169] Vgl. David Annan: Die Assassinen und die Tempelritter, in MacKenzie, Normann (Hrsg.): Geheimgesellschaften, Genf 1969, S. 108, 117

Einsturz gebracht. Die Mafia-Leute schmuggelten den Sprengstoff als Monteure verkleidet in die Gebäude hinein, als die Unterhaltsarbeiten an den Liften durchgeführt wurden. Wir sind uns bewusst, dass von offizieller Seite her, der Zusammensturz der beiden Gebäude mit der Explosion des ausgetretenen Kerosins begründet wird. Wer sich aber einmal die Mühe macht die kollabierenden Twin Towers mit Einstürzen zu vergleichen, welche durch gezielte Sprengungen herbeigeführt wurden, wird nicht leugnen können, dass die Bilder sich aufs Haar gleichen. Es ist müßig hier irgendwelche Beweise aufzählen zu wollen, da der gesamte Erdball einer kollektiven Hirnwäsche durch Fernsehdokumentationen, Zeitungsberichte und Bücher auf einen Konsens getrimmt wurden, der für alternative Erklärungsmodelle nicht mehr empfänglich ist. Die Wahrheit über 9/11 ist zu einer reinen Glaubensfrage geworden.

Was bezwecken die Hintermänner des Terrorismus mit ihren Anschlägen? Die Antwort ist denkbar einfach: Sie wollen Angst und Schrecken verbreiten! Dabei geht es nur vordergründig um einen Religionskrieg, den extremistische Islamgruppen gegen den Westen führen. Dieser Eindruck wird bewusst erweckt, indem das kollektive Gedächtnis am Fernsehen mit Bildern von Hasspredigern aus den Reihen der Taliban und der Al Kaida gefüttert werden. Bei genauerer Überprüfung wird jedoch klar, dass Terroranschläge einerseits als Rechtfertigung für Kriegseinsätze wie in Irak und Afghanistan benutzt werden können, andererseits aber auch als Vorwand für die Politiker die Kontrolle und Überwachung der Menschen in den demokratischen Ländern zu erhöhen. Nach jedem Anschlag wird unter den Politiker des betroffenen Landes reflexartig der Tenor laut, man müsse die Sicherheitsvorkehrungen verbessern. Dies kann durch eine Aufstockung der Polizeitruppen, aber auch durch eine immer penetranter werdende Bespitzelung der Bürger bewerkstelligt werden. Gerade in den letzten Wochen wurde durch die Enthüllungen des CIA Agenten Edward Snowden das Ausmaß der weltweiten Überwachungs- und Spionagetätigkeit der amerikanischen Geheimdienste in der Öffentlichkeit bekannt. In den Medien konnte man lesen, dass die US Regierung jährlich 53 Milliarden Dollar für die 16 staatlichen Spionagebehörden ausgibt. Jeder, der nach dem 11. September 2001 eine Flugreise angetreten hat, kann ein Lied von den peniblen Kontrollen an den Flughäfen singen. Inzwischen muss man beim Eintritt in die USA bei der Passkontrolle wie ein Schwerverbrecher Fingerabdrücke einscannen lassen, wenn man nicht über einen biometrischen Pass verfügt, wo diese Identifikationsmerkmale bereits im eigenen Land registriert werden. Wer meint, er könne sich auf dem Internet frei und unbeobachtet bewegen, täuscht sich gründlich, denn jeder User hinterlässt auf dem Netz eine Spur, die sich zurückverfolgen lässt. Ohne das Wissen der Allgemeinheit werden täglich Daten über unsere Aktivitäten auf dem Internet gesammelt, durch Computerprogramme analysiert und gespeichert. Dabei spielt es keine Rolle, ob man ein völlig ungefährlicher und unbescholtener Bürger ist.

Aber 9/11 brachte den Machthabern der Illuminaten noch einen anderen Nutzen. Eine Tatsache, die vielen Menschen nicht bewusst ist, dass mit dem Zusammenbruch des World Trade Centers auch Goldreserven in dreistelliger Milliardenhöhe, welche die Federal Reserve Bank für sich aber auch für andere Staaten unterirdische eingelagert hatte, plötzlich spurlos verschwunden sind. Bis am 9. September 2001 war dort Gold im Wert von 167 Milliarden Dollar in Verwahrung, von denen nach dem Anschlag nur noch 200 Millionen auffindbar waren. In den letzten Jahren konnte man in einigen Zeitungsartikeln[170] lesen, dass Deutschland seine 1500 Tonnen Gold, welche sie bei der „Fed" in New York lagere, wieder zurückverlange. Tatsache ist, dass Deutschland dieses Gold schon vor dem 11. September 2001 zurück wollte. Der Terroranschlag kam der „Fed" sehr gelegen, denn das deutsche Gold soll unter dem Gebäude WTC 7 untergebracht gewesen sein, welches von den Trümmern der einstürzenden Twin Towers getroffen wurde, wodurch mehrere Brände auf verschiedenen Stockwerken entfacht wurden. Aber wieso fiel das Gebäude WTC 7 in sich zusammen, während die Häuser WTC 5 und 6, die viel näher bei den Zwillingstürmen standen und viel stärker beschädigt worden waren,

---

[170] z.B. von Jan W. Schäfer und Ralf Schuler in „Bild.de" am 24.10.2012 oder Jan Kneist in „goldseiten.de" am 25.05.2009

stehen blieben? Rätselhaft ist auch die Berichterstattung in den Medien zu diesem Ereignis. So meldete die BBC bereits um 17 Uhr, das Salomon Brothers-Gebäude (WTC 7) sei eingestürzt, obwohl das Ereignis erst um 17.20 Uhr stattfand.

Noch ein anderer Umstand lässt uns aufhorchen. In dem ominösen Gebäude WTC 7 waren sämtliche Untersuchungsakten der Börsenaufsicht (SEC) zum Skandal um den amerikanischen Enron Konzern mit Sitz in Houston (Texas) und der California Electricity deponiert. Bei den damaligen Insolvenzklagen ging es um einen Betrug in der Höhe von 70 Milliarden US Dollar. Sowohl George Bush Senior als auch sein Sohn George W. Bush hatten verschiedene Beziehungen zu dem Konzern unterhalten. Viele Leute aus der Administration Bush Senior waren nach der Regierungszeit bei Enron als Berater tätig. Enron unterstützte sogar den Präsidentschaftswahlkampf von George W. Bush mit insgesamt zwei Millionen US-Dollar. Mit dem Einsturz des Gebäudes WTC 7 wurden die Untersuchungsakten mit einem Schlag vernichtet. Die ganze Skull & Bones - Clique und die beiden Bush Präsidenten konnten erleichtert aufatmen. Die Beweismittel waren unter den Teppich gewischt und sie konnten munter weiter machen.

Aber durch die Ereignisse vom 11. September 2001 ließen sich auch an der Börse, der Spielwiese der Rothschilds, kräftige Gewinne einstreichen. So waren seltsamerweise vor dem Attentat auf den internationalen Märkten auffällig viele Put-Optionen auf United

Airlines und American Airlines getätigt worden. Das heißt diese Investoren hatten auf einen Preiszerfall dieser beiden Fluglinien gesetzt. Es waren genau jene beiden Fluggesellschaften, die von den Terroristen gekapert worden waren. Da die Börsenaufsicht die Namen der betreffenden Spekulanten geheim hält, gelangt der 9/11 Commissions Report einzig zu der Feststellung, dass die Käufe der Put-Optionen nicht bis zu Osama bin Laden zurück verfolgt werden können. Wenn man bedenkt, wie viel Geld sich durch solche Investitionen verdienen lässt und wie hoch das Risiko bei solchen Geschäften ist, muss man sich die Frage stellen, woher die Händler ihre Informationen hatten. Hier nur zwei konkrete Beispiele für verdächtige Käufe im Vorfeld der Anschläge auf das World Trade Center:

„Zwischen dem 6. und 7. September sah die Chicago Board Options Exchange Käufe von 4'744 Put-Optionen auf United Airlines, aber nur 396 Call-Optionen. Vorausgesetzt, dass 4'000 der Optionen von Menschen mit Vorwissen der bevorstehenden Angriffe gekauft wurden, würden diese „Insider" mit fast $5 Millionen profitiert haben."[171]

„Am 10. September wurden 4'516 Put-Optionen auf American Airlines an der Chicagoer Börse gekauft, verglichen mit nur 748 Call-Optionen. Wieder gab es keinerlei Neuigkeiten zu diesem Zeitpunkt, um dieses Ungleichgewicht zu rechtfertigen; Abermals vorausgesetzt, dass 4'000 dieser Optionskäufe ‚Insider' re-

---

[171] http://www.larsschall.com/2011/09/07/insiderhandel-911-ungelost/

präsentierten, würden sie einen Gewinn von über $4 Millionen darstellen"[172]

Einer der Namen der anonymen Käufer ist allerdings durchgesickert: Die Bank Alex Brown. Sie soll in den Tagen vor den Anschlägen große Mengen von Verkaufsoptionen der „United Airlines" beordert haben. Die Bank gehört der Deutschen Bank mit Sitz in Frankfurt.[173] Aber es gab auch merkwürdige Handelsbewegungen beim amerikanischen Waffenproduzenten Raytheon, der die Tomahawk- und Patriotraketen herstellt. Am 10. September 2001 konnte man eine sechsfache Zunahme von Call-Optionen auf Raytheon Aktien beobachten. Die Käufer dieser Optionen spekulieren, dass der Preis der Aktie nach oben steigt. Tatsächlich legte der Wert dieser Aktien in den Folgetagen massiv zu. Von anfänglich 25 Dollar am 10. September stieg er bis am 27. September auf 34,80 Dollar. Eine dritte Kategorie von verdächtigen Käufen waren jene von US-Staatsanleihen mit einer Laufzeit von fünf Jahren. Wie das „Wall Street Journal" meldete, gab es hier eine außergewöhnlich hohe Zunahme von Bezügen. Der Wert für eine einzige dieser Transaktionen betrug 5 Millionen Dollar.

Obwohl es keine genaue Zahlen für den gesamten Umfang des Profits gibt, der an der Börse durch den Anschlag von 9/11 gemacht wurde, so wird anhand

---

[172] Ibid

[173] Mattias Bröckers: Verschwörungen, Verschwörungstheorien und Geheimnisse des 11.9., Verlag Zweitausendundeins, 2002, S. 134

der aufgezählten Beispiele ersichtlich, dass es extrem hohe Summen gewesen sein müssen. Wobei keines dieser Geschäfte mit Osama bin Laden und der Al Kaida in Verbindung gebracht werden konnte. Daraus können wir schließen, dass es auch unter den westlichen Bankern Profiteure gegeben haben muss. Aber woher wussten sie, was geschehen würde? Wenn wir den wahren Besitzer der Alex Brown Bank ermitteln wollen, welche die Call-Optionen auf die Raytheon-Aktien erwarb, dann müssen wir unser Augenmerk auf den Gläubiger der Deutschen Bank richten und das ist das Haus Rothschild. Nicht zu vergessen, dass das Stammhaus der Rothschild in Frankfurt liegt, wo ihre Vorfahren lange im Elendsviertel an der Judengasse gelebt hatten.

Die Gründe dafür, dass die Illuminaten Terrorismus als Waffe einsetzen, sind unterschiedlich. Wie wir gesehen haben, wirkt er sich für den Geldadel am Ende immer nützlich aus. Einmal als Rechtfertigung, einmal als Mittel zur Vertuschung, dann auch noch um Geschäfte damit zu machen. Zusätzlich fördern sie mit dieser Maßnahme ein gesellschaftliches Klima der Einschüchterung und der Anpassung. So gesehen, könnte man meinen beim Staatsterror drehe sich alles um Profit. Dem ist aber nicht so, denn so schwer es zu fassen ist, die Terroristen handelten nach einer Philosophie, die auf den russischen Anarchisten Mikael Bakunin zurückgeht. Dieser vertrat zunächst einmal die Meinung, man müsse einen Systemwechsel durch blutige Umstürze herbeiführen. Das ist an und für sich nicht weiter bedeutsam, wenn man ignoriert, dass Bakunin mehr als zwanzig Jahre dafür einsetzte, um sich innerhalb des freimaurerischen Gradsystems Stufe um Stufe emporzuarbeiten.[174] Er tat dies mit der Absicht, sich für seinen politischen Kampf ideell zu wappnen. Im Internationalen Freimaurer-Lexikon wird er lediglich als Bewunderer der italienischen Freimaurerei und dem „Jungen Italien" Mazzinis aufgeführt.[175] Aber Bakunin war keinesfalls nur ein Außenstehender, denn er gehörte seit 1845 mit Bestimmtheit der Hochgrad Maurerei des „Grand-Orient" in Paris an. Zum Zeitpunkt seines Eintritts in die französische Großloge war er einunddreißig jährig. Weitgehend im Dunkeln liegt seine Mitgliedschaft bei den russischen Freimaurern. Man weiß aber, dass er zu den Dekabristen gehörte, die das Attentat auf Zar Alexander II ausgeübt hatten. Durch seine theoretischen Schriften erlangte Bakunin den Status eines Propheten des Anarchismus. Seine Ideen reihen sich nahtlos ein in den Atheismus von Marx und Nietzsche.

„Für Bakunin war die Revolution keineswegs bloß eine gesellschaftliche oder politische Angelegenheit, sondern ihrem Wissen nach kosmisch, religiös, theologisch. Bakunin sah Satan (Luzifer, Lichtbringer, Illuminator) ‚als das spirituelle Oberhaupt aller Revolutionäre, den wahren Urheber der menschlichen Befreiung', der oberste Freiheitskämpfer also gegen den tyrannischen Gott der Juden oder Christen."[176]

---

[174] DsR, S. 253
[175] IFL, S. 101
[176] A. P. Mendel: Michael Bakunin – Roots oft he Apocalypse, New York 1981, S. 372, 430

Dem russischen Chef-Ideologen ging es nicht nur um das Ideal eines gerechten Staates. Vielmehr huldigte er einem veritablen Kult des Nihilismus, dessen Ziel die Vernichtung aller Seins-Werte war. Wenn wir Bakunins programmatischen Zerstörungsakt dem monetären Schöpfungsakt der „Fed" gegenüberstellen, erkennen wir, dass beides zwei Seiten der gleichen Sache sind. Man könnte dieses Verhältnis mit „Ouroboros" vergleichen, der Schlange der Alchemisten, die sich selbst in den Schwanz beißt. Jene Werte, welche bei der Geldschöpfung der „Fed" aus dem Nichts entstehen, werden durch die terroristische Zerstörung, die Bakunin von seinen Anhängern fordert, wieder zum „Nichts" zurückgeführt. Von Bakunin ist ein Zitat überliefert, das genau diesen Zirkelschluss der „Selbst-Verzehrung" auf den Punkt bringt: *„Die Lust der Zerstörung ist gleichzeitig eine schaffende Lust"*

Sowohl Vernichtung, als auch Schöpfung korrespondieren mit dem Begriff des „Nichts". Nun würde man aus logischen Gründen meinen, es gäbe nur eine Art von „Nichts", welches in der Mathematik schlicht mit der Ziffer „0" ausgedrückt wird. Die jüdische Kabbala betrachtet aber das „Nichts" als eine Form der negativen Existenz, welche sich durch die drei Schleier „Ain", „Ain Soph" und „Ain Soph Aur" entfaltet, den drei Bereichen, welche sich über der höchsten menschlichen Sphäre (hebr. Sephira) befinden. „Ain" ist das „Nichts", „Ain Soph" das „rotierende Nichts", und „Ain Soph Aur" das „selbstleuchtende Nichts" (auch grenzenloses Licht). Letzteres ist die einzige der drei negativen Ursachen, die sich der Mensch noch vorstellen kann, weil sie dem Seienden am nächsten ist. Unschwer können wir aus dem Abstraktum des „selbstleuchtenden Lichts" den Bezug zum Namen der „Illuminaten" herstellen, der sich aus dem Lateinischen mit „die Erleuchteten" übersetzen lässt. Wenn wir berücksichtigen, dass Meyer Amschel Rothschild ein ausgebildeter Kabbalist aus einer Rabbinerfamilie gewesen war, können wir das eine mit dem andern verbinden und dadurch folgendes Resultat erhalten: Die Illuminaten sind erleuchtet von „Ain Soph Aur", dem „selbstleuchtenden Nichts". Dadurch lässt sich möglicherweise der Zusammenhang zwischen dem Illuminatenorden und dem Kult der Vernichtung, auch bekannt als „Armageddon", besser verstehen.

Illuminierte Wissenschaft und Massenzerstörungswaffen

Wo auch immer die Illuminaten ihren Einfluss auf die Wissenschaften ausüben konnten, haben sie es getan. Das Ergebnis ist, dass in den letzten hundert Jahren das Wissen vieler großer Naturwissenschaftler dazu missbraucht wurde, Massenvernichtungswaffen für die Mächtigen herzustellen. Dazu gehören biologische Waffen, das sind künstlich gezüchtete tödliche Viren, chemischen Waffen, also Gift-Gas und nukleare Waffen wie z.B. die Atombombe. Die Wissenschaften, welche eigentlich der Bereicherung der menschlichen Erkenntnis dienen sollten, wurden missbraucht um das Arsenal des Todes zu erweitern.

Zwei berühmte Physiker, die zum Kreis der Illuminaten gezählt werden müssen, sind J. Robert Oppenheimer und Albert Einstein, denn sie waren beide Mitglieder des „Institute for Advanced Study" (IAS) in Princeton, New Jersey. Einstein gehörte ihm von 1933 bis 1946 an und Oppenheimer war 1947 sogar Direktor des IAS. Beide Wissenschaftler gehörten aber im Grunde zu einer Round-Table-Gruppe, wie Caroll Quigley erläutert:

„Zum Beispiel errichteten sie in Princeton eine veritable Kopie des Hauptquartiers der Round-Table-Gruppen in Oxford, von All Souls College. Die Kopie, die Institute für Advanced Study genannte wurde und vielleicht am bekanntesten ist als Refugium für Einstein, Oppenheimer, John Neumann und George F. Kennan, wurde von Abraham Flexner von der Carnegie Foundation und von Rockefellers General Education Board gegründet, (...)"[177]

Obwohl sich Albert Einstein, zumindest offiziell, nie aktiv an der Entwicklung der Atombombe beteiligt hat, so war er doch verantwortlich dafür, dass das Manhatten-Projekt in die Wege geleitet wurde. 1939 unterschrieb er einen von Leó Szilárd verfassten Brief an den amerikanischen Präsidenten Franklin D. Roosevelt, in dem dieser vor dem neuen Typ einer ultimativen Bombe gewarnt wurde, den Deutschland

---

[177] Caroll Quigley: Katastrophe und Hoffnung, S.520

entwickle und bald besitze. Das Manhatten-Projekt war ein militärisches Forschungsprojekt, welches ab 1942 die Arbeiten verschiedenster Versuchslabors bündelte um die Atombombe zu entwickeln. Daran beteiligt waren unter anderem das „Carnegie Institut of Washington" und das „Massachusetts Institute of Technology". Der Leiter des Projekts war der Physiker Robert Oppenheimer. Albert Einstein lebte von 1935 bis zu seinem Tod an der Mercerstreet 112 in Princeton und suchte laut offiziellen Quellen nach einer „einheitlichen Feldtheorie", der sogenannten „Weltformel".

Was J. Robert Oppenheimer betrifft so hatte er nicht nur Einsitz im IAS, sondern auch im berüchtigten „Council on Foreign Relation" (CFR), einem Ableger des „Royal Instituts of International Affairs" und Hort der Illuminaten. Der CFR, den Colonel Mandell House am 29. Juli 1929 gründete, wurde anfangs von Paul Warburg als Direktor geführt. Zu den Geldgebern gehörten J.P. Morgan, John D. Rockefeller, Bernard Baruch, Paul Warburg, Jacob Schiff und andere. Der geneigte Leser erkennt sofort, dass es sich bei den Gönnern um die Entourage der Rothschilds handelt. Der CFR entwickelte sich im Verlaufe seines Bestehens zur Schattenregierung der USA. Er spielte eine wichtige Rolle bei der Gründung der UNO. Mindestens 47 CFR-Mitglieder waren in der amerikanischen Delegation bei der Gründung der Vereinten Nationen

vertreten.[178] In diesem Zusammenhang sei noch einmal Albert Einstein erwähnt. Der setzte sich nämlich nebst seinem Engagement für den Frieden auch für eine Weltregierung ein:
„Die Weltregierung würde die Macht über alle militärischen Angelegenheiten haben und würde nur ein einziges Druckmittel benötigen: Die Möglichkeit einer Intervention in Länder, in denen eine Minderheit eine Mehrheit unterdrückt und dadurch eine Instabilität erzeugt, welche zu Krieg führt"[179]

Eine wichtige Aufgabe der Weltregierung sähe Einstein darin, den Ländern der Welt mit dem Einsatz von Massenvernichtungswaffen drohen zu können. Im Prinzip vertritt er damit genau die gleichen Forderungen und die gleichen Ziele, welche der CFR und damit die Illuminaten verfolgen. In Anbetracht dieser Forderung müssen wir uns fragen, ob die Verdächtigungen vielleicht doch wahr sind, wonach Einstein Oppenheimer beim Bau der Atombombe geholfen habe. Im Jahre 1965 erzählt J. Robert Oppenheimer in einem Interview, wie sehr ihn der erste Atombombentest psychisch mitgenommen habe und zitiert sinngemäß einen Vers aus der Bagavad Gita:
„Ich erinnerte mich an ein paar Zeilen aus einer Hindu-Überlieferung. Vishnu versuchte den Prinzen zu überzeugen, dass er seine Pflicht tun müsse und um ihn zu beeindrucken, nahm er seine vielarmige Form

---

[178] Gary Allen: Die Insider: Baumeister der Neuen Weltordnung, S. 117
[179] In: The Atlantic Monthly, November 1945, (freie Übersetzung aus dem Englischen durch den Autor)

an und sagte: „Jetzt bin ich der Tod geworden, der Zerstörer von Welten'".

Eine dritte Person aus dem Dunstkreis der Illuminaten, die während des Los Alamos Projekts im Stab Oppenheimers arbeitete, war der Antriebs-Forscher für Raketen Jack Whitside Parsons. Er forschte am „California Institute of Technology". Sein Name wird vor allem deshalb immer wieder erwähnt, weil er ein Anhänger des britischen Okkultisten Aleister Crowley war. Wider alle wissenschaftliche Logik praktizierte Parsons Crowleys Magick *„und führte vor jedem Raketenstart eine Invokation des Gottes Pan aus."*[180] Im Jahre 1942 ernannte Crowley seinen Schüler Parsons zum Leiter der Agape Loge des OTO in Kalifornien. Persönlich hat Crowley den Raketentechniker nie getroffen, dafür aber einen seiner Bekannten namens Leutnant Louis McMurty, der durch Parsons in den OTO eingeführt wurde und ab 1943 von der Army nach Europa eingezogen worden war. Er hat den „Ipsissimus" der Illuminaten in seinem zweitletzten Domizil an der Jermyn Street in London besucht und ihn zu Tode geredet. Allerdings hat Parsons in den Vierzigerjahren den Gründer der Scietology Kirche Ron L. Hubbard und dessen Frau kennengelernt. Ohne bei Crowley das Einverständnis dafür einzuholen, wollten die Drei in einem Ritual ein „Moonchild" erzeugen. Als Crowley von diesem Plan erfuhr, war er nicht sehr erfreut. Trotzdem ließ er Parsons gewähren. Am 18. Januar 1946 begann er und Hubbard mit dem Ritual

---

[180] de.wikipedia.org/wiki/John_Whiteside_Parsons

in der Mojave-Wüste in Kalifornien. Seine Erfahrungen zeichnete er im „Liber Babalon" auf, wobei Hubbard als Schreiber wirkte. Ziel der Operation war es ein magisches Kind zu zeugen, in dem sich „Babalon" verkörpern sollte. Das Ritual wollte Parson an einer rothaarigen Frau vollziehen, die ihm zufälligerweise über den Weg gelaufen war. Bei der Erzeugung eines „Moonchild" geht es darum, eine kabbalistische Wesenheit, man kann sie als Engel verstehen, in einen menschlichen Körper zu locken und sie an eine menschliche Seele zu binden. Dies geschieht indem eine ausgewählte Priesterin, während ihrer Schwangerschaft bestimmte Techniken der Traumkontrolle anwendet. Crowley spricht metaphorisch davon, dass die überirdische Wesenheit in einem Schmetterlingsnetz gefangen werden soll. Es ist im Grunde das gleiche Vorgehen, welches in Roman Polanskis Filmklassiker „Rosemaries Baby" thematisiert wird. Dieses Kind würde bei seiner Geburt nicht wie ein Mensch sondern wie ein Monster aussehen, so wie dies auch am Ende von „Rosemaries Baby" der Fall ist. Es wäre aber ausgestattet mit übermenschlichen Fähigkeiten. Ein solches Wesen ist uns bereits bekannt: Der Golem von Prag, der vom Rabbiner Judah Löw erschaffen worden sein soll. Das Experiment von Parsons und Hubbard ist aber gescheitert, denn es kam zum Bruch zwischen den beiden und der spätere Gründer der Scientology Sekte türmte mit dem Geld und der rothaarigen Frau.

IX Die neue Religion der Illuminaten

Wie wir unlängst erläutert haben, war unter den Mitgliedern einiger Geheimgesellschaften schon mindestens seit dem 18. Jahrhundert der Glaube verbreitet, dass sie einer unbekannten Führerschaft, welche sie die „Geheimen Oberen" nannten, zu unbedingten Gehorsam verpflichtet seien. Bereits im 16. Jahrhundert hatte der englische Mystiker John Dee mit Hilfe seines Mediums Edward Kelley Kontakt mit Engeln aufgenommen und die Offenbarung der henochischen Sprache, sowie die Anweisungen zu einer Generalreformation empfangen. Auch der sizilianische Magier, Alchemist und Meister der ägyptischen Freimaurerei Alessandro Cagliostro pflegte den Verkehr zu intelligenten feinstofflichen Wesen. Er benutzte dazu junge Mädchen, die er als „Colombinen" betitelte, als Medien. In vielen aristokratischen Salons des 18. und 19. Jahrhunderts kamen spiritistischen Sitzungen in Mode, bei denen Kontakt zu Verstorbenen und anderen Geistwesen gesucht wurden. Unzählige Medien, meist Frauen mit einer hysterischen Ader, führten dabei in nächtlicher Stunde allerlei Brimborium auf. Friedrich Schiller gibt ein gutes Beispiel dafür in seinem unvollendet gebliebenen Roman „Der Geisterseher". Auch Helena Petrovna Blavatsky war ein solches Medium. Durch Blavatskys Gründung der Theosophischen Gesellschaft im Jahre 1875 wurde der Glaube an die „Geheimen Oberen" einer breiten

Gesellschaftsschicht bekannt gemacht. In der theosophischen Lehre wird im Grunde ein neues Element in die Tradition der „Geheimen Oberen" eingeflochten, nämlich der Mythos der „verborgenen Meister der Weisheit". Diese sollen aus dem mystischen Königreich Shambala stammen, welches unentdeckt irgendwo in Zentralasien, vornehmlich in Tibet, liege. Die „Mahatmas", wie sie auch genannt werden, würden sich von Zeit zu Zeit unerkannt unter die Menschheit mischen, um ihr in schwierigen Zeiten beizustehen.

1887/88, nur einige Jahre später wurde in London der „Hermetische Orden der Goldenen Dämmerung" gegründet, der durch seine Anbindung an die Rosenkreuzer-Tradition ebenfalls mit den „Geheimen Oberen" in Verbindung stand. Ithell Colquhoun weist in ihrem Geschichtsbericht[181] über den „Golden Dawn" darauf hin, dass es eine Querverbindung zwischen der „Goldenen Dämmerung" und der „Theosophischen Gesellschaft" gegeben haben muss, welche über den „Alten Orden der Druiden" lief, dem auch S.L. MacGregor Mathers, einer der Gründer des „Golden Dawn" angehörte.[182] Im „Golden Dawn" waren einige bekannte Köpfe vertreten, darunter der Literatur Nobelpreis Träger William Butler Yeats und der Philosoph und Soziologe Herbert Spencer. Aleister Crowley wurde 1898 durch die Vermittlung von

---

[181] Ithell Colquhoun: Schwert der Weisheit
[182] Ibid, S. 180-186

George Cecil Jones in den „Golden Dawn" aufgenommen, wo er sich fleißig dem Studium der Geheimwissenschaften widmete und schnell in den Stufen des Ordens aufstieg. Die wohl bedeutendste Offenbarung wurde Crowley 1904 in Kairo zuteil, wo ihm die Wesenheit „Aiwaz" durch die Vermittlung seiner Frau Rose, welche ihm als Medium diente, das „Liber AL vel Legis", das „Buch des Gesetzes" diktierte.

Bevor wir auf Aleister Crowley zu sprechen kommen, sei hier noch kurz erwähnt, welche Rolle die Theosophie aktuell im Illuminatenorden spielt. Im Jahre 1960 gründete die Amerikanerin Juliet Garretson Hollister, dem Einvernehmen nach in ihrer Küche in Greenwich, Connecticut, den „Temple of Understandig"(TOU), eine interreligiöse NGO Gesellschaft. Der TOU setzt sich dafür ein, dass sich die spirituellen Führer verschiedenster Traditionen in einem gemeinsamen Dialog untereinander verständigen. Dazu wurden in der Vergangenheit Gipfeltreffen organisiert, bei denen es hauptsächlich darum ging, für mehr Toleranz unter den Religionen zu werben. Das Netzwerk des TOU wurde von einer Gruppe von „Freunden" unterstützt, zu denen so prominente Persönlichkeiten wie Eleonor Roosevelt, U Thant, der dritte Generalsekretär der UNO, Papst Johannes XXIII und seine Heiligkeit der XIV. Dalai Lama gehörten. Aus dieser Initiative heraus wurde im Jahre 1975 die erste interreligiöse Konferenz bei den Vereinigten Nationen abgehalten, wobei die katholische Kirche erstmals durch eine Frau repräsentiert wurde, nämlich durch Mutter Theresa. In den Anfangsjahren des Netzwerks wurde sogar die Planung eines Tempelgebäudes in Auftrag gegeben, welches in Washington D.C. hätte gebaut werden sollen. Unter den Projektplanern waren Swami Prabhavananda von der „Vedanda Society", der damalige Verteidigungsminister Robert S. McNamara, der sozialistische Führer Norman Thomas, der Berater des Präsidenten Chester Bowles, Swami Bhaskaranand Paramhamsa von der "UNISM,"[183] Thomas B. Watson, sowie Eleanor Roosevelt. Der Tempel wurde nie erstellt, aber die Merkmale seiner Architektur wurden bei anderen Gebäuden nachgeahmt, z.B. beim kanadischen Museum für Menschenrechte oder dem „Hare Krishna Temple of Understanding" in Durban Südafrika. Statt des geplanten Gebäudes in Washington, dient heute die „Cathedrale St. John the Divine" in New York als Hauptsitz des „Temple of Understanding". In Hinblick auf die Liste der Gönner des TOU, zu denen u.a. die Carnegie- und die Donnerstiftung, sowie John D. Rockefeller IV gehören, stellt man sich die Frage, ob der „Temple of Understanding" wirklich der interreligiösen Toleranz dienen soll. Vielmehr regt sich der gerechtfertigte Verdacht, dass die Appelle zum respektvollen Umgang der verschieden Religionen untereinander nur als Vorwand dienen, die spirituelle Diversität zu zerstören und eine einheitliche Weltreligion zu errichten. Unter dem Deckmantel des interreligiösen Dialoges, bereitet man in Wirklichkeit die Weltkirche vor, welche alle

---

[183] Universalkirche mit Sitz in Portland Oregon USA

Erdbewohner unter einem einzigen Glaubensinhalt vereinigen soll.

Aleister Crowley, Ipsissimus und Prophet des Neuen Äons

Die Bestrebungen der „Theosophischen Gesellschaft" einen Weltlehrer und kommenden Messias zu finden, welcher der Menschheit eine universale Ethik stiften sollte, fokussierten sich in Jiddu Krishnamurti einem gebürtigen Hindu, der von Charles Webster Leadbeater in Adyar (Indien) entdeckt und von Annie Besant gefördert wurde. Aber das Vorhaben scheiterte, weil sich Krishnamurti ab 1922 immer mehr von den Lehren des Ordens entfernte. Nach dem Tode Annie Besants 1933 wurde er gar von den Theosophen geächtet. In letzter Zeit macht die theosophische Vision eines Weltlehrers wieder von sich reden. Ein Engländer namens Benjamin Crème kündigt in seinen Vorträgen seit 1974 die Ankunft von „Lord Maitreya", dem Welterlöser an. Er behauptet, dieser würde bereits inkognito unter uns weilen und bald in die Öffentlichkeit treten. Obwohl er den bürgerlichen Namen des Kandidaten nie bekannt gegeben hat, kursiert das Gerücht es handle sich um den Briten Raj Patel, einem Journalisten und Aktivisten.

Falls es die diversen Illuminatengruppen, welche für die Erschaffung der „Weltkirche" verantwortlich sind, in den kommenden Dekaden tatsächlich schaffen sollten, die Menschheit in einer wie auch immer gearteten Einheitsreligion zu vereinigen, dann würde diese vornehmlich eine exoterische Funktion übernehmen, um die Massen an der Stange zu halten. Frei nach dem Motto, das Marx geprägt hat „Religion ist Opium für das Volk". Die Mächtigen der Illuminaten hingegen würden einer esoterischen Lehre folgen, die ihnen in ihren Grundzügen heute bereits bekannt ist. Wir sprechen hier vom Gesetz von Thelema, welches Aleister Crowley nach dem Diktat von „Aiwaz" 1904 niederschrieb. Die Offenbarung des Gesetzes von Thelema geschah am 8., 9. und 10. April während dreier einstündiger spiritistischer Sitzungen in einer gemieteten Wohnung in Kairo. Dabei amtete Crowleys Frau Rose als Medium, während er ihre Worte unablässig protokolierte. Jede Sitzung begann um 12 Uhr und endete um 13 Uhr Ortszeit. „Aiwaz", jene Wesenheit, welche das „Buch des Gesetzes" diktierte, gab sich als ein Abgesandter des altägyptischen Gottes Ra-Hoor-Khuit aus. Das frisch verheiratete Ehepaar befand sich schon seit dem 9. Februar 1904 in Kairo, wo es zuerst im Hotel Palace abgestiegen war und später in ein Appartement umzog. In dieser Zeit bemerkte Crowley, dass seine Frau über mediale Fähigkeiten verfügte, als sie am 16. März in eine seltsame Trance fiel und dabei die Worte „Sie warten auf dich" vor sich hin murmelte. Er führte deshalb am folgenden Tag eine Beschwörung des Gottes „Thot" durch. Aber Rose forderte ihren Mann auf, eine Gottheit zu beschwören, die sie auf einer Stele im „Boulak-Museum" für Altertümer gesehen hatte. Es war eine Stele, auf der Re-Harachte[184] dargestellt war. Nun versuchte er mit Horus in Kontakt zu kommen. Ein kleiner Erfolg war ihm beschieden, denn es wurde ihm mitgeteilt, dass der Equinox der Götter angebrochen sei. Eine Woche später empfing er das „Liber AL", welches aus drei Teilen besteht. Das erste Kapitel besteht aus 66 Versen und heißt „Nuit", das zweite namens „Hadit" besteht aus 79 Versen und das dritte mit 75 Versen trägt die Überschrift „Ra-Hoor-Khuit". Viele Sätze aus dem Buch des neuen Äons sind dunkel und unverständlich. So musste auch Crowley selbst den Inhalt seiner Offenbarungsschrift nach und nach ergründen, bevor er seinen Sinn einigermaßen verstand.

Vor allem im 3.Kapitel sind wichtige Kernpunkte des Buches aufgezeichnet. So gibt sich Ra-Hoor-Khuit, der Gott des neuen Äons, unverschleiert als ein Kriegsgott zu erkennen:

„3. Nun verstehet zuerst, dass ich ein Gott des Krieges und der Rache bin. Ich werde hart mit ihnen ins Gericht gehen.

4. Wählet euch eine Insel!

5. Befestigt sie!

6. Düngt sie mit Kriegsgerät!

7. Ich werde euch eine Kriegsmaschine geben.

---

[184] Ist ein Synkretismus von Re und Horus

8. Damit werdet ihr das Volk zerschmettern, und niemand wird vor euch bestehen.

9. Lauert! Zurückziehen! Auf sie! Das ist das Gesetz der Eroberungsschlacht, so soll die Verehrung für mein geheimes Haus beschaffen sein."[185]

Es sind diese Verse, die man im Gedächtnis behalten sollte, wenn man sich einen Begriff für das neue Zeitalter machen will. Wir haben sie bewusst ausgewählt, weil sie wichtige Leitprinzipien der Illuminaten ausdrücken. Ganz anders als sich die Hippies der Sechziger und Siebzigerjahre dies erträumt hatten, ist das „New Age" nicht ein Zeitalter des Friedens sondern zumindest am Anfang eine Zeit gigantischer Kriege. Es scheint, als ob der neue Gott „Ra-Hoor-Khuit" Rache an den alten Göttern und ihren Anhängern üben wollte, bevor er seinen Thron besteigt. Die Menschheit muss sich auf eine Abrechnung von apokalyptischem Ausmaß gefasst machen, denn der Gott des neuen Zeitalters duldet keine anderen Götter neben sich. Die von den Illuminaten angestrebte „Einheitskirche" wird wohl mit äußerster Brutalität realisiert werden.

Nachdem Crowley das „Liber AL" empfangen hatte, machte er sich zwischen 1904 und 1907 daran einen neuen „Orden" mit dem Namen „Astrum Argenteum"

---

[185] Liber AL vel Legis mit Kommentaren, Kersken-Canbaz-Verlag 1993, S. 271, 272

(Silberner Stern) zu gründen, der integriert in die Tradition des Golden Dawn die neue thelemitischen Lehre vermitteln sollte. Der Orden ist so aufgebaut, dass jedes Mitglied immer nur zwei andere Mitglieder kennt, welche im Rang unter ihm und über ihm stehen. Eine Befehlsstruktur, wie sie bei vielen anderen Geheimorden der Illuminaten verbreitet ist. Jedes Mitglied muss sich verpflichten nach den Richtlinien des „Liber AL" zu leben. Dazu gehörte es auch, seinen wahren Willen zu entdecken und sein Leben nach ihm zu führen, denn der höchste ethische Imperativ heißt:

"Tu was du willst, soll sein das ganze Gesetz!"

Der Einweihungsweg des AA, wie der Orden abgekürzt heißt, führt über 11 Stufen und die Neophyten müssen sich verpflichten einen mystischen Zustand zu erreichen, um mit dem Heiligen Schutzengel kommunizieren zu können. Die schwierigste Aufgabe der Anwärter besteht aber darin, den sogenannten „Abyssos", den Abgrund, zu überqueren, um Zugang zur eigenen Göttlichkeit zu erlangen. Dazu müssen die Neophyten ihr eigenes „Ich" zerstören, welches den angestrebten überbewussten Zustand versperrt. Die höchste Stufe des System hat man erreicht, wenn man keine Wünsche mehr hegt und frei ist von allem, was zur Dualität führt. Dies ist der Grad 10°=1 und entspricht der Bezeichnung „Ipsissimus". Aleister Crowley behauptete von sich, er hätte den Grad des „Ipsissimus" im Jahre 1924 errungen. Nun kursiert zu dieser Episode als Crowley die Initiation des höchsten Grades durchführte ein Gerücht, das wir dem Leser nicht vorenthalten wollen, weil es so bizarr ist, dass es fast schon wahr sein könnte.

Das Einweihungsritual zum „Ipsissimus" fand im September des Jahres 1924 in Paris statt. Damals pflegte er regen Kontakt zum irisch stämmigen Autor und Publizist Frank Harris, der in Nizza lebte. Inzwischen war Crowleys Erbe aufgebraucht, so dass er sein Landgut von Boleskine hatte verkaufen müssen und auf Leihgaben, reiche Gönner und Einnahmen aus seinen Publikationen angewiesen war. Crowley unterzog sich der höchste Prüfung der Illuminaten in Form eines sexualmagischen Rituals zur Erlangung der eroto-komatischen Erleuchtung. Das Verfahren wird folgendermaßen beschrieben.

„Am festgesetzten Tag assistieren ihm ein oder mehrere ausgewählte und erfahrene Assistenten, deren Aufgabe es ist (a) ihn sexuell durch jedes bekannte Mittel zu erschöpfen (b) ihn durch jedes bekannte Mittel sexuell zu erregen. Jeder Trick und Kunstgriff der Kurtisane ist zu verwenden und jedes bekannte physikalische Stimulanz. Die Assistenten sollten der Gefahr nicht achten, sondern ihr festgelegtes Opfer erbarmungslos zur Strecke bringen.

Schließlich wird der Kandidat in einen Schlaf äußerster Erschöpfung, dem Koma ähnelnd, sinken (...). Aus diesem Schlaf soll er durch Stimulation von eindeutiger und exklusiver sexueller Art erregt werden. (...) Dieser Wechsel wird unbegrenzt fortgesetzt, bis der Kandidat in einem Zustand ist, welcher weder Schlaf noch Wachen ist, und (...), mit dem höchsten und heiligsten Herrn, Gott seines Seins, Schöpfer des Himmels und der Erde, kommuniziert."[186]

Das Ritual sollte zudem für den Aspiranten nur zwei Möglichkeiten offen lassen. Entweder es endet tödlich, oder erfolgreich. Ob der Meister die Prüfung bestanden hat, bleibt im Dunkeln. Merkwürdigerweise unterschreibt er im darauf folgenden Jahr einen Brief (24.Sept.) an Bruder Achat nur mit dem neunten Grad (9°=2). Andererseits nennt er sich schon vor 1924 verschiedentlich „Ipsissimus". Er muss folglich das Ritual bereits in seiner sizilianischen „Abtei von Thelema" zelebriert haben. Mit dem Grad des „Ipsissimus" hatte Crowley die höchste Stufe der Erleuchtung erreicht. 1926 wird er gar auf der Weida-Konferenz, einem Zusammenschluss deutscher Okkultisten, zum neuen Weltlehrer ausgerufen.

„Der Lehrer der Welt, dessen Erscheinen für dieses Jahr verkündet war, den alle wahren Sucher und besonders diejenigen der Theosophischen Gesellschaft erwartet haben, ist zur bestimmten Zeit in der Person des Meisters To Mega Therion (Crowley) erschienen."[187]

---

[186] Michael D. Eschner: Die geheimen sexualmagischen Unterweisungen des Tieres 666, Kersken-Kanbaz 1993, S. 210 f.

[187] de.wikipedia.org/wiki/Weida-Konferenz

Und nun zum Gerücht: Frank Harris war zu der Zeit als Crowley in Paris weilte mit einer Dame namens Nellie O'Hare liiert. Diese wiederum soll die Bekannte einer gewissen Pauline (Robinson) Peirce gewesen sein, einer verheirateten Amerikanerin, welche trotz ihrer Familie und zwei Kindern die Freiheit besaß in der Welt herumzureisen und bei dieser Gelegenheit auch Paris einen Besuch abstattete. Das geschah zufälligerweise zur gleichen Zeit als auch der notorische Magier dort weilte und die beschriebene Tortur über sich ergehen ließ. Da nirgends erwähnt wird, wer Crowley bei der Prozedur assistiert hat, wird nun der Name von Pauline Peirce ins Spiel gebracht. Wie dem auch sei, die Frau von Marvin Pierce kehrte im Oktober schwanger in die USA zurück und brachte im Juni des folgenden Jahres eine Tochter zur Welt, die „Barbara" getauft wurde. Heute ist Barbara Peirce besser unter dem Namen bekannt, den sie durch ihre Heirat mit George H. W. Bush annahm, nämlich Barbara Bush. Ihr Kind, George W. Bush wurde der 43. Präsident der USA.

Die Kulturrevolution der Illuminaten: Ewige Blumenkraft – Flower Power

Die sexualmagische Beziehung zwischen Aleister Crowley und Barbara Pierce mag frei erfunden und nichts als ein schlechter Scherz sein. Vielleicht hat jemand die Gesichtszüge von Barbara Bush mit jenen des Magiers verglichen, dabei eine gewisse Ähnlichkeit gefunden und sich gefragt, ob die zwei miteinander verwandt sein könnten. Tatsache ist, dass sich Pauline Pierce bereits in den Zwanzigerjahren soweit emanzipiert hatte, dass sie sich um Konventionen scherte. Fast könnte man sie als eine Vorläuferin der späteren Hippie-Generation ansehen. In den Sechzigerjahren wurde das thelemitische Motto „Tu was du willst!" aus dem „Liber AL" zum Leitsatz einer ganzen Generation. Nun wurde Crowleys unsteter Lebensstil zum Standard bürgerlicher Aussteiger. Die sogenannte 68er-Bewegung walzte alle Normen und Traditionen nieder, welche zuvor gegolten hatten. Nichts war ihnen noch heilig. Wenn es einen Zeitpunkt gab, an dem man den Geist des neuen Zeitalters einatmen konnte, dann jetzt. Drogenexzesse und eine freie Sexualmoral wurden zu einem Phänomen der westlichen Zivilisation. Die jungen Leute ließen sich das Haupthaar und ihre Bärte wachsen, zogen farbige Kleider an und reisten zu indischen Gurus, um neue Einsichten in ihr Leben zu gewinnen. In dem Musical „Hair" wird das Lebensgefühl jener Tage wunderbar zum Ausdruck gebracht. Wer an das Bühnenstück denkt, der erinnert sich an die langen Haare der Protagonisten, an ihre multikulturelle Durchmischung aber auch an den berühmten Song „In the age of Aquarius", einer Replik auf den neuen Äon.

Unvergessen die Auftritte der Beatles und das Woodstock Festival mit Jimmy Hendrix, Joe Cocker und Janis Joplin um nur einige zu nennen. Auf dem Cover des 1967 erschienen Albums „Sergeant Pepper's Lonley Hearts Club Band" sind die vier Bandmitglieder in farbigen Uniformen abgebildet. Vor ihnen sind Blu-

men arrangiert und hinter ihnen die Köpfe von 70 Persönlichkeiten aus aller Welt, die als Ikonen des „neuen Menschen" galten. Unter ihnen befindet sich auch ein Konterfeit von Aleister Crowley. Deutlich lehnt sich das Cover inhaltlich an den Begriff „Flower Power" an, welcher der Bewegung den Namen gab. War es ein Zufall, dass die berühmte Pop-Gruppe mit Flower Power (=Blumenkraft) auf einen Slogan der Illuminaten anspielten. In einem Artikel der Zeitschrift „Teenset", der sich auf die Illuminaten bezog, wurde behauptet *„Beethovens Symphonien seien durch Illuminismus und ‚Flower Power' inspiriert."*[188]
Ein Mitglied der Beatles war auf eine besondere Weise mit Aleister Crowley verbunden, nämlich John Lennon. Das Dakota Gebäude, in dem Polanskis Film „Rosemaries Baby" spielt, war John Lennons letztes Domizil, bevor er beim Hauseingang durch Marc David Chapman erschossen wurde. Wie wir bereits erläutert haben, wird in dem psychedelischen Horrorstreifen die Zeugung und Geburt eines „Moonchild" thematisiert. Manch einer wird sich noch an John Lennons Interview aus dem Jahre 1966 erinnern als er sagte:

„Das Christentum wird gehen. Es wird von der Bildfläche verschwinden und schrumpfen. Ich brauche mich nicht darüber zu streiten und ich werde Recht behalten. Wir sind jetzt populärer als Jesus Christus. Ich

---

[188] Robert Anton Wilson: Das Lexikon der Verschwörungstheorien, Piper 2002, S. 150

weiß nicht, was zuerst gehen wird der Rock n' Roll oder die Christenheit."[189]

Ob bewusst oder nicht hat der britische Musiker mit dieser Äußerung das Kommen einer neuen Einheitsreligion angekündigt. Die Beatles selbst halfen kräftig mit durch ihre Wallfahrten zum indischen Guru Maharishi Mahesh Yogi einer Generation den geistigen Weg zur östlichen Spiritualität zu weisen. Ihnen vorgelebt hatte es bereits Crowley, der Asien lange vor dem Aufkommen der Beatles bereist und sich dabei in die Kunst des indischen Yoga vertieft hatte.

Zu den einflussreichsten Rock Bands dieser Zeit darf sicher die Gruppe „Led Zeppelin" gezählt werden, die durch ihr Lied „Stairway to Heaven" weltberühmt wurde. Bekannt ist das Stück auch wegen seiner Backmashing-Botschaft, die man heraushören kann, wenn man das Lied rückwärts abspielt. Innerhalb der Band tat sich vor allem der Gitarrist Jimmy Page als ein Anhänger des britischen Okkultisten Aleister Crowley hervor. Überliefert ist, dass er während den Konzerten Flugblätter mit Crowleys „Liber Oz", einem Extrakt der thelemitischen Programmpunkte, im Publikum verteilen ließ. Page besaß eine umfangreiche Bibliothek mit okkulten Büchern und wohnte 1970 bis 1991 im Haus Boleskine, welches früher im Besitz Crowleys gewesen war. Aber auch Mick Jagger und David Bowie standen unter dem Einfluss des britischen Magiers. Der Rolling Stones Sänger kam durch

---

[189] Frei übersetzt aus: *Evening Standard vom 04.03.1966*

Kenneth Anger, einem Mitglied des OTO in Kontakt mit Crowley, als er die Musik für den Film „Invocation of my demon brother" schrieb. Das soll ihn dazu inspiriert haben, das Lied „Sympathy for the devil" zu komponieren.

Die Flower Power Bewegung, welche durch Protestkundgebungen gegen den Krieg in Vietnam politisch aktiv wurde, entwickelte sich schnell zu einer allgemeinen Anti-Establishment Bewegung. 1968 kam es an vielen Orten in den USA und Europa zu Studentenunruhen, Sitzstreiks und Friedens-Demonstrationen. Daraus entstand die linksgerichtete 68er-Bewegung, welche sich durch eine antiautoritäre Haltung auszeichnete. Der Obrigkeitsstaat geriet ins Visier der 68er Generation. Institutionen, wie die stark hierarchisch ausgerichtete katholische Kirche wurden vehement abgelehnt. Im Zuge dieses gesellschaftlichen Paradigma-Wechsels entwickelte sich eine Alternativ-Kultur mit einer völlig neuen Weltsicht, für die heute allgemein der Begriff „New Age" gebräuchlich ist. Dieser Wechsel in den Weltanschauungen thematisierten die amerikanische Schriftstellerin Marylin Ferguson in ihrem Buch „The Aquarian Conspirancy", zu Deutsch „die sanfte Verschwörung" und der Physiker Fridjof Capra im Buch „Wendezeit". Vor allem Ferguson kündigte einen tiefgehenden gesellschaftlichen Wandel an. Sie trat dafür ein, dass sich alle alternativen New Age Gruppierungen in einem weltweit umspannenden Netzwerk organisieren sollten.

Ausgelöst durch den anti-autoritären Impuls der 68er-Bewegung suchten die jungen Hippies nach einer neuen religiösen Ausrichtung. Dabei lehnten sie es meistens ab sich an eine einzige absoluten Idee zu binden: Sie suchten ihr Heil in einer beliebigen Selfmade-Religion, welche sich aus den unterschiedlichsten Elementen zusammensetzte. Die New Age Anhänger schusterten sich ihre persönliche Religion zusammen, indem sie Buddhismus, Yoga, Astrologie, Engelsglaube, Taoismus und vieles mehr miteinander vermischten. Jeder kreierte sich sein eigenes Weltbild aus dem „Supermarkt" der „Heilslehren". Gleichzeitig entstand ein wiedererwecktes Interesse am Heidentum, welches sich im Neopaganismus und der Wicca-Bewegung manifestierte. Ebenso erwachten der Schamanismus und die Magie der alten Druiden zu neuem Leben. Trotz der Vielfalt der beliebig zusammengesetzten Heils-konzepte, lassen sich innerhalb des „New Age" folgende grundlegende Tendenzen erkennen.

- Eine Wertschätzung des diesseitigen Lebens
- Die Bevorzugung einer ganzheitlichen Sicht
- Die Ausrichtung auf Selbsterkenntnis und Entwicklung des Bewusstseins
- Der Glaube, dass die Realität durch den Geist erschaffen wird und davon abgeleitet das Hervorheben des „Positiven Denkens"
- Die Erwartung des Neuen Zeitalters

Keine Frage die New Age Bewegung ebnet den Boden für die kommende Einheits-Religion der Illuminaten und läuft den Bestrebungen des „Temple of Understanding" entgegen. In seiner Essenz ist der New Age Glaube ganz stark mit dem kulturellen Erbe der Theosophen und dem Golden Dawn verbunden.

X Die neue Weltordnung der Illuminaten

Mit der Wahl George H. W. Bushs zum 41.Präsidenten der USA im Jahre 1989, wurde das zweitletzte Kapitel in der „New World Order"-Agenda der Illuminaten aufgeschlagen: Die Vorbereitung zum dritten Weltkrieg. Der Masterplan um eine neue Weltordnung herzustellen war schon im 19. Jahrhundert von den beiden Illuminaten Albert Pike und Giuseppe Mazzini vorbereitet worden. Pike schilderte Mazzini den Welteroberungsplan, den er seit 1859 entwickelt hatte, in einem Brief vom 15. August 1870. Das Epizentrum des dritten Weltkrieges wurde von Pike im Mittleren Osten festgelegt. Tatsächlich konzentrieren sich die militärischen Operationen der USA seit der Wahl Bushs in dieser Gegend. Die Grundlage für den dritten Weltkrieg wurde geschaffen, als Ajatollah Khomeini 1979 aus seinem französischen Exil in den Iran zurückkehrte und eine islamische Republik ausrief. Von da an verbreitete sich der Fundamentalismus mit seiner Forderung nach einem Gottesstaat zunehmend in der islamischen Welt, so dass es nicht nur zu einer Spaltung innerhalb der islamischen Bevölkerung, sondern auch zu einem erneuten Aufleben der mittelalterlichen Kreuzzugs-Mentalität im Westen kam. Wir erinnern uns, dass die Illuminaten die Nachfahren der Templer sind. Seit dem Beginn des zweiten Golfkrieges im Jahre 1990 geriet die islamische Welt immer mehr ins Fadenkreuz des US-Militärs. Das

Pentagon scheint ganz offensichtlich einer Strategie zu folgen, welche den ganzen Nahen und Mittleren Osten destabilisieren soll. Diese Annahme wird einerseits durch die beiden Kriege im Irak und in Afghanistan, andererseits aber auch durch die jüngsten gewalttätigen Ereignisse im Zusammenhang mit dem „Arabischen Frühling" bekräftigt. Regime kritische Massenproteste, welche durch die ganze arabische Welt hindurch gingen, haben zu Umstürzen und Bürgerkriegen in Tunesien, Libyen, Ägypten und Syrien geführt. Gegenwärtig tobt ein blutiger Krieg in Syrien und die USA bereitet einen Militärschlag gegen das Assad Regime vor. Die Konsequenzen eines solchen Militäreinsatzes sind nicht abzusehen. Es droht ein totales Chaos im ganzen Nahen Osten auszubrechen.

Die Illuminaten zetteln die Kriege in Irak und in Afghanistan an

Die US-Kriegseinsätze am Golf und in Afghanistan folgten einer geheimen Agenda, welche in ihrer langfristigen Ausrichtung die ganze Region des Mittleren Ostens in ein furchtbares Chaos stürzen soll. Der zweite Golfkrieg brach aus, als Saddam Hussein am 2. August 1990 mit seinen Truppen im Kuwait einmarschierte. Bei der Annexion erbeutete der irakische Diktator Gold um Wert von 615 Millionen Euro. Nachdem die USA von Saudi-Arabien und den Vereinigten Arabischen Emiraten um Unterstützung gebeten wurde und Kampfhandlungen durch die Resolution 678 des UN-Sicherheitsrates legitimiert worden war, setzte eine Koalition unter der Führung der Supermacht zum Gegenschlag an. Am 17. Januar 1991 begann das „Unternehmen Wüstensturm" mit massiven Luftangriffen gegen den Irak. An der Luftoffensive beteiligten sich 750 Kampfflugzeuge und Bomber, die rund 1300 Angriffe flogen. Innert 20 Stunden wurden alle Kommandozentralen der irakischen Luftstreitkräfte zerstört. Dabei wurde ein riesiges Arsenal von modernsten Waffen aus amerikanischer Produktion eingesetzt, was George H. W. Bush und seinen Freunden von der Rüstungsindustrie sicherlich gefiel, denn sie profitierten letztlich von dem infernalischen Angriff. Jemand hat einmal den Spruch geprägt, wonach „im Krieg in der kürzesten Zeit am meisten Material verbraucht wird" und damit ausdrücken wollen, dass ein Blitz-Krieg im Grunde die Maximierung einer Konsum orientierten Wirtschaftstheorie darstelle. Für die „Operation Wüstensturm" trifft dieses Diktum sicherlich zu. Wer aber bezahlte letztendlich die Rechnung für die kostspielige Militäraktion? Zweifellos ging ein Großteil der Kosten an Saudi-Arabien. Seit dem Deal zwischen Roosevelt und Ibn Saud liefert das Königshaus den Amerikaner Öl, wofür diese im Gegenzug für Stabilität und Sicherheit in der Region sorgen.

Bevor George H. W. Bush 1980 zum Vize-Präsidenten der USA erkoren wurde, leitete er in den Jahren 1976 und 1977 den Geheimdienst CIA und war von 1977 bis 1979 einer der Direktoren des „Council on Foreign Relation". Sein Großvater Prescott Bush war Geschäftsführer der „Brown Brothers Harrimann Bank" an der Wall-Street. Er gehörte damit zum Netzwerk der Strohmänner rund um das Haus Rothschild. Anthony Sutton hat aufgezeigt, dass die Harriman Bank zu den wichtigsten Verbindungen zwischen der Wall-Street und dem deutschen Rüstungskonzern von Fritz Thyssen gehörte und damit an der Finanzierung der NSDAP und Hitler beteiligt war. Prescott Bush war namentlich auch an einer Ölfirma beteiligt, welche die erste Off-Shore-Pumpanlage in Kuwait gebaut hatte.[190] Innerhalb der Illuminatenpyramide gehören die Bushs zum Orden der „Skull & Bones" (Schädel und Knochen), einer Studentenverbindung an der Elite-Universität von Yale. Die Mitglieder dieses Ordens werden die „Bonesmen" (Knochenmänner) genannt, was sich auf ihren Ordensnamen bezieht. Bereits Prescott Bush hatte zu den „Bonesmen" gehört. Seine Ordensbrüder waren auch an der Ölfirma und der Finanzierung von Nazi-Deutschland beteiligt. Sowohl sein Sohn Georg H. W. Bush wie auch sein Enkel George W. Bush folgten ihm auf dem Fuß in den Orden nach. Aber sie waren nicht die einzigen mit dem Namen Walker - der Buchstabe „W" im Mittelnamen ist eine Abkürzung für Walker -, die zu den Knochenmännern gehört hatten. Anthony Sutton konnte anhand einer Mitgliederliste, die bis ins Jahr 1985 reicht, nachweisen, dass die Familie Walker bis dato 15 Mitglieder gestellt hatte. Das war der meist geführte Name auf der Liste gemeinsam mit dem der

---

[190] Bröckers, Mathias: Verschwörungen, Verschwörungstheorien und Geheimnisse des 11.9., S. 102

Familie Smith. Auf der Liste der einflussreichen Bonesmänner befindet sich auch der Name von Henry L. Stimson, der von 1940 bis 1945 Kriegsminister der USA und Leiter des Manhatten-Projekts gewesen war. Außerdem stechen die Namen von notorischen Verbündeten der Rothschild Familie ins Auge, wie jene von Averell Harrimann, dem Vorsitzenden der Union Pacific Railroad, Alfred Gwynnne Vanderbilt und Percy Avery Rockefeller, dem ehemaligen Direktor von Brown Brothers Harriman, von Standard Oil und von Remington Arms. Angesichts der Verfilzung in der amerikanischen Politik und der Freundschaften unter den Bonesmännern erstaunt es nicht, dass der zweite Golfkrieg unter der Führung von George H. W. Bush geführt wurde. Nebst dem strategischen Ziel der geheimen Illuminaten-Agenda, welches er damit verfolgte, half er seinen Bones-Freunden in der Rüstungsindustrie. Noch in viel höherem Masse war dies unter Präsident George W. Bush der Fall, dessen Administration durchsetzt war von ehemaligen Angestellten der Rüstungsindustrie. In einem Bericht des „World Policy Institutes" (WPI) heißt es:

"Mehr als jede andere Regierung in der jüngeren Geschichte verlässt sich die Bush-Regierung auf Personen mit engen beruflichen und finanziellen Verbindungen zur Rüstungsindustrie. Sie sitzen auf den höchsten Positionen in den Bereichen Außenpolitik und Nationale Sicherheit."[191]

---

[191] Zitiert aus: www.heise.de/tp/artikel/12/12616/1.html

In seinem Bericht kommt das WPI zum Schluss, dass auf höherer politischer Ebene 32 Posten mit Lobbyisten aus der Rüstungsindustrie besetzt wurden. Es bestünden herausragende Beziehungen zwischen der Politik und den Unternehmen „Lockheed Martin". So saß beispielsweise die Frau von „Knochenmann" Dick Cheney von 1994 bis 2001 im Vorstand der „Lockheed Martin". Die „Lockheed Martin" betreibt unter anderem in den „Sandia National Laboratories" auch Nuklearforschung. Unter George Bush Junior hatte das Rüstungsunternehmen acht ehemalige Mitarbeiter und Kapitalanleger in die Regierung einschleusen können und konnte dadurch Einfluss auf die Atompolitik des Landes nehmen.

Bei genauerem Hinsehen erkennt man, dass der zweite Golfkrieg nicht vom Irak sondern von den USA geschürt wurde. George Bush und seine Freunde aus dem „Skull & Bones-Orden", welche das gewaltige Rüstungsbudget der USA beibehalten wollten, zogen ihre Fäden im Vorfeld der militärischen Intervention. Nur mit einem mächtigen Partner im Rücken konnte sich das kleine Land Kuwait erlauben seinen Nachbarn so zu provozieren, wie es dies getan hatte, als es am 8. August 1988 auf einmal seine Ölförderung kräftig erhöhte. Dadurch fiel der Ölpreis um 50 Prozent, was sich negativ auf den Irak auswirkte, der auf die Einnahmen aus dem Ölexport angewiesen war, um den Wiederaufbau des Landes nach dem ersten Golfkrieg angehen zu können. Gleichzeitig verlangte der Emir von Kuwait, dass der Irak seine Anleihen in der

Höhe von 30 Milliarden, die er während des Krieges zur Verfügung gestellt hatte, zurückbezahlen solle. Es ist offensichtlich, dass insgeheim die USA hinter dem provokanten Manöver Kuwaits stand, wie auch hinter der eigenmächtigen Einverleibung jenes Teils der Ölfelder von Rumailah durch Kuwait, welche sich auf der irakischen Seite der Grenze befanden. Zwischen 1988 und 1990 versuchte Irak die angespannte Situation durch Gespräche zu entschärfen, aber Kuwait sperrte sich. In der Folge bezichtigte Saddam Hussein das Emirat, einen Wirtschaftskrieg gegen sein Land zu führen und verlegte Truppen an die Grenze. Die USA, welche über diese Bewegungen im Bild war, ermutigte den Irak auch noch zu einem Angriff, indem sie falsche Signale sendeten und so taten, als würden sie sich neutral verhalten. Bei einem Treffen der amerikanischen Botschafterin April Glaspie mit Saddam Hussein am 25. Juli 1990 kurz vor der Invasion sagte diese, dass die USA *„keine Meinung zu innerarabischen Streitigkeiten wie Ihre Unstimmigkeiten bezüglich der Grenze mit Kuwait"* habe und dass *„dass die USA keine spezifischen Verteidigungs- oder Sicherheitsabkommen mit Kuwait hätten."*.[192] Aber die USA spielten mit verdeckten Karten, denn in Tat und Wahrheit bestand bereits seit 1989 ein Kriegsplan mit der Nummer 1002-90, in welchem unter der Administration Reagan das Szenario eines Irak-Krieges ausgearbeitet worden war.

---

[192] de.wikipedia.org/wiki/Zweiter_Golfkrieg

Konnten die USA den zweiten Golfkrieg noch auf der Basis einer UN-Resolution legitimieren, so war der dritte Golfkrieg eine völkerrechtswidrige Invasion durch die Vereinigten Staaten. Der Einsatz mit dem Namen „Operation Iraqi Freedom" dauerte vom 20. März bis 1. Mai 2003 und endete mit dem Sturz des Diktators Saddam Hussein. Heute ist klar, dass mehrere hochrangige Politiker die Welt belogen hatten, was die Gefahr betraf, die vom Irak ausging. Der amerikanische Außenminister Collin Powell und der britische Ministerpräsident Tony Blair verbreiteten das Märchen von den Massenvernichtungswaffen, die der Irak besäße und stützten ihre Behauptungen auf Aussagen des irakischen Ingenieurs Rafal Aljabadi, der in Deutschland um Asyl gesucht hatte und dem BND falsche Informationen über Massenvernichtungswaffen im Irak zugespielt hatte. Dieses Material, welches u. a. aus Skizzen der Biowaffenfabrik-Anlagen bestand, welche von Aljabadi selbst angefertigt worden waren, wurde vom amerikanischen Geheimdienst aufgepeppt und gegenüber dem UN-Sicherheitsrat als erstklassiges Material ausgegeben. Saddam Hussein mag ein skrupelloser Diktator gewesen sein, aber sein Sturz war ungerechtfertigt und hat dem irakischen Volk viel Leid gebracht.

Ohne den Terror-Anschlag vom 11. September 2001 hätte George W. Bush und seine „Bonesmänner" ein Unternehmen wie den dritten Golfkrieg niemals am US-Kongress vorbei gebracht. Die US-Bevölkerung wurde aber auch noch durch eine weitere Lüge an der Nase herum geführt, der Behauptung nämlich, Saddam Hussein sei mit der Al Kaida und Osama Bin Laden verbündet. Bush benutzte für das erlogene Bündnis die Wendung „Achse des Bösen". In Wirklichkeit hatte Saddam Hussein rein gar nichts mit den Anschlägen zu tun und auch sonst mit Osama Bin Laden kein Bündnis. Im Gegenteil Bin Laden hatte das säkulare Regime Saddams als Gefahr für den Islam bezeichnet. Ganz anderer Art waren die Beziehungen zwischen den Bin Ladens und der Bush Familie. Es ist bewiesen, dass Bush Senior und Ex-Mitglieder seines Kabinetts über die „Carlyle Group" Geschäftsverbindungen zum Bin Laden-Clan unterhielten. Die „Carlyle Group" ist eine private Beteiligungsfirma, welche u. a. Investitionen in den Sektoren Industrie, Luftfahrt, Verteidigung, Pharma, Technologie, Telekommunikation und Medien vornimmt. Sie ist Mehrheitsaktionärin bei der „Booz Allen Hamilton", einem Unternehmen, das Dienstleistungen für das US-Verteidigungsministerium und den Auslandsgeheimdienst NSA erbringt. Durch den Film „Fahrenheit 9 11" von Michael Moore wurde bekannt, dass die Bin Laden-Familie eine Summe von 2 Millionen US Dollar in einen Carlyle Fund investiert hat. Das mag ein bescheidener Betrag in einem 1,3 Billionen Anlagefonds sein, aber es ist ein untrüglicher Beweis, dass eine Beziehung zwischen den Bin Ladens und den Bushs vorhanden ist. Bush Senior war zudem von 1998 bis 2003 als Unternehmensberater für Carlyle Asia tätig.

Die geheimen Verbindungen zwischen der US-Regierung und Osama Bin Laden bestanden schon seit den Achtzigerjahren, als die Sowjetunion ihren Krieg gegen Afghanistan führte. Wie Hillary Clinton bei einem Interview mit dem Fernsehsender ABC am 7. November 2010 zugab, wurden *"Osama Bin Laden, seine Truppen aus Saudi-Arabien und die afghanischen Freiheitskämpfer von den USA ausgebildet, ausgestattet und finanziert, um während der militärischen Intervention der Sowjetunion in Afghanistan zwischen 1979 und 1989 zur Unterstützung der kommunistisch gesinnten Regierung der Demokratischen Republik Afghanistan als Widerstand zu kämpfen."*[193] Die US-Unterstützung wurde damals von der CIA unter dem Decknamen „Operation Cyclone" durchgeführt. Die Staatsausgaben für das Unternehmen betrugen anfänglich jährlich 20 bis 30 Millionen Dollar und steigerten sich bis 1987 auf 630 Millionen Dollar pro Jahr. Als die Sowjetunion 1989 ihre Truppen aus Afghanistan zurückzog, folgte ein blutiger Bürgerkrieg zwischen den Mudschahidin-Gruppierungen und Millionen Menschen mussten ins Ausland fliehen. In Pakistan bildete sich die fundamentalistisch geprägte Taliban Miliz innerhalb der religiösen Schulen für afghanische Flüchtlinge heraus und führte ab 2003 einen Guerillakrieg gegen das neue afghanische Regime in Kabul. Auch Osama Bin Laden, hieß es nach den Terroranschlägen vom 11. September, würde sich irgendwo im Grenzgebiet zwischen Afghanistan

---

[193] alles-schallundrauch.blogspot.ch/2010/11/hillary-clinton-bestatigt-wir.html

und Pakistan verschanzt halten. Dieser Umstand und das Aufleben der Taliban-Miliz galten den USA als Rechtfertigung um 2001 in einer Koalition mit der NATO in Afghanistan einzumarschieren.

Nun gibt es bei der ganzen Geschichte rund um den Hindukusch-Einsatz einige Ungereimtheiten. Während alle Welt meinte, es gehe beim Afghanistankrieg um die Terror-Organisation Al Kaida und die Taliban, drehte es sich in Wirklichkeit um Öl und Gas.

„Am 21.Oktober 1995 unterzeichneten die Firmenchefs von Unocol und Deltaoil ein Abkommen mit dem turkmenischen Präsidenten Saparmurat Niyazov über Gasexporte in Höhe von 8 Milliarden US Dollar. Auch der Bau einer Fernleitung durch Afghanistan war vorgesehen."[194]

An dem Deal beteiligt waren die Saudis durch die Firma „Deltaoil" und die Amerikaner durch den texanischen Konzern „Unocol". Letzterer wurde im Jahr 2005 durch den „Chevron Texaco-Konzern" übernommen. Eine Mehrheit der Aktien von „Chevron Texaco" waren damals in den Händen der Rothschild kontrollierten „Bank of America" und „Wells Fargo". Im Vorstand der „Chevron Corporation", dem Unternehmen, das aus Rockefellers „Standard Oil" hervorgegangen war, vertreten war auch Condoleezza Rice,

---

[194] Oil & Gas Journal 30.Oktober 1995, zitiert aus Brisard /Dasquuié: Die verbotene Wahrheit, S.44

bis sie im Jahre 2001 in die Bush-Administration wechselte, wo sie als Nationale Sicherheitsberaterin tätig wurde. Der Bau der Pipeline durch Afghanistan, ein Milliarden-Auftrag, sollte vom US-Unternehmen „Halliburton" realisiert werden. Direktor und Hauptaktionär dieses Konzerns war von 1995 bis 2000 Dick Cheney. Derselbe Mann, der von 1989 bis 1993 unter George Bush Senior US-Verteidigungsminister gewesen war und von 2001 bis 2009 als 46.Vizepräsident der Vereinigten Staaten unter George Bush Junior amtierte. „Halliburton" ist vielen ein Begriff wegen der umstrittenen Geschäfte, die es mit Irak und Iran unterhalten hatte. Bei dem Bau der Fernleitung bot sich idealerweise eine Linienführung durch Afghanistan und Pakistan an, um russisches und iranisches Einflussgebiet zu umgehen. Die Lage am Hindukusch war aber wegen der amtierenden Regierung äußerst unsicher, weshalb diese beseitigt werden musste, um sie 2001 mit der US-Marionette Hamid Karsai zu ersetzen. Am 9. Dezember 2001 unterstellte die französische Zeitung „Le Monde" Karsai, er habe in den Achtzigerjahren einen Beratervertrag mit „Unocol" gehabt, was dieser aber dementierte. Wie schon bei Rockefeller, der sein Imperium weniger durch seine Öl-Quellen, als durch den Aufbau eines gut funktionierenden Eisenbahn-Netzes aufgebaut hatte, geht es auch bei den Rohstoff-Vorkommen rund um das Kaspische Meer um eine effiziente Infrastruktur. Wer die Fernleitungen kontrolliert, der hat im Grunde das sagen.

Die Illuminaten und die Bankenpleite von 2008

Anfangs September 2008 erlebte die Wallstreet mit der Pleite von „Lehmann Brothers" einen Schwarzen Montag. In der Folge brachen die Börsen weltweit ein und verloren bis Anfang 2009 rund die Hälfte ihres Wertes. Die Finanzkrise, welche die Ursache für den Crash war begann aber bereits ein Jahr früher am 9. August 2007, als die Zinsen für Interbankfinanzkredite angehoben wurden. Das Verhängnis nahm seinen Verlauf, als vielen Banken begannen die Geldausleihe untereinander einzuschränken und es deshalb zu einer Geldknappheit kam. Damit begann eine unaufhaltsame Abwärtsspirale die zum Börsencrash an den globalen Finanzmärkten führte. Am 7. September 2008 ließ die Regierung von George W. Bush die beiden Hypothekenriesen Fannie Mae und Freddie Mac mit der Begründung verstaatlichen, man wolle deren Kollaps verhindern. Das war aber eine glatte Lüge, wie der Ökonom Lyndon LaRoche feststellte, denn der US-Regierung ging es im Grunde nicht darum den Immobilienbereich zu retten, sondern die Banken. Denn diese hatten Fannie Mae und Freddie Mac zum Instrument ihrer Derivatspekulationen gemacht, indem sie die Schulden von Häuserbesitzer in Wertpapiere umwandelten und an andere Banken weiterverkauften, welche die Derivate weltweit an Investoren vermittelten. Die Spekulationen wurden von „Fannie" und „Freddie" dadurch angeheizt, dass sie die Immobilienpreise künstlich in die Höhe trieben, um den Derivatehandel aufrecht zu erhalten. Es war ein reines Vabanque-Spiel, denn die Banker wussten, dass die Finanzblase irgendeinmal platzen musste.

Am 29. September, dem dritten schwarzen Montag in Folge, spielten sich gespenstische Szenen an der New Yorker Börse ab. Ein Rettungspaket für die Banken in der Höhe von 700 Milliarden Dollar war im Kongress an den Stimmen der Republikaner gescheitert. Ein ganzes Land war wie paralysiert, als die Bevölkerung realisierte, dass ein Kollaps des Finanzsystems bevorstand. Während in der Öffentlichkeit darüber diskutiert wurde, ob man die Banken mit Steuergeldern retten oder sie für bankrott erklären solle, kaufte Warren Buffet am 24. September munter Aktien der maroden Goldmann-Sachs-Bank im Wert von 5 Millionen Dollar. Wusste er vielleicht etwas? Immerhin war Henry Paulson, seines Zeichens US-Finanzminister, gerade dabei das 700 Milliarden Hilfspaket zusammen zu schüren. Paulson war vor seinem Amtsantritt im Jahre 2006 Vorsitzender und CEO der Goldmann-Sachs Bank gewesen. Das Weiße Haus musste eine Vorliebe für Goldmann-Sachs Manager haben, denn auch Joshua Bolton, der Stabschef des Weißen Hauses und John Thain, der Chef der New Yorker Börse waren bei Goldmann-Sachs gewesen. Paulson hatte zuvor am 4. Juni 2008 am Treffen der Bilderberger, einer Organisation der Illuminaten, im Westfields Marriott in Chantilly (Virginia) teilgenommen. Mit von der Partie waren u. a. der Notenbankchef Ben Bernanke, und der Präsident der Weltbank Robert Zoellich. Warren Buffets Investition sollte sich bezahlt machen, denn dem Paulson-Plan wurde am 3. Oktober 2008 vom Kongress zugestimmt und die Goldman-Aktie legte nachbörslich 8 Prozent zu. Die Anleger waren glücklich, auch wenn in den USA durch den „Bail-out" des Staates die Zeit des Neo-Liberalismus abgelaufen war.

Am 6.Oktober 2008 fielen die Börsenkurse weltweit ins Bodenlose. Eine der schwärzesten Börsenwochen seit dem Crash von 1929 nahm ihren Lauf. Alle wichtigen Handelsplätze der Welt marschierten im Takt der New Yorker Börse mit. Schloss Wallstreet im Minus ab, so folgten Tokio, London, Frankfurt und Zürich auf dem Fuß dem Abwärtstrend. Nun mussten die isländischen Banken Glitnir, Landsbanki und Kaupthing ihre Zahlungsunfähigkeit anmelden, was zur Folge hatte, dass auch der isländische Staat bankrott war. Ungefähr 300'000 Briten und 3000 Schweizer verloren ihre Ersparnisse, die sie bei den isländischen Banken hinterlegt hatten. Nun geriet Großbritannien unter Zugzwang, so dass Finanzminister Alistair Darling ankündigte, dass die britische Zentralbank 50 Milliarden Pfund in den Finanzmarkt pumpen würden. Das führt dazu, dass Panik in den Köpfen der Anleger ausbrach, so dass Irland und Deutschland mit hundertprozentigen Staatsgarantien auf Sparkonten zu beruhigen versuchten, was wiederum andere europäische Staaten unter Druck brachte, die deutschen Massnahmen zu übernehmen. Die Aktion trug aber wenig zur Beruhigung an den Börsen bei, denn jetzt versuchten alarmierte Anleger ihre Aktien loszuwerden, wodurch die Kurse weiter fielen. Innerhalb eines Jahres wurden so immer mehr Bankschuldverschreibungen durch den Staat garantiert, was sich weltweit zu einer Summe von 800 Milliarden US-Dollar akkumulierte.

Man schätzt, dass in den USA durch die Finanzkrise zirka 3 Millionen Hausbesitzer zahlungsunfähig wurden und deshalb ihre Häuser zu Spottpreisen verkaufen mussten. Viele mussten danach auf Campingplätzen hausen, weil sie alles verloren hatten. Sie hatten sich von den tiefen Hypothekarzinsen blenden lassen und Verträge abgeschlossen, bei denen die Kreditsumme, die zurückgezahlt werden musste, laufend anstieg. Ein Fünftel aller Hypothekar-Kunden in den USA, das entspricht einer Hypotheken-Summe von 800 Milliarden Dollar, leisteten sich trotz niedrigen Einkommens und fehlendem Vermögen ein Eigenheim. Solange die Immobilienpreise stiegen, lief die Sache gut, denn durch die Wertsteigerung waren die Banken gut abgesichert. Als die Immobilienblase ihr Maximum erreicht hatte, überstieg ihr Wert 20 Billionen Dollar. Nachdem sie geplatzt war, sanken die Durchschnittspreise der Häuser um acht bis zehn Prozent in einem Jahr, was zum letzten Mal in der Depression nach dem Börsencrash von 1929 geschehen war.

Auch wenn es umstritten ist, so wurde von Historikern immer wieder behauptet, die Krise der Dreißigerjahre sei bewusst von der Hochfinanz herbeigeführt worden, um damit eine riesige Umverteilung von Vermögen und Besitz zu ihren Gunsten zu erzielen. Es ist ein bisschen wie am Roulette-Tisch. Die Bank gewinnt am Ende immer. Das Gleiche geschah auch durch die Subprime- oder Finanzkrise von 2008. In den USA wechselten Immobilien im Wert von 800 Milliarden Dollar in den Besitz der Banken, welche diese erneut weiter verkaufte. Gleichzeitig musste sich der Staat bei der „Fed" weiter verschulden, damit er die 700 Milliarden des Hilfspaketes für die Pleite-Banken aufbringen konnte. Doch hinter dem Abzocker-Manöver verbirgt sich noch eine andere Art der Bedrohung. Damals in den 30er-Jahren hatte die Hyperinflation, als man für ein Kilo Brot plötzlich eine Million Mark bezahlen musste, in Deutschland den Aufstieg der Nazi-Partei unter Hitler begünstigt und damit den Weg für den Zweiten Weltkrieg geebnet. Es ist zu befürchten, dass mit der Subprime-Krise das gleiche Ziel erreicht werden soll. Für diese Annahme spricht die Auffassung einer zyklischen Wiederholung der Geschichte wie sie im Pessimismus Schopenhauers und in Nietzsche Gedanke der „Ewigen Wiederkunft" vertreten wird.

Inzwischen hat sich die Aufregung an den Börsen wieder gelegt und die Wirtschaftssysteme scheinen sich stabilisiert zu haben. Aber der Schein trügt, denn im Volk brodelt es. Durch die seit 2009 anhaltende Euro-Krise, einer Folge der Subprime-Krise, mussten in Europa beträchtliche Sparmaßnahmen durchgesetzt werden, um die EU vor dem Zusammenbruch zu bewahren. Insbesondere Griechenland, welches nicht mehr in der Lage war, seine Schuldzinsen zu bezahlen, musste durch Stützkredite der EU vor dem Staatsbankrott gerettet werden. Unter dem Damoklesschwert der Zahlungsunfähigkeit wurden dem kleinen Mittelmeerstaat rigorose Sparmaßnahmen abverlangt. Unzählige Staatsangestellte verloren ihre Stelle und wurden arbeitslos. Die Regierung musste zudem, die Liegenschafts-Steuern und die Stromabgaben erhöhen, was zu anhaltenden Protesten führte. In Spanien hat sich die Krise derart ausgebreitet, dass 26 Prozent der arbeitsfähigen Bevölkerung ohne feste Anstellung sind. Am stärksten sind die Jugendlichen von der Krise betroffen, von denen mittlerweile über 50 Prozent arbeitslos sind. In vielen südlichen Ländern gärt es in der jungen Bevölkerung wegen der fehlenden Zukunftsperspektiven. Die soziale Bombe tickt. Wie wir aus der Vergangenheit wissen, prädestinieren Weltwirtschaftskrisen autoritäre Regimes. Wenn die Verarmung weiter zunimmt, dann wiederholt sich die Geschichte und die unterprivilegierten Massen werden zuversichtlich in einen dritten Weltkrieg marschieren. Wenn unsere Berechnungen stimmen, dann müsste ab 2018 ein neuer globaler Krieg ausbrechen.

Das Armageddon-Projekt der Illuminaten

Bereits der deutsche Geschichtsphilosoph Oswald Spengler (1880-1936) vertrat die Theorie einer zyklischen Geschichtsentwicklung. Eine Auffassung, die sich mit der antiken Lehre des Griechen Hesiod von den Zeitaltern der Menschheit deckte. Auch der sowjetische Wirtschaftswissenschaftler Kondratjew teilte die Meinung, dass die Wirtschaftsentwicklung in oszillierenden Wellen vorwärtsschreite. Davon ausgehend spricht man von Kondratjew-Zyklen, welche sich in Abständen von 40 - 60 Jahren wiederholen. Solche Konjunkturschwankungen sind auch nach 3 - 4 Jahren (Kitchin-Zyklus) und nach 6 - 10 Jahren (Juglar-Zyklus) zu beobachten. Demgegenüber sah Hegel die Geschichte als einen Prozess an, der durch die Vernunft bestimmt wurde und nichts Zufälliges an sich habe. Natürlich dachte er mit seinem Ansatz nicht an die Illuminaten und die Rothschilds, obwohl eigentlich jede Verschwörung letztendlich, zumindest was die Strategie betrifft, auf Vernunft basiert. Dazu kommt, dass die Illuminaten bei ihren großangelegten Manövern immer wieder auf bewährte Strategien aus der Vergangenheit zurückgreifen, was wiederum den Eindruck einer zyklischen Entwicklung hinterlässt, in Wirklichkeit aber das Resultat berechnender Vernunft ist. Die Illuminaten verfügen über ein ganzes Heer von intelligenten Köpfen, die für das Exekutiv-Komitee Strategien und Kriegspläne ausarbeiten kann. In ihren Geheimdiensten gibt es Abteilungen, in denen die Mitarbeiter nichts anderes tun, als mögliche Szenarien aller Art in Textform auszuarbeiten. Viele von diesen Ideen werden ausgemistet und landen nicht selten als Agenten-Thriller in den Buchläden. Wegen der zyklischen Wiederholung der Geschichte können auch Nicht-Eingeweihte im Vorfeld des dritten Weltkrieges ähnliche Ereignisse beobachten wie vor den anderen beiden Vorgängerkriegen. Das Ziel, welches die Illuminaten mit dem Vernichtungskrieg verfolgen, besteht in der vollständigen Realisierung der „Neuen Weltordnung".

Dieses Vorhaben der Illuminaten, wir wollen es „Armageddon-Projekt" nennen, soll nicht nur dem angestrebten Weltstaat, sondern auch zu seiner Vorbereitung autoritären Regimes zum Durchbruch verhelfen. Davon ausgehend, dass sich Gesellschaften nur schlecht und sehr langsam wandeln lassen, wollen sie überall autoritäre Regimes an die Macht bringen, welche bedingt durch das Kriegsrecht, enormen Druck auf ihre Völker ausüben können. Auf diese Weise werden sie den Nationen ohne starke Gegenwehr den neuen „Weltstaat" aufzwingen können. Der Blutzoll, den die Staaten dafür bezahlen müssen, wird enorm sein. Jegliche Opposition gegen die „Neue Weltordnung" soll beseitigt werden. Beim gegenwärtigen Stand der Weltbevölkerungszahl, muss mit vielen hundert Millionen, wenn nicht gar mit mehr als einer Milliarde Toten gerechnet werden. Kriege haben sich in der Vergangenheit für die Illuminaten immer wieder als gutes Mittel erwiesen, um ihre politischen Reformen durchzusetzen. Einige Autoren vermuten, dass die „Neue Weltordnung" der Illuminaten auf einer bedeutend kleineren Weltbevölkerungszahl verwirklicht werden soll. Trotz massiver Verluste an Menschenleben durch den Weltkrieg, würde es eine zu hohe Zahl von Überlebenden geben. Deshalb hätten sie in ihren Labors zusätzliche Mittel der Massenvernichtung entwickelt, die sie dafür einsetzen würden. Zum Einsatz kämen unter anderem auch biologische Waffen. Zu diesen gehören hochgezüchtete Killerviren, welche in pestartigen Epidemien massenweise Menschen dahinraffen könnten. Sehr viele Menschen sind heute zu Recht besorgt darüber, dass mit den Grippe-Impfungen der Teufel mit dem Beelzebub ausgetrieben werden soll. Zudem gibt es immer mehr Leute, die vor Impfungen warnen, da sie annehmen, dass diese für artfremde Interessen der „Gesundheits-Lobby" missbraucht werden. Dabei ist von allerlei perfiden Machenschaften die Rede. Manches davon ist so paranoid, dass es schon fast wahr sein könnte. Wie zum Beispiel die Behauptung, bei der Impfung würden den Patienten ohne deren Wissen Mikrochips injiziert. Gleichzeitig, monieren Kritiker, würden immer mehr Lebensmittel mit krebsfördernden Zusatzmitteln kontaminiert. Alle diese Dinge gehörten zur Vorbereitung der „Neuen Weltordnung", wo jeder Mensch von Geburt an bis zu seinem Tod mit einem Mikrochip ausgestattet und seine Lebenszeit massiv verkürzt sein wird. Wir werden im nächsten Kapitel noch näher auf diesen Punkt eingehen.

In der Mainstream-Gesellschaft wird das gigantische Zerstörungswerk der Illuminaten schon seit längerer Zeit durch Hollywood Blockbuster wie zum Beispiel Roland Emmerichs Filme „Independance day" (1996) „The day after tomorrow" (2004) und „2012" (2009), oder dem Katastrophenfilm „Armageddon" (1998) von Michael Bay angekündigt. Die Endzeit wird aber nicht nur cineastisch sondern auch in musikalischer Form thematisiert. So z.B. im Album „Death Cult Armageddon" (2003) der norwegischen Metall-Band

„Dimmu Borgir". Die Vorstellung einer Apokalypse wird nicht nur innerhalb der christlichen Überlieferung prophezeit, sondern auch in der Eschatologie der Kabbala. Zweifellos sind die Zukunftserwartungen eines Weltuntergangs ein Thema, das viele Menschen beschäftigt und mit dem sich in Form von Büchern, Filmen etc. kräftig Geld verdienen lässt. Dabei tun die Endzeit-Mystiker eigentlich nichts anderes, als die zeitliche Begrenzung der menschlichen Existenz durch den Tod auf eine theologische Geschichtsebene zu übertragen. Außerdem verbirgt sich in der Erwartung einer Zeitenwende auch die Hoffnung auf ein besseres Leben. Der Gefühlskomplex, der die Erwartung einer Endzeit begleitet, besteht aus einem Potpourri aus Ängsten, Schuld- und Rachegefühlen, Frustrationen, aber auch aus Hoffnungen, Freude und Zuversicht. Es ist die perfekte Mischung um die Menschheit zu einem Weltkrieg zu verführen. Das Armageddon-Projekt der Illuminaten trägt diesen vielfältigen Erwartungen auf ideale Weise Rechnung.

Am G 20 Gipfel vom 5.und 6. September 2013 in St. Petersburg warb US-Präsident Barack Obama bei den anderen Regierungschefs um Unterstützung für einen Blitzkrieg in Syrien. Obama hatte fast genau ein Jahr zuvor, am 20. August 2012, den Einsatz von Giftgas beim Bürgerkrieg in Libyen als „rote Linie" bezeichnet. Falls diese überschritten werde, würde die USA in den Krieg eingreifen. Nun da die Amerikaner es als bewiesen ansehen, dass die Giftgasattacke vom 21. August 2013 von der syrischen Regierung befohlen wurde, steht Obama unter Zugzwang. Anlass zur Sorge bereiten auch die Auftritte des US-Außenminister und „Bonesmann" John Kerry, der überall für einen Strafeinsatz gegen Assad herumtrommelt. Allen Bemühungen zum Trotz werden die USA nach dem Gipfel alleine da stehen. Das britische Parlament hat Cameron zurück gepfiffen und auch sonst war wenig Motivation vorhanden, in ein solch ungewisses Abenteuer einzulenken.

Ein Kriegseinsatz in unmittelbarer Nähe Palästinas lässt all jene aufhorchen, welche den Ausbruch des dritten Weltkriegs in dieser Region erwarten. Das Wort „Armageddon" soll sich vom Ort „Megiddo" in der Jesreelebene im nördlichen Palästina ableiten, wo angeblich jene endzeitliche Entscheidungsschlacht geführt werde, die der Errichtung des tausendjährigen Friedensreiches vorangehe. In der Tat ist Palästina ein gefährliches Pulverfass. Seit Jahrzehnten bekriegen sich hier die Palästinenser und die Israelis. Die Grenze zum Gaza-Streifen und zum Libanon ist seit einiger Zeit ein Brennpunkt der Gewalt. Im Jahr 2006 fand der Libanonkrieg zwischen den Israelis und der Hisbollah statt. Die Hisbollah ist eine schiitische Partei, die seit 1992 im libanesischen Parlament vertreten ist. Sie unterhält starke Verbindungen zum Iran und wird von den USA als Terrororganisation eingestuft. Seit Juli 2012, als sechs israelische Touristen im bulgarischen Urlaubsort Burgas bei einem Selbstmordanschlag umgebracht wurden und das Blutbad der Hisbollah angelastet wurde, liegt eine neue Offensive der israelischen Streitkräfte in der Luft. Insbesondere der Umstand, dass zwischen den

Gotteskriegern der Hisbollah und der syrischen Regierung eine Allianz besteht, dürfte den Israelis bestens ins Konzept passen. Eine Beseitigung des syrischen Regimes ließe sich perfekt mit einem vernichtenden Schlag gegen die Hisbollah kombinieren. Dazu käme, dass die Achse Beirut-Damaskus-Teheran empfindlich getroffen werden könnte. Der Iran ist seit der islamischen Revolution im Jahre 1972 zum Erzfeind der Israelis aufgestiegen. In den letzten Jahren blickte israelische Führung immer wieder mit Besorgnis in Richtung Iran, wo am Bau von Atom-Kraftwerken gearbeitet wird. Die Befürchtung der Iran könnte in den Besitz einer Atombombe kommen, stellt für Israel eine enorme Bedrohung dar. Es ist deshalb kein Wunder, dass sie am liebsten die Nuklearanlagen mit einer Langstrecken-Raketen zerstören würden. Zusätzliche Gefahr droht durch Waffenlieferungsverträge, die Iran und Syrien mit Russland abgeschlossen haben. Rückendeckung bekommt Syrien zudem auch von China, welches durch die „Shanghaier Organisation für Zusammenarbeit" (SOZ) mit Russland verbündet ist.

Ebenso unsicher ist die Situation im südlichen Nachbarland Ägypten, wo Präsident Mursi am 3. Juli 2013 durch das Militär weggeputscht wurde. Nach den landesweiten Protesten der Muslim-Bruderschaft droht dem Land am Nil ein blutiger Bürgerkrieg. Am 14. August 2013 wurden die Protestlager der Mursi-Anhänger gewaltsam geräumt und dabei 638 Menschen getötet. Inzwischen hat das Militär die Lage wieder unter Kontrolle. Es bleibt abzuwarten, ob sich die Muslimbruderschaft wieder in den Untergrund zurückdrängen lässt, nachdem ihrem demokratisch gewählten Präsidenten nun der Prozess wegen Anstiftung zum Mord gemacht werden soll und ihre Partei am 23. September 2013 verboten wurde. Unterstützung wird die Mursi-Partei zweifellos von ihren muslimischen Brüdern der Hamas- und Hisbollah-Milizen bekommen.

Falls die USA mit ihrer Strafaktion gegen Assads Regierung Ernst macht und zu einem dreitägigen Luftschlag gegen Ziele in Syrien ausholt, droht ein unkontrollierbarer Flächenbrand auszubrechen. Es darf nicht vergessen werden, dass die russische Regierung das Assad-Regime immer noch unterstützt. Zum gegenwärtigen Zeitpunkt sind keine Bodentruppen vorgesehen, aber wer garantiert, dass sich die Operation isoliert, gleich einem chirurgischen Eingriff, durchführen lässt. Gerüchten zu Folge sollen sich von der CIA ausgebildete saudische Infanterieverbände bei den Golan-Höhen bereithalten, um die syrischen Truppen aus der südlichen Pufferzone zu vertreiben. Die 3000 saudi-arabischen Soldaten würden schon seit einigen Monaten in jordanischen Ausbildungscamps auf ihren Einsatz vorbereitet. Solche Gerüchte lassen Schlimmes befürchten. Offenbar will Israel im Schatten seines mächtigen Verbündeten, den USA, eine Großoffensive starten. Das Dümmste, was die europäischen Staaten, allen voran Großbritannien und Deutschland, in diesem Fall tun könnten, wäre sich in den Syrienkonflikt hinein ziehen zu lassen. Dann würde die Strategie der Illuminaten aufgehen und ein neuer Weltkrieg wäre fast schon angerichtet.

Bereits jetzt schlagen die Börsen Alarm. Die Situation an den Märkten ist angespannt. Viele Anleger befürchten ein neues Aufflammen der Finanzkrise. Schon wird von Pessimisten vor einer Neuauflage des Börsen-Crashs vom 19. Oktober 1987 gewarnt. Damals fielen die Kurse an den internationalen Handelsplätzen an einem einzigen Tag um 23 Prozent. Der Grund für die Skepsis liegt in den Parallelen zwischen heute und damals. Vom amerikanischen Notenbankchef kamen in den letzten Monaten vermehrt beunruhigende Zeichen, wonach der Leitzins erhöht werden könnte und dies in einer Situation, wo die Aktien Jahreshöchststände erreicht haben. Falls es tatsächlich im Oktober zu einem Crash kommen sollte, könnte dies der Weltwirtschaft den endgültigen Todesstoß versetzen. Was dies bedeuten könnte, hat man vor kurzem in Zypern beobachten können, als auf einmal alle Geldautomaten und Bankschalter dicht gemacht wurden. Wie lange würde es dann noch dauern bis die zivilisierte Welt ins Chaos verfallen würde. Die Hyperinflation des Deutschlands der 30er-Jahre könnte sich wiederholen und vieles andere, was danach kam, auch.

Datierung des dritten Weltkriegs auf 2018 bis 2024

Wie bereits gesagt, bauen die Illuminaten ihre Kriegspläne auf bewährten Manövern der Vergangenheit auf. Diesem Umstand trugen wir Rechnung, indem wir nach geschichtlichen Analogien zur aktuellen politisch-wirtschaftlichen Situation Ausschau hielten. Ein wichtiger Indikator war für uns, der Vergleich zwischen der Finanzkrise von 2008 mit der Weltwirtschaftskrise von 1929, den viele Analytiker anstellten. Wir gingen Außerdem von der These aus, dass solche Krisen durch die Hochfinanz bewusst ausgelöst würden, um damit die Saat für einen neunen Weltkrieg auszustreuen. Ausgehend von dieser Überlegung kamen wir zum Schluss, dass die Illuminaten schon bald einen dritten Weltkrieg entfachen wollen. Zur Datierung des Ereignisses nahmen wir das gleiche Zeitfenster wie beim zweiten Weltkrieg an. Damals vergingen zwischen der großen Krise und dem Angriff auf Polen im Jahre 1939, der den Anfang des zweiten Weltkrieges markiert, zehn Jahre. Deshalb gehen wir davon aus, dass der dritte Weltkrieg im August oder September 2018 ausbrechen wird und analog zu seinen beiden Vorgängern zwischen vier und sechs Jahren andauern wird. Das würde bedeuten, dass die „Neue Weltordnung" am 1. Mai 2024 in Kraft treten würde. Falls die alten Prophezeiungen Recht behalten, dürfte es sich dabei um ein tausendjähriges Reich handeln.

Ein wichtiger Faktor beim Vergleich zwischen der Zeit vor dem zweiten Weltkrieg und der heutigen Situation fehlt. Bisher ist niemand in Erscheinung getreten, der das Charisma eines Adolf Hitlers hätte. Eine solche Führergestalt scheint aber notwendig zu sein, wenn ein neues Weltreich nach dem Vorbild der römischen Kaiserreiche erschaffen werden soll. Auf dem Hintergrund der biblischen Offenbarungen muss man sich unter dem „Welt-Kaiser" eine von allen Menschen als Messias anerkannte Persönlichkeit vorstellen. Weder der amerikanische, noch der russische oder chinesische Präsident würden die Voraussetzungen für einen solchen Persönlichkeitskult mitbringen. Vielmehr müsste es jemand aus dem Dunstkreis einer parareligiösen Organisation wie z.B. dem „Temple of Understanding" sein. Jemand, der sich allem Anschein nach von ganz unter zur Spitze hinauf gearbeitet haben müsste. Ein Welt-Heiland, wie ihn sich die Theosophen in „Buddha Maitreya" ausmalen. In seiner Gestalt ließen sich die Anhänger des Hinduismus, des Buddhismus und des Christentums mobilisieren. Ganz anders als sein martialischer Vorläufer Adolf Hitler, müsste er in der Öffentlichkeit als ein vollkommen pazifistischer Politiker in Erscheinung treten. Zumindest müssten ihn die Massen so einschätzen. Am besten könnte man sich diesen Menschen als eine Wiederverkörperung von „Jesus Christus" vorstellen, von dessen Wiederkehr in der „Johannes-Offenbarung" (1,7) die Rede ist:

„Siehe, er kommt mit den Wolken, und es werden ihn sehen alle Augen und alle, die ihn durchbohrt haben, und es werden wehklagen um seinetwillen alle Geschlechter der Erde."

Dass es eine Jesus-Gestalt sein muss, welche die Illuminaten für diese Aufgabe einsetzen werden, lässt sich auch aus der dialektischen Methode ableiten, mit der sie üblicherweise ihre Strategien aushecken. Alle Welt ist darauf eingeschworen auf Politiker mit dem Nimbus eines Hitlers mit völliger Ablehnung zu reagieren. Da ist es evident, dass der zukünftige Welt-Kaiser sein Gegenteil verkörpern muss.

Die „Neue Weltordnung" der Illuminaten ab 2024

Wie die „Neue Weltordnung" dereinst aussehen wird, wurde uns bereits vor vielen Dekaden von drei britischen Schriftstellern mitgeteilt. Den Anfang machte 1928 H. G. Wells mit seiner Schrift „Die Offene Verschwörung". Es folgte 1932 „Schöne neue Welt" von Aldous Huxley und Schließlich 1948 der Roman „1984" von George Orwell. Nebst diesen drei wegweisenden Büchern veröffentlichte H. G. Wells im Jahre 1939 ein Buch mit dem viel sagenden Titel „The New World Order" zu Deutsch „Die Neue Weltordnung". Der Zeitpunkt seiner Veröffentlichung fiel Zusammen mit dem Ausbruch des Zweiten Weltkrieges. Dies muss als ein untrügliches Zeichen dafür angesehen werden, dass die „Neue Weltordnung" durch einen globalen Krieg ermöglicht werden soll. Lord Milner, der den Nachlass von Cecil Rhodes verwaltete und zum innersten Zirkel um Lord Rothschild gehörte, hatte den Denker und Autor H. G. Wells zum Chefstrategen der „Round Table" erkoren. Mit derart viel Insiderwissen ausgestattet schrieb er 1928 den Leitfaden für eine Weltrevolution und veröffentlichte diesen unter dem Titel „Die offene Verschwörung". John Colman fasst die Ziele der „Neuen Weltordnung", wie sie H. G. Wells in seinem Buch umreißt, folgendermaßen zusammen:

„Eine Weltregierung und ein einheitliches weltweites Geldsystem unter permanenter Kontrolle von nicht gewählten blutsverwandten Oligarchen in der Form eines feudalen Systems aus dem Mittelalter. In dieser Eine-Welt-Entität wird die Bevölkerung durch Beschränkung der Kinder pro Familie, Krankheiten, Kriege, Hungersnöte verkleinert werden, bis eine Milliarde Menschen, die der Herrscherklasse nützlich sind und in streng abgegrenzten Gebieten leben, als Weltbevölkerung übrig bleiben. Es wird keine Mittelklasse mehr geben nur noch Diener und Herrscher. (...) Das System wird wie ein Wohlfahrtsstaat funktionieren: Diejenigen, die der Weltregierung gehorsam und unterwürfig gehorchen, werden mit dem Nötigsten zum Leben versorgt."[195]

Um eine Weltregierung aufzubauen, müssen die Nationalstaaten und mit ihnen der Krieg abgeschafft werden. Als Mittel zur Abschaffung der Kriege müssten Kriege geführt werden. Das heißt aber nicht, dass es in der Weltregierung keine Armee mehr geben würde. Sie wäre freilich in einer versteckten Form vorhanden, denn vordergründig wird der Militarismus und die Wehrpflicht zugunsten des Gemeinwohls verbannt werden. Gleichzeitig würde ein Welt-Direktorium eine strikte Bevölkerungskontrolle durchführen, um das Bevölkerungswachstum stets unter Kontrolle halten zu können. Im Weltstaat soll die Gottesverehrung eliminiert werden und durch eine kommunistische Ethik ersetzt werden. Was

---

[195] Zitiert aus: Knechtel, Tilman, Die Rothschilds, S. 69

Wells dabei vorschwebte können wir heute im kollektivistischen System Nordkoreas beobachten. Sein Idealbild des Staates können wir getrost als stalinistisch beschreiben. Dem zukünftigen Menschen soll jeglicher Individualismus geraubt werden. Ein jeder soll seinen Wert anhand seiner Nützlichkeit für den Staat bemessen. In seiner äußeren Erscheinung werden Originalität und Persönlichkeit aufs Äußerste verpönt sein. Vielmehr hat sich jeder seiner Klasse entsprechend zu kleiden, bzw. zu uniformieren.

Damit kommen wir zum zweiten Autor, der eine Vision dieser zukünftigen Gesellschaft geschaffen hat, zu Aldous Huxley. Was ihn mit H. G. Wells und George Orwell verband, war seine Mitgliedschaft bei der „Fabian Society", einer britischen Bewegung von intellektuellen Sozialisten und Kommunisten. Der Name der Gesellschaft leitet sich vom römischen General „Quintus Fabius Maximus Verrucosus" ab, der für seine langfristig durchdachten Strategien bekannt war. Rückblickend gesehen war und ist die „Fabian Society" so etwas wie der Think Tank des zukünftigen „Weltstaates". Außer den drei genannten Schriftstellern gehörten auch der Literatur-Nobelpreisträger George Bernard Shaw, der Philosoph und Mathematiker Bertrand Russell und die bekannte Theosophin Annie Besant dazu. Letztere wurde 1907 nach dem Tod von Henry Steel Olcott Präsidentin der Adyar-Theosophen, welche Jiddu Krishnamurti zum neuen hinduistisch-theosophischen Messias ausriefen.

Aber kommen wir zurück zu Huxleys Vision der zukünftigen Gesellschaft, wie er sie in seinem Buch „Schöne neue Welt" geschildert hat. Er beschreibt eine Welt, in welcher nach einem neun Jahre anhaltenden Krieg – offensichtlich eine Reminiszenz auf den dritten Weltkrieg - der Weltstaat der Illuminaten verwirklicht wird. In dieser modernen Gesellschaft wird die natürliche Vermehrung der Menschen abgeschafft und durch die künstliche Befruchtung ersetzt, bei welcher Menschen wie am Laufband in staatlichen Brut- und Aufzuchtzentren produziert werden, wobei die Erziehung vollkommen in die Obhut des Staates übergehen wird. Die Gesellschaftsstruktur wird in Anlehnung an die Illuminaten-Pyramide hierarchisch aufgebaut sein. Von Geburt an werden die Menschen in Kasten unterteilt, wobei es in absteigender Rangfolge Alphas, Bethas, Gammas und Epsilons gibt. Während man die Alphas zu Intellektuellen heranzüchtet, werden die Gammas und Epsilons bereits bei ihrer Zeugung „in vitro" genetisch in ihren geistigen Fähigkeiten eingeschränkt. Schon bald nach der Geburt werden die Babys durch Lärm und Stromschläge angewöhnt die Finger von Bücher und kulturellen Gegenständen zu lassen. Auf diese Weise werden sie zu Arbeitern prädestiniert. Mit unterschwelligen Botschaften werden allen Kindern im Schlafzustand Moralvorstellungen eingehämmert, wie z.B. dass Sex alleine dem Vergnügen diene. Eine weitere Errungenschaft des fiktiven Weltstaates ist das „Soma", eine Droge, welche die Menschen immer dann nehmen, wenn sie sich unglücklich fühlen. Im zukünftigen Weltstaat soll es nur glückliche Menschen geben, denn er ist ein perfekt organisiertes System. Gerade die letzten beiden Gedanken nehmen in unserer Zeit immer deutlicher Gestalt an. So wird heute in der Schweiz gesetzlich vorgeschrieben, dass Kinder bereits im Vorschulalter Sexualunterricht erhalten sollen. Bereits im Kindergarten sollen sie auf spielerische Art mit ihrer Sexualität vertraut gemacht werden. Ebenfalls in der Schule kann beobachtet werden, dass immer mehr Schüler und Schülerinnen ärztlich verordnet das Anti-Depressiva „Prozac" oder das Beruhigungsmittel „Ritalin" einnehmen, um überhaupt am Unterricht teilnehmen zu können. In den Medien wird aber verschwiegen, dass das Gleiche auch in zunehmendem Masse auf Lehrpersonen zutrifft, welche zum Einschlafen Beruhigungstabletten und zum Arbeiten Aufputschmittel nehmen müssen.

Am bekanntesten unter den drei Science-Fiction Autoren dürfte wohl George Orwell sein, der mit seinen Bestsellern „Die Farm der Tiere" und „1984" weltberühmt wurde. In seinem Roman „1984" beschreibt er eine zukünftige Welt, die in die drei Machtblöcke Ozeanien, Eurasien und Ostasien aufgeteilt ist. In dieser Welt herrscht ein medial überall präsenter „Großer Bruder" an der Spitze einer Partei-Elite, welche die Bevölkerung, bestehend aus dem Rest der Partei" und dem gemeinen Volk, unterdrückt. In seiner Zukunftsvision sieht Orwell den Menschen zum Arbeitssklaven herabgemindert, der ein Leben voller Entbehrungen führt. Jede seiner Bewegungen wird durch den „Großen Bruder" beobachtet. Orwell entwirft das Szenario eines totalen Überwachungsstaates, in dem sogar die Gedanken durch die Polizei kontrolliert werden. Überall laufen ständig Fernseh-Apparate, die Filme mit Staatspropaganda zeigen und gleichzeitig als Kameras und Abhöranlagen dienen, um die Wohnungen zu überwachen. In einem solchen Staat gibt es keine Privatsphäre mehr und auch kein eigenes Denken, denn alle Begriffe, die der Partei nicht in den Kram passen werden aus der Sprache eliminiert und damit aus dem menschlichen Bewusstsein getilgt. Gleichzeitig werden die Bedeutungen regimefeindlicher Wörter in ihr Gegenteil verkehrt, indem die Menschen ständig mit paradoxen Parolen wie z.B. „Krieg ist Frieden", „Freiheit ist Sklaverei" oder „Unwissenheit ist Stärke" berieselt werden. Orwell nennt diese Sprache „Neusprech".

Von den drei literarischen Entwürfen deckt sich jener von Orwell am Stärksten mit der heutigen Welt. Der Überwachungsstaat, den er charakterisiert hat, nimmt immer deutlichere Formen an. Noch sind erst die Überwachungskameras, die uns auf Schritt und Tritt begegnen, ins Bewusstsein der Öffentlichkeit getreten. Die meisten Menschen haben noch nicht realisiert, welche gigantische Dimension die Überwachung durch das Internet und Mobiltelefonnetz erreicht hat. Die meisten Handys, Laptops und Tabloids sind heutzutage mit Minikameras ausgestattet. Alle denken, dass sie die Kontrolle über ihr Mobiltelefon haben. Nur wenige kommen auf den Gedanken, dass sie sich hacken lassen. Und wer behauptet, die Geheimdienste würden uns durch die Linsen dieser Gadgets ausspionieren, der wird glatt als paranoid angesehen. Dass man ein Smartphone in zwei Richtungen verwenden kann, erscheint dem Normalverbraucher schlichtweg unwahrscheinlich. Aber das ist noch nicht genug der Überwachung. Hoch über unseren Köpfen umkreisen Spionagesatelliten unseren Planeten, die jeden beliebigen Punkt auf der Erde anvisieren und auf den Bildschirmen der Geheimdienst-Zentralen sichtbar machen können.

Seit zu Beginn der Neunzigerjahre die Debatte über die „Political Correctness" entfachte, wurde eine weitere Idee aus dem Roman „1984" kontinuierlich durchgesetzt, jene der linguistischen Steuerung durch das „Neusprech". Durch den Druck euphemistischer Sprachwächter werden immer mehr Wörter aus dem Vokabular der Umgangssprache tabuisiert. Damit wird genau jene Entwicklung gefördert, welche das Denken der Menschen über die Sprache manipulieren soll. Eine Organisation, welche diesen Zweck verfolgt, ist die britische „Common Propose International", die 1988 in Großbritannien gegründet wurde. Sie richtet sich an Führungskräfte aus Regierung, Gesetzvollzug, Gesundheitswesen, Schulen u. v. a. Bereichen, welche in Weiterbildungs-Seminaren auf einen Konsens von Ansichten und Betrachtungsweisen, dem „common propose" getrimmt werden. Dabei spielt auch die Aneignung einer einheitlichen Rhetorik, welche mittels NLP-Verfahren erlernt wird, eine wichtige Rolle. Die NLP-Methode erinnert in seiner Art verdächtig an das orwellsche „Neusprech", denn sie fördert die Erschaffung einer Konsenswirklichkeit, welche die Wahrnehmung und damit das Bewusstsein einschränkt. Absolventen eines Lehrgangs der „Common Propose" machen sich ohne es zu wissen zu Komplizen der Illuminaten, denn sie werden im Grunde auf das gemeinsame Ziel des „Weltstaates" eingeschworen.

In nicht mehr allzu ferner Zukunft dürfte auch der Alptraum, den Huxley in „Schöne neue Welt" literarisch umgesetzt hat, Teil unseres Alltags geworden sein. Seit die Genetiker das menschliche Genom entschlüsselt haben und der Klon des Schafes „Dolly" gezeugt werden konnte, wird auch der Tag, an dem ein menschliches Wesen geklont werden kann, nicht mehr weit entfernt sein. Sobald dies gelingt, dürfte es sehr schnell gehen, bis die Illuminaten-Familien ganze Kompanien von identisch aussehenden Menschen heran züchten lassen. Außerdem verfügen sie über die Möglichkeiten Menschen nach ihrem Gusto zu kreieren, indem sie sein Erbgut manipulieren. Die künstliche Befruchtung bei Menschen wird seit den Siebzigerjahren praktiziert. Sie ist bereits vorhanden und braucht nur noch auf alle Menschen ausgeweitet zu werden.

Von der heutigen westlichen Realität noch am entferntesten ist das Strategiepapier „Die offene Verschwörung" von H. G. Wells, obwohl seine Sicht mit derjenige von Orwells „1984" in vielem übereinstimmt. Was bei Orwell noch fehlt ist der Schritt zum „Weltstaat". Der Staat, den Wells beschreibt, existiert nichtsdestoweniger im Kern schon im heutigen Nordkorea, wo Kim Jong Un als Diktator über ein Volk von

24 Millionen regiert. Ebenso muss die stalinistische Epoche in Russland und die Ära Mao Tse Tung als eine Realisierung von Wells Vision angesehen werden. Vorbilder, nach denen die Illuminaten ihren zukünftigen „Weltstaat" verwirklichen können, gibt es also genug. Es bleibt zu hoffen, dass ihr Vorhaben scheitern wird.

X Bibliographie:

Verwendete Abkürzungen

DsR Carmin, E. R.: Das schwarze Reich. Geheimgesellschaften und Politik im 20. Jahrhundert, W. Heyne, München 1994

IFL Lennhoff, Eugen, Posner, Oskar, Binder, Dieter A.: Internationales Freimaurer-Lexikon, F. A. Herbig, München 2006

Baigent, Michael, Leigh, Richard: Der Tempel und die Loge. Das geheime Erbe der Templer in der Freimaurerei, Gustav Lübbe Verlag GmbH, Bergisch Gladbach 2005

Brüsch, Tania, van Eickels, Klaus: Kaiser Friedrich II., Leben und Persönlichkeit in Quellen des Mittelalters, Artemis & Winkler, Düsseldorf / Zürich 2000

Binder, Dieter A.: Die Freimaurer, Ursprung, Rituale und Ziele einer diskreten Gesellschaft, Herder, Freiburg Basel Wien 1998

Binswanger, Christoph Hans: Geld und Magie. Eine ökonomische Deutung von Goethes Faust, Murmann, Hamburg 2009

Brisard, Jean-Charles, Dasquié, Guillaume: Die verbotene Wahrheit. Die Verstrickungen der USA mit Osama bin Laden, Rowohlt, Reinbeck bei Hamburg 2002

Bröckers, Mathias: Verschwörungen, Verschwörungstheorien und die Geheimnisse des 11.9., Zweitausendeins, Frankfurt a. M. 2002

Chang, Jung, Halliday, Jon: Mao. Das Leben eines Mannes, das Schicksal eines Volkes, Karl Blessing Verlag, München 2005

Churton, Tobias: Aleister Crowley. The Biography. Spiritual Revolutionary, Romantic Explorer, Occult Master – and Spy, Watkins Publishing, London 2012

Cohn, Norman: „Die Protokolle der Weisen von Zion". Der Mythos einer jüdischen Weltverschwörung, Elster Verlag, Baden-Baden Zürich 1998

Colquhoun, Ithell: Schwert der Weisheit. MacGregor Mathers & Der Golden Dawn, Kersken-Canbanz-Verlag, 1996

Crowley Aleister: Confessions 1 + 2. Die Bekenntnisse des Aleister Crowley, Ordo Templis Orientis, New York, ISBN 3-89423-012-6

Dauxois, Jaqueline: Der Alchemist von Prag. Rudolf II. von Habsburg, Artemis und Winkler Verlag, Düsseldorf / Zürich 1997

Eickels, K. v., Brüsch, T.: Kaiser Friedrich II. Sein Leben in zeitgenössischen Berichten, Artemis, München u. Zürich 1987

Finster, Reinhard und Van den Heuvel, Gerd: Gottfried Wilhelm Leibniz, Rowohlt, Reinbeck bei Hamburg 2005

Flasch, Kurt: Das philosophische Mittelalter. Von Augustin zu Machiavelli, Reclam, Stuttgart 1986

Freschkowski, Marco: Die Geheimbünde. Eine kulturgeschichtliche Analyse, matrixverlag, Wiesbaden 2012

Freund, René: Braune Magie? Okkultismus, New Age und Nationalsozialismus, Picus, Wien 1995

Gardner, Laurence: Das Vermächtnis des Heiligen Gral. Die Nachfahren Jesu und die geheime Geschichte Europas, Heyne, München 1999

Gebelein, Helmut: Alchemie, Diedrichs, München 1991

Genthe, Hans Jochen: Martin Luther, Sein Leben und Denken, Vanderhoeck & Ruprecht, Göttingen 1996

Grandt, Guido: Schwarzbuch Freimaurerei. Geheimpolitik, Staatsterror, Politskandale. Von der Französischen Revolution bis zu Uwe Barschel, Kopp, Rottenburg 2008

Greiner, Josef: Das Ende des Hitler-Mythos, Amalthea Verlag, Zürich Leipzig Wien 1947

Gugenberger, Eduard, Schweidlenka, Roman: Mutter Erde, Magie und Politik, Zwischen Faschismus und neuer Gesellschaft, Wien 1987

Haage, Bernhard Dietrich: Alchemie im Mittelalter. Ideen und Bilder - von Zosimos bis Paracelsus, Artemis & Winkler, Zürich 1996

Haffner, Sebastian: Winston Churchill, Rowohlt, Reinbek bei Hamburg 2002

Heckethorn. Charles William: Geheime Gesellschaften, Geheimbünde und Geheimlehrern, matrixverlag, Wiesbaden 2007

Kiesewetter, Karl: John Dee und der Engel vom westlichen Fenster, Verlag Clemens Zerling, Berlin 1993

Knechtel, Tilman: Die Rotschilds. Eine Familie beherrscht die Welt, J.K.Fischer-Verlag, Birstein-Lichenroth 2012

Klima, Caroline: Das Große Handbuch der Geheimgesellschaften. Freimaurer, Illuminaten und andere Bünde, Verlag Carl Überreuter, Wien 2007

Knopp, Guido: Hitlers Manager, Goldmann Verlag, München 2007

Krassa, Peter: Der Wiedergänger, Das zeitlose Leben des Grafen von Saint Germain, Herbig, München 1998

Le Forestier, René: Die templerische und okkultistische Freimaurerei im 18. und 19. Jahrhundert. Erstes Buch: Die Strikte Observanz, Werner Kristkreitz Verlag, 1987

Lincoln, Henry, Baigent, Michael, Leigh, Richard: Der Heilige Gral und seine Erben, Ursprung und Gegenwart eines geheimen Ordens, Sein Wissen und seine Macht, Gustav Lübbe Verlag, Bergisch Gladbach 2005

Martin, Hans-Peter, Schumann, Harald: Die Globalisierungsfalle. Der Angriff auf Demokratie und Wohlstand, Rowohlt, Reinbeck bei Hamburg 1998

McCalman, Iain: Der letzte Alchemist. Die Geschichte des Grafen Cagliostro, Insel Verlag, Frankfurt a. Main und Leipzig 2004

Nautz, Jürgen: Die großen Revolutionen der Welt, matrixverlag, Wiesbaden 2008

Oslo, Alan: Freimaurer, Patmos Verlag, 2002

Overy, Richard: Die Diktatoren. Hitlers Deutschland, Stalins Russland, DVA, München 2005

Parker, Geoffrey: Der Dreissigjährige Krieg, Campus Verlag, Frankfurt / New York 1987

Pasi, Marco: Aleister Crowley und die Versuchung der Politik, Ares Verlag, Graz 2006

Quigley, Caroll: Katastrophe und Hoffnung. Eine Geschichte der Welt in unserer Zeit. Eine Auswahlausgabe, Perseus, Basel 2007

Ravenscroft, Trevor, Die heilige Lanze. Der Speer von Golgatha, Herbig Verlag, München 2000

Reinalter, Helmut (Hrsg.): Freimaurer und Geheimbünde im 18. Jahrhundert in Mitteleuropa, Suhrkamp, Frankfurt a. Main 1983

Reuth, Ralf Georg: Hitler. Eine politische Biographie, Piper Verlag, München 2003

Rose, Detlev: Die Thule Gesellschaft. Legende - Mythos – Wirklichkeit, Grabert, Tübingen 2000

Sammons, Jeffrey L. (Hrsg.): Die Protokolle der Weisen von Zion. Die Grundlage des modernen Antisemitismus – eine Fälschung. Text und Kommentar, Wallstein Verlag, Göttingen 1998

Schindler, N.: Der Geheimbund der Illuminaten – Aufklärung, Geheimnis und Politik, in: Freimaurer und Geheimbünde

Schreiber, Hermannn und Georg: Geheimbünde. Von Der Antike bis zur Gegenwart, Drei Ulmen Verlag, München-Breitbrunn 1983

Seitz, Konrad: China. Eine Weltmacht kehrt zurück, Goldmann, München 2006

Specht, Rainer: Descartes, Rowohlt, Reinbeck bei Hamburg 2006

Spence, Jonathan: Mao, Claassen, München 2003

Strachan, Hew: Der Erste Weltkrieg. Eine neue illustrierte Geschichte, C. Bertelsmann Verlag, München 2004

Sutton, Anthony C.: Wall Street and the Bolshevik Revolution, Buccaneer Books Cutchogue, New York, 1974

Sutton, Anthony C.: Wall Street und der Aufstieg Hitlers, Perseus, Basel 2008

Vaillant Bernard: Westliche Einweihungslehren. Druiden, Gral, Templer, Katharer, Rosenkreuzer, Alchemisten, Freimaurer, H. Hugendubel, München 1986

Wehr, Gerhard: Die Bruderschaft der Rosenkreuzer, Diederichs, München 1995

Wendling, Peter: Die Macht der Geheimbünde, Freimaurer, Rosenkreuzer, Tempelritter & Co, Bassermann Verlag, München 206

Wilson, Colin: Das Okkulte, Heyne München 1986

Wilson, Robert Anton und Shea Robert: Illuminatus, Die Trilogie, Rowohlt, Reinbeck b. Hamburg 2011

Wilson, Robert Anton: Die Masken der Illuminaten, Rowohlt, Reinbeck b. Hamburg 2005

Wilson, Robert Anton: Die Illuminatenpapiere, Rowohlt, Reinbeck b. Hamburg 2004

Wilson, Robert Anton: Das Lexikon der Verschwörungstheorien. Verschwörungen, Intrigen, Geheimbünde, Piper, München 2002

Wisnewski, Gerhard: Drahtzieher der Macht. Die Bilderberger – Verschwörung der Spitzen von Wirtschaft, Politik und Medien, Knaur, München 2010